Ruth Kaiser/Arnim Kaiser

Schule: Elternsache

Ruth Kaiser/Arnim Kaiser

Schule: Elternsache

in Zusammenarbeit
mit der Katholischen Bundesarbeitsgemeinschaft
für Erwachsenenbildung

Mitarbeiter: Heinz Bach und Helmut Peifer

Athenäum
1984

Ludwig Nollmeyer/Trier erstellte die Abbildungen auf den Seiten 15, 18, 58, 62, 63, 78, 95, 102, 139, 151 und 184.

Kaiser, Ruth:
Schule: Elternsache / Ruth Kaiser ; Arnim Kaiser.
In Zusammenarbeit mit d. Kath. Arbeitsgemeinschaft für Erwachsenenbildung. Mitarb.: Heinz Bach . . . – Königstein/Ts. : Athenäum, 1984.
ISBN 3-7610-8352-1
NE: Kaiser, Arnim:

Satz: Computersatz Bonn GmbH, Bonn
Druck: Bercker, Graphische Betriebe GmbH, Kevelaer
Printed in West-Germany
ISBN 3-7610-8352-1

Inhalt

Vorwort 9
Aufbau und Verwendungsmöglichkeiten des Buches 10

1. **Was leistet die Familie für die Erziehung des Kindes?** (Familie und Erziehung) 13
   1.1 Das Leben in der alten Großfamilie (Strukturen des Familienlebens) 13
   1.2 Die Aufgaben der heutigen Kleinfamilie (Funktionen der Kleinfamilie) 18
   1.3 Bestimmt die Schichtzugehörigkeit den Schulerfolg? (Schichtspezifische Unterschiede im Sprachverhalten und bei den Erziehungspraktiken, die Entstehung des Leistungsmotivs) 25
   1.4 Familienerziehung und Kindergarten 35
   1.5 Kindergarten und Grundschule 37

2. **Was macht Schule zur Schule?** (Strukturmerkmale von Schule) 41
   2.1 Schule als bürokratische Organisation 42
   2.2 Schule als Lernort 47
   2.3 Schule als Ort der Bildung 51
      2.3.1 Merkmale von Bildung 52
      2.3.2 Bildungsvorstellungen in Lehrplänen 53
      2.3.3 Unterschiede in der Auffassung des Bildungsbegriffs 56
   2.4 Schule als Ort der Auslese und der Verteilung von Sozialchancen 60
      2.4.1 Wie gerecht sind Noten? 67

3. **Wie sieht die ‚Neue Grundschule' aus?** 78
   3.1 Öffnung des Unterrichts für Eltern 80
   3.2 Prinzip der offenen Lernorte und des informellen Unterrichts 84
   3.3 Projektunterricht 85
   3.4 Wissenschaftsorientierung der Lehrpläne 90
   3.5 Soziales Lernen 96
   3.6 Handlungsorientierung des Lernens 101
   3.7 Organisation und Aufbau der Grundschule 111

4. Übergänge und Formen im allgemeinbildenden Schulwesen 113
4.1 Die Orientierungsstufe 113
4.2 Die Hauptschule 121
4.2.1 Organisation der Hauptschule 123
4.2.2 Unterricht: Lehrplan und Didaktik 124
4.2.3 Probleme der Hauptschule 129
4.3 Die Realschule 134
4.4 Das Gymnasium 139
4.4.1 Organisatorische Struktur 139
4.4.2 Wissenschaftspropädeutik 143
4.4.3 Kursprinzip 144
4.4.4 Studierfähigkeit und Abitur 146
4.5 Die integrierte Gesamtschule 148
4.5.1 Organisatorischer Aufbau der Gesamtschule 148
4.5.2 Begründung und Zielsetzung der Gesamtschule 151
4.5.3 Probleme der Gesamtschule 154
4.6 Schulprobleme und Sonderschule 158
4.6.1 Erscheinungsformen 158
4.6.2 Hintergründe 159
4.6.3 Integrierte Maßnahmen 160
4.6.4 Sonderschulische Maßnahmen 161
4.6.5 Unsicherheiten und Vorurteile 163
4.7 Freie Schulen: Beispiel Waldorfschule 164
4.7.1 Geschichte und Zielsetzungen 164
4.7.2 Organisation 165
4.7.3 Besonderheiten der Methodik und Didaktik 169
4.7.4 Probleme der Waldorfschule 172

5. Schule: nicht nur Lernort, sondern auch Lebenswelt des Schülers 176
5.1 Schulleben 176
5.1.1 Bedeutung des Begriffs ‚Schulleben' 176
5.1.2 Chancen und Möglichkeiten des Schullebens 177
5.2 Der Schüler im sozialen Feld der Klasse 182
5.2.1 Schulleistung: soziale Bedingungen und Auswirkungen 182
5.2.2 Der Schüler in der Gruppe der Gleichaltrigen 186

5.3 Hausaufgaben und Familie 191
5.4 Ausländerkinder in der Schule 198
5.4.1 Probleme der Ausländerkinder im Unterricht 198
5.4.2 Fördermaßnahmen für ausländische Kinder 203

6. Elternrecht und Elternmitwirkung 207
6.1 Welche Rechte und Mitwirkungsmöglichkeiten haben Eltern? 207
6.1.1 Elternrecht und staatliche Schulaufsicht 207
6.1.2 Elternmitwirkung in der Schule 208
6.1.3 Verfahrensmöglichkeiten außerhalb von Gremien 213
6.2 Das Gespräch zwischen Eltern und Lehrer 215
6.2.1 Wie kann man das Gespräch mit dem Lehrer vorbereiten? 220
6.2.2 Was sollte man während des Gesprächs beachten? Wie kann man auftretenden Schwierigkeiten begegnen? 225

Literaturhinweise 227
Worterläuterungen 231
Notiz zu den Autoren 235
Stichwortverzeichnis 236

Vorwort

„Schreiben Sie uns bitte ein Buch für Nichtfachleute, für Eltern, die durch ihre Kinder viel mit Schule zu tun haben, aber keine Berufspädagogen sind." Das war die Bitte der Erwachsenenbildung und des ZDF an uns. Das Buch soll daher mehrere Zwecke erfüllen. Vor allem soll es

— Eltern *grundlegende Informationen* über Schule und Unterricht bieten.
— auf *Fragen von Eltern* eingehen, etwa nach der Berechtigung von Noten, nach Auswirkungen der Familienerziehung auf den Schulerfolg, nach Übergangsmöglichkeiten und Abschlüssen im Bildungswesen, nach Formen der Mitwirkung in der Schule.
— Eltern in die Lage versetzen, sich *sachlich fundiert* und mit *gut begründeten* Forderungen an Diskussionen zu beteiligen, z. B. an Elternabenden, beim Gespräch mit dem Lehrer oder Schulleiter.

Diese Absichten werden durch eine entsprechende Textgestaltung unterstützt: Bilder veranschaulichen die Sachaussagen, Karikaturen bringen bewußt überspitzt ein Problem zur Sprache, Schaubilder ‚übersetzen' Gedanken in Bildform, Tabellen machen auf Entwicklungstrends aufmerksam.

Der Text ist nicht im Wissenschaftsdeutsch verfaßt. Wo es sich anbot, haben wir Fremdwörter vermieden. Aufgenommen sind dagegen Fachwörter. Auch wenn Sie in diesem Punkt gelegentlich Mühe haben: Das Buch soll Ihnen helfen, Diskussionen in den Medien und Veröffentlichungen zu Schulproblemen besser verfolgen zu können. Dafür ist die Kenntnis bestimmter Begriffe mittlerweile Voraussetzung, weil sie ganz selbstverständlich gebraucht werden. Wir umschreiben meist den Sachverhalt, benennen ihn mit einem passenden deutschen Wort und fügen dann den Fachausdruck hinzu. Darüber hinaus sind manche Fachbegriffe im Text mit einem (*) versehen: Dazu finden Sie am Ende des Buches eine kurze Worterläuterung.

An vielen Stellen im Text werden Sie wahrscheinlich einwenden, daß die geschilderten Sachverhalte im Detail so nicht zutreffen. Es lassen sich Gegenargumente vorbringen, Ausnahmen von der Regel nennen. Sie können vielleicht auf Einzelfälle verweisen, die zu dem hier dargelegten Gedankengang nicht ohne weiteres passen. Es wäre aber falsch, aus einigen abweichenden Einzelfällen kurzerhand den Schluß zu ziehen, daß der *allgemein* geschilderte Sachverhalt falsch ist. Es geht hier um den unterschiedlichen *Abstand* bei der Betrachtung sozialer Strukturen. Aus großer Entfernung verschwinden die Details, und man sieht nur noch die großen Linien. Je näher man herankommt, umso deutlicher treten Details hervor, umso weniger aber bleibt der Zusammenhang im Blick. Der Abstand der wissenschaftlichen Untersuchung gleicht hier der Betrachtung einer Landschaft von einem Berggipfel aus: Man sieht die Gruppierung der Landschaft, Flüsse, Straßen, Dörfer und Eisenbahnlinien, jedoch keine Details. Erst wenn man sich in die Landschaft hineinbegibt, treten Hausformen, einzelne Bäume, Wegabzweigungen deutlicher hervor, dafür aber geht der Blick über die Weite des Raums verloren. In der Wissenschaft hängt der Betrachtungsabstand davon ab, was man erkennen will, was man mit der Erkenntnis bezweckt. Will man grundsätzliche Einsichten erarbeiten, etwa wesentliche Unterschiede zwischen Familie und Schule herausstellen, dann sollte dies aus der nötigen Entfernung geschehen. Will man dagegen ein Ereignis aus der eigenen Lebenswelt diskutieren, die Situation in der eigenen Familie oder in der Schule des Kindes beschreiben, sollte man möglichst nahe an das Objekt herangehen und auch auf die Details achten. Unsere Ausführungen sind auf beiden Ebenen angesiedelt. Wo sie allgemein bleiben, bietet das Buch zusätzliche Hilfen an, damit Sie das erworbene Wissen auf Ihre spezielle Situation beziehen können.

Aufbau und Verwendungsmöglichkeiten des Buches

Das Buch besteht aus einem zusammenhängenden *Informationstext* sowie *Arbeits-* bzw. *Diskussionstexten* zu den einzelnen Kapiteln. Der **Informationstext** stellt den jeweiligen Sachverhalt im Zusammenhang dar. Bei manchen Themen wird auch kurz auf den geschichtlichen Hintergrund eingegangen. Neben der reinen Sachdarstellung behandelt der Informationstext auch Probleme, Streitpunkte und neuere Entwicklungstendenzen.

Die meist kurzen **Arbeits- und Diskussionstexte** im Anschluß an die Sachdarstellung erfüllen unterschiedliche Aufgaben:

- Sie veranschaulichen einen Sachverhalt, etwa in Form eines Berichts, eines Selbstzeugnisses, des persönlichen Kommentars durch einen Autor.
- Sie fordern zur begründeten Zustimmung oder Ablehnung heraus. Einzelne Texte geben beispielsweise die Meinung von befragten Eltern zu einem Sachverhalt wieder. Gelegentlich werden die

hier vertretenen Wertungen bei Ihnen zweifellos auf Widerspruch stoßen.

- Die Texte behandeln machmal einen Gesichtspunkt, der im Informationsteil nicht oder, nur ganz knapp angesprochen war. Auf diese Weise sollen sie die Auseinandersetzung mit dem entsprechenden Sachverhalt vertiefen.
- Nur in seltenen Fällen passen die Texte ausschließlich zu dem betreffenden Kapitel. Häufiger lassen sie sich auch anderen Themenbereichen zuordnen und können die Auseinandersetzung damit zusätzlich bereichern.
- Die eigene Position der Autoren ist gelegentlich durchaus erkennbar. Dann sollen die Texte Gegenargumente liefern und Ihnen helfen, den Sachverhalt aus einer anderen Perspektive kennenzulernen.
- Zu einigen wenigen Themen finden Sie Originaltexte wissenschaftlicher Autoren. In diesen Fällen erhalten Sie einen unmittelbaren, wenn auch nicht immer einfachen Zugang zum ursprünglichen Gedankengang.

An vielen Stellen im Buch folgen nach dem Informationstext **Fragen oder Stichworte zur Elternarbeit**. Sie helfen Ihnen, das erworbene Wissen und die gewonnenen Einsichten auf Ihre besondere Situation anzuwenden. Wichtig ist uns an dieser Stelle der Hinweis: Wir wollen keine Rezepte anbieten. Die nämlich versprechen, was sie nicht halten können: Hilfe genau für *Ihre* Situation und für *Ihre* Probleme. Dazu müßte man aber im einzelnen die Umstände des Problems, die davon betroffenen Personen, ihre Lebensbedingungen und ihre Vorgeschichte kennen. Erst dann wäre ein Rat überhaupt vertretbar. Das kann ein Buch wohl kaum leisten. Was dieses Buch, nicht zuletzt durch die Stichworte und Fragen zu Elternarbeit, allerdings leisten soll, ist, Anregung zur Selbsthilfe zu geben.

Wenn Sie zu einem Thema, Diskussionspunkt oder Fachwort Informationen suchen, hilft das **Stichwortverzeichnis** weiter. Es enthält die im Buch behandelten wichtigsten Begriffe und gibt die Seiten an, auf denen Sie im Text nähere Erläuterungen finden.

Vor besondere Schwierigkeiten, besonders in Kapitel 4, stellte uns die Länderhoheit in Bildungsfragen: Viele Regelungen weichen in den einzelnen Bundesländern so sehr voneinander ab, daß allein die Darstellung der Unterschiede ein Thema für sich wäre. Es kann aber nicht Sinn dieses Buches sein, Ihnen in Hamburg zu erklären, welche Pflicht- und Wahlpflichtregelungen es z. B. in Bayern gibt. Statt dessen möchten wir Grundinformationen weitergeben, Wissen im Überblick und im Zusammenhang ermöglichen, Positionen herausstellen und auf Problemlagen aufmerksam machen. Hat man diese Wissensbasis, dann kann man ohne allzu große Schwierigkeiten mit den konkreten Informationen des eigenen Bundeslandes zurechtkommen.

Wir haben allen Anlaß, engagierten Helfern zu danken. Dies ist nicht bloße Höflichkeit, sondern die Anerkennung von Unterstützung, die über das erwartbare Maß weit hinausging. Dorothea Gores danken wir für ihre wie selbstverständlich gewährte und beständige Hilfe bei der Manuskripterstellung. Sie hat damit speziell in der Endphase zum Gelingen des Unternehmens wesentlich beigetragen. Gudrun Grünweller und Andreas Groß haben sich um die Materialbeschaffung und Sichtung sowie um die redaktionelle Überarbeitung verdient gemacht. Horst Linder, Lektor im Athenäum Verlag, danken wir für kompetente Unterstützung und viel Geduld bei der Vorbereitung des Manuskripts zum Druck. Dr. Helmut Peifer hat die Arbeit durch kritische Hinweise und Literaturempfehlungen erleichtert. Ihm wie auch den übrigen Mitautoren gilt unser Dank. Die Katholische Bundesarbeitsgemeinschaft für Erwachsenenbildung sowie die Katholische Landesarbeitsgemeinschaft für Erwachsenenbildung in Rheinland-Pfalz waren in allen schwierigen Situationen zuverlässige und hilfreiche Partner.

Trier, den 13. 2. 1984 *Ruth Kaiser und Arnim Kaiser*

1. Was leistet die Familie für die Erziehung des Kindes?
(Familie und Erziehung)

Mit der Schulzeit beginnt für das Kind eine Lebensphase, in der es zum ersten Mal tiefgreifend aus dem bisherigen Umfeld – der Familie – herauskommt. Um die Bedeutung dieses neuen Handlungsraums einsichtig zu machen, empfiehlt es sich, zunächst auf die Situation des Kindes in der Familie einzugehen. Vor diesem Hintergrund lassen sich Veränderungen und neue Anforderungen verdeutlichen.

Zur Klärung des Zusammenhangs wird der Frage nachgegangen: Worin besteht die für den Schulerfolg bedeutsame Leistung der Kleinfamilie?

Ein kurzer historischer Rückblick auf die Großfamilie der vorindustriellen Epoche hilft, die gesellschaftliche Funktion der heutigen Kleinfamilie zu entwickeln, und macht die gegenwärtig bestehende Teilung von Aufgaben zwischen Familie und Schule besser verständlich.

1.1 Das Leben in der alten Großfamilie
(Strukturen des Familienlebens)

Die Familie ist für das Kind erster und wichtigster Lebensbereich. Sie ermöglicht ihm die erste Begegnung mit der ‚Welt' und den Aufbau seiner Identität, d. h. die Familie hilft dem Kind, allmählich eine Persönlichkeit zu entwickeln (Selbstaufbau) wie auch Verständnis für das soziale und politische Umfeld zu gewinnen (Weltaufbau). Die gleichen Leistungen beansprucht auch die Schule zu erbringen, weshalb sich die Frage stellt: Welche Strukturmerkmale unterscheiden beide Lebenswelten? Nur so können bei Gemeinsamkeit in den übergeordneten Zielen die Unterschiede im Detail herausgearbeitet werden.

Die patriarchalische Großfamilie

Die Familie hat vom 19. zum 20. Jahrhundert eine Entwicklung durchgemacht, die man als Strukturwandel von der Großfamilie zur modernen Kleinfamilie bezeichnet. Die Großfamilie bestand als patriarchalische * Gemeinschaft mehrerer Generationen unter der Leitung des Vaters (pater).

Einheit von Erziehung, Geselligkeit und Arbeit

Sie war in vielen Fällen Lebens- und Wirtschaftsverband, sei es als bäuerliche, als bürgerlich-kaufmännische oder als handwerkliche Großfamilie. Die Bereiche der Erziehung, der Geselligkeit und der Arbeit waren nicht scharf getrennt, sondern gingen häufig ineinander über. Wenn die Kinder auf dem Hof oder in der Werkstatt halfen, liefen Erziehungsvorgänge mit Zielen wie Gewöhnung an Genauigkeit, Ordnung, Gehorsam, Zuverlässigkeit, Erwerb von Geschicklichkeiten Hand in Hand mit Arbeitsprozessen.

Abb. 1: Schuhmacherfamilie in Berlin um 1845 (aus: Arbeitsgruppe Pädagogisches Museum (Hrsg.), Ein Bilder-Lesebuch über Schule und Alltag. © Elefanten Press, Berlin 1981, S. 20)

Die Wertvorstellungen, die solchen Erziehungsprozessen zugrunde lagen, entsprachen den wirtschaftlichen und sozialen Erfordernissen nach Stabilisierung dieses Familientyps. Dazu ist kritisch anzumerken: Diese Erziehungsziele sind für uns heute in ihrer Einseitigkeit nicht mehr akzeptabel. Sie brauchen die Ergänzung durch gegengewichtige Erziehungsvorstellungen wie Urteilsfähigkeit, Selbständigkeit, Fähigkeit zur Formulierung eigener Bedürfnisse und Anschauungen.

Vorrangig diente die Familie in diesem Stadium:

Funktionen der Großfamilie

- der Erhaltung der Arbeitskraft in körperlicher wie in psychischer Hinsicht sowie der Sicherung von Existenzgrundlagen für ihre Mitglieder in Notsituationen (Reproduktionsfunktion),
- der Vermittlung von Kenntnissen und Fähigkeiten (Qualifikationsfunktion),
- der Güterherstellung (Produktionsfunktion),
- der Vermittlung von Normen und Verhaltensmustern, die zur Bewältigung der oben genannten Aufgaben notwendig waren (Sozialisationsfunktion).

Die Rollen innerhalb der Großfamilie waren streng abgegrenzt. Dabei kamen in unserem Kulturkreis mit vorwiegend patriarchalischen Gesellschaften dem Familienoberhaupt, also dem Mann, besondere Rechte zu: Er vertrat die Familie nach außen, er war für Rechtsgeschäfte zuständig, und er hatte ein hohes Maß an Anordnungsbefugnis über Frau und Kinder.

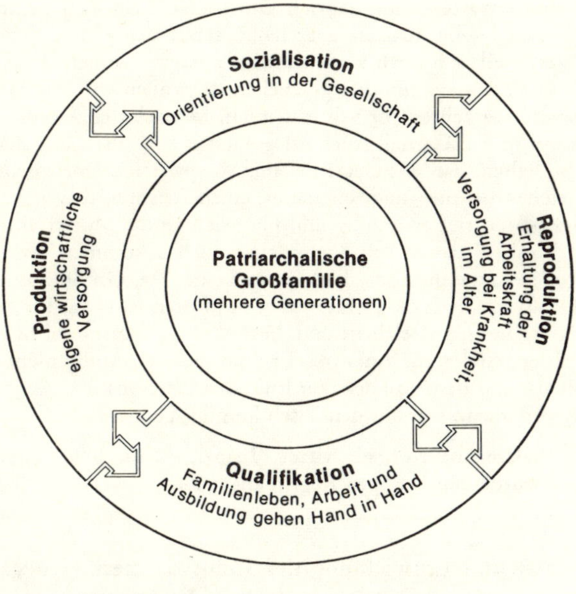

Abb. 2: Die Aufgaben der patriarchalischen Großfamilie

Im folgenden Auszug aus dem „Konrad Kiefer", einem Buch des Philanthropen C. G. Salzmann (1744–1811), werden Erziehungsziele und -maßnahmen der patriarchalischen Großfamilie beschrieben. In dieser Form können sie heute nicht mehr bedenkenlos akzeptiert werden.

Text 1/1

Konrad Kiefer

Bis in sein viertes Jahr lehrte ich Konrädchen hauptsächlich viererlei: aufmerken, gehorchen, sich vertragen und seine Begierden mäßigen.

Das erste geschah dadurch, daß ich fortfuhr ihm allerlei Tiere, Blumen und andere Merkwürdigkeiten der Natur zu zeigen und ihm Bilder zu erklären; das zweite, daß ich ihn, so oft er um mich war, beständig etwas nach meinem Willen tun ließ; das dritte, indem ich bisweilen einige Kinder zu ihm bat und sie mit ihm spielen ließ, wobei ich allemal zugegen war, und so oft ein Zank entstand, genau untersuchte, wer ihn angefangen habe, und den Zänker eine Zeitlang vom Spiel entfernte; das vierte lehrte ich ihn, indem ich ihm oft abschlug, was er mit großer Heftigkeit verlangte. So hatte ich einmal Honig geschnitten und brachte eine große Schüssel voll in die Stube. Honig! Honig! rief er freudig aus, Vater, gib mir Honig, rückte den Stuhl an den Tisch, setzte sich und erwartete nun, daß ich ihm sogleich ein Paar Semmeln mit Honig bestreichen solle. Ich tats aber nicht, setzte den Honig vor ihm hin und sagte: Jetzt teile ich noch keinen Honig aus; erst wollen wir Erbsen in den Garten säen; dann, wenn dies geschehen ist, wollen wir eine Honigsemmel miteinander verzehren. Er sah erst mich, hernach den Honig an, dann ging er mit mir in den Garten. Auch pflegte ich es bei Austeilung der Speisen immer so zu halten, daß er zuletzt bekam. So speisten einmal meine Eltern und Christelchen bei mir, und wir hatten einen Reisbrei, den er vorzüglich gern aß. Brei! Brei! rief er freudig und hing sich an die Mutter an. Ja, sagte ich, das ist Reisbrei, davon soll Konrädchen auch bekommen. Erst bekommen die großen Leute, hernach die kleinen Leute. Da, Großmutter, hast du Brei! Da, Großvater, hast du auch etwas! Da, Mutter, ist etwas für dich! Dies soll dem Vater, dies Christelchen; und dies? Wer wird das wohl bekommen? Onnäde, gab er freudig zur Antwort. Er fand diese Ordnung nicht unbillig, und ich ersparte mir damit all den Verdruß, den Eltern haben, die ihren Kindern zuerst von allem, was auf den Tisch kommt, geben.

(aus: C. G. Salzmann, Konrad Kiefer. Leipzig 1880, S. 58 und 59. Die Schreibweise wurde den heutigen Regeln angepaßt.)

Faktoren des Wandels

Mit Einsetzen und Entwicklung der Industrialisierung begann sich die Großfamilie zunehmend aufzulösen. Die wichtigsten Ursachen dafür waren:

— die Auslagerung von Produktion und Verwaltung in eigene Bereiche (Fabriken, Büros);

— die damit verbundene Notwendigkeit der Mobilität, d. h. die Berufstätigen fanden die Arbeit nicht mehr zu Hause in der Familie vor, sondern mußten zur Arbeitsstätte außerhalb des Hauses gehen;
— die Möglichkeit, durch Leistung sozial aufzusteigen und in neue Lebenswelten zu gelangen; d. h. die Familienzugehörigkeit war nicht mehr gleichbedeutend mit der lebenslangen Einbindung in eine soziale Schicht.

Lief in der Großfamilie die individuelle Lebensgeschichte in der Regel innerhalb des Familienrahmens ab, so wurde dieser Rahmen in der Folgezeit aufgebrochen. Außerfamiliale Bereiche gewannen zunehmend an Bedeutung, während die Familie sich zusehends von ihnen abgrenzte. Sie teilte sich in kleine Einheiten, in die sogenannte Gatten- oder Kleinfamilie.

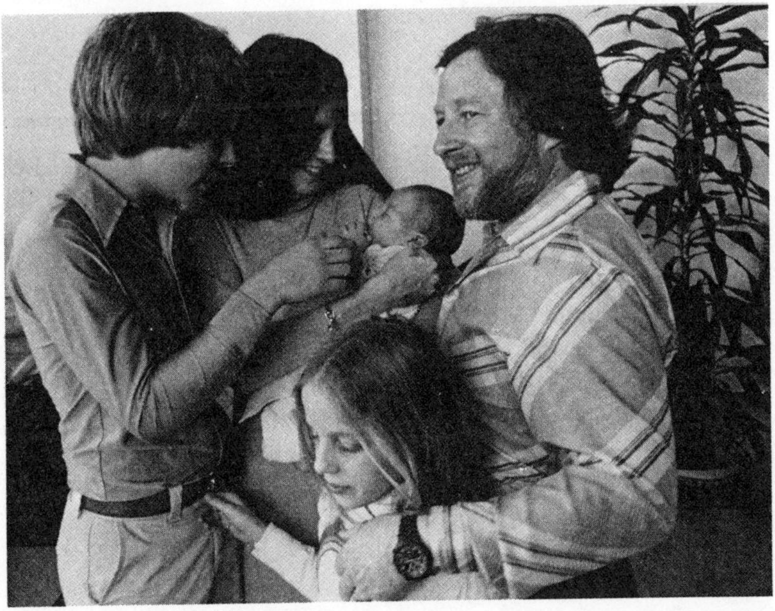

Abb. 3: Szene aus einer Kleinfamilie (aus: Richard R. Clayton, The Family, Marriage, and Social Change. Lexington/Mass.-USA, 1979, S. 577, © Jim Harrison, Charlestown/Mass.)

1.2 Die Aufgaben der heutigen Kleinfamilie (Funktion der Kleinfamilie)

Form und Funktion der Kleinfamilie

Die Kleinfamilie ist charakteristisch für unsere gegenwärtige Situation. Die Familie besteht in der Regel nur mehr aus zwei Generationen, den Eltern und den Kindern. Die Kinderzahl ist begrenzt (meist ein bis zwei), und die Familie beschränkt sich auf den Bereich des Privatlebens. Haus und Berufsstätte sind getrennte Sphären. Die zentrale Aufgabe der Kleinfamilie ist die Kindererziehung (Sozialisationsfunktion). Daneben übernimmt sie immer noch an erster Stelle die Erhaltung der Arbeitskraft sowie die Sicherung der Existenzgrundlagen ihrer Mitglieder (Reproduktionsfunktion). Gemessen an der Großfamilie, büßte sie vor allem die Produktionsfunktion und damit auch die Qualifikationsfunktion ein. Da die gewisse Eigenständigkeit, die die Familie einst besaß, beim Wandel zur modernen Familie verlorenging, spricht man vom ‚Funktionsverlust der Kleinfamilie'. Abb. 4 verdeutlicht diesen Wandel gegenüber Abb. 2.

Funktionsverlust der Kleinfamilie

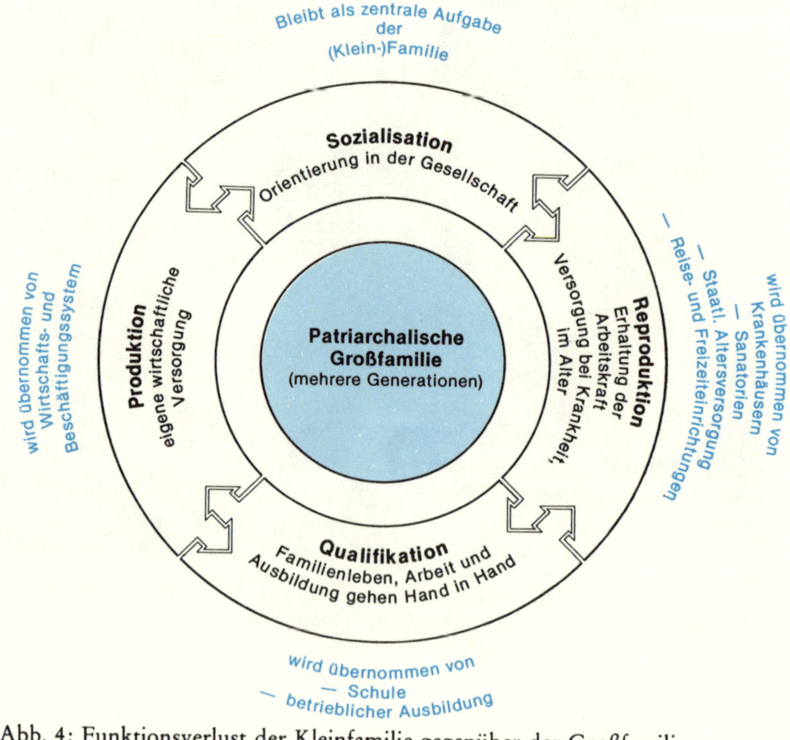

Abb. 4: Funktionsverlust der Kleinfamilie gegenüber der Großfamilie

Vorteil der Kleinfamilie: Bedeutung des sozialen Lernens

Bisher erschien der Übergang von der Groß- zur Kleinfamilie nur als ‚Verlust', als etwas Negatives. Bei genauerem Hinsehen lassen sich jedoch Nach- u n d Vorteile dieser Entwicklung erkennen:

Bedingt durch die geringe Zahl, können die Kinder in der Kleinfamilie eine intensivere Zuwendung und Betreuung erfahren. Das Kind ist mit der Bezugsperson – meist der Mutter – durch engen gefühlsmäßigen (emotionalen) Kontakt verbunden. Ein hohes Ausmaß an emotionaler * Wärme ist Grundvoraussetzung für die Persönlichkeitsentwicklung des Kindes. Der ‚Wärmebezug' zur Mutter schafft jenes Vertrauen, das ein Mensch unverzichtbar braucht, um überhaupt ein gesellschaftliches Wesen zu werden. Dazu gehören Fähigkeiten wie

— auf jemanden zugehen können,
— sich auf den anderen konzentrieren können,
— anderen ein gewisses Maß an Wahrhaftigkeit unterstellen,
— bereit sein, sich mit Gedanken, Gefühlen, Einstellungen des anderen zu beschäftigen.

Solche Fähigkeiten sind sowohl für das individuelle Glück als auch für den Standort im sozialen Gefüge, für beruflichen Erfolg und Zufriedenheit von Wichtigkeit. Diese Vorgänge, durch die das Kind befähigt wird, Beziehungen zu anderen Menschen aufzunehmen und sich in der Gesellschaft mit ihren Normen, typischen Situationen und Einrichtungen zu orientieren, nennt man Sozialisation *. Mit ihr leistet das Elternhaus einen unverzichtbaren Beitrag, der auch von der Schule zumindest teilweise vorausgesetzt wird.

Nachteile der Kleinfamilie: Einschränkung sozialer Kontakte

Neben diesen vor allem für die frühkindliche Entwicklung positiven Gegebenheiten des engen und intensiven Mutter-Kind-Kontaktes bringt die Beschränkung auf die Kleinfamilie Nachteile, weil das Kind oft nur punktuell die Erfahrung von umfassenderen Sozialkontakten macht. In der Großfamilie konnten durch den Einbezug sowohl in die Geschwister- als auch in die erwachsene Verwandtschaftsgruppe soziale Fähigkeiten ‚mitwachsen', d. h. natürlich erworben werden. Heute müssen eigens geschaffene Institutionen dafür sorgen, die Einschränkung solcher Lernmöglichkeiten wettzumachen: Kindergarten, Vorschule, Kinder- bzw. Jugendgruppe. Aus der Vielzahl dieser Einrichtungen wird einige Seiten weiter der Kindergarten vorgestellt, da er praktisch allen Eltern bekannt und damit dem Erfahrungsbereich der meisten Leser nahe ist.

Ähnlich zweiseitig kann die strenge Trennung von Arbeitsplatz und Familienbereich beurteilt werden. Die Großfamilie bewältigte sicherlich einen beträchtlichen Teil von Erziehungsaufgaben innerhalb

Einengung der kindlichen Erfahrungswelt

des häuslichen Rahmens. Die Kinder lebten auch zugleich in der Welt der Erwachsenen, sie hatten unmittelbaren Zugang zu ihr. Ihre Lebenswelt war vielfältiger, und große Bereiche waren ihnen direkt zugänglich statt – wie heute – nur durch schriftliche oder bildliche Berichte. Sie lernten mehr durch eigene, unmittelbare Erfahrung, wogegen Kinder heute viel häufiger aus zweiter Hand (Bild, Bericht, Film, Fernsehen) informiert werden. Dieser Nachteil ist allerdings nicht nur Folge des Wandels zur Kleinfamilie, sondern auch ein Resultat der enormen technischen Entwicklungen.

Vorteil der Kleinfamilie: Anerkennung der kindlichen Lebenswelt

Andererseits aber waren in der vorindustriellen Zeit die Grenzen zwischen Muße und Arbeit, zwischen Kindheit und Erwachsensein fließender, und der Übergang zum Erwachsenenleben fand früher statt. Genau besehen kann sogar von einer Kindheit, wie wir sie heute verstehen, nicht gesprochen werden. Die Entdeckung des Kindes mit einem eigenen Lebensraum, Entfaltungsmöglichkeiten ohne Sanktionen *, wie sie der Ernstfall im Erwachsenenalter mit sich bringt, ist noch nicht sehr alt. Sie setzt erst seit der Zeit der Aufklärung * und dann verstärkt seit der Biedermeierzeit ein. Was eben noch als ‚Einheit von Arbeit und Erziehung' so positiv klang, war bis in jüngste Zeit häufig nur Kinderarbeit ohne jegliche pädagogische Absicht. Die auf Seite 14 genannten Zielsetzungen verdeutlichten die Fragwürdigkeit dieser ‚Erziehung' bereits.

Dagegen bietet das Leben in der Kleinfamilie eine lange Kindheits- und Jugendphase, in der sich neben dem Spiel (in der Freizeit) überwiegend erzieherische Aktivitäten in breitem Umfang entfalten können: als unmittelbare erzieherische Tätigkeit der Eltern im Rahmen der sprachlichen und ganz allgemein der kulturellen Sozialisation, daneben als vorbereitende Aktivitäten von Kindergarten und Vorschule für den Eintritt in spezifische Erziehungsinstitutionen * (in das allgemeinbildende Schulwesen).

Rolle des Vaters in der Kleinfamilie

Die Trennung zwischen Familie und Produktionsbereich hat schließlich auch weitreichende Folgen für das familiale Interaktionssystem mit sich gebracht. Besonders auffällige und tiefgreifende Auswirkungen hat die Abwesenheit des Vaters vom Familiengeschehen, eine Erscheinung, die den bekannten Sozialpsychologen * Alexander Mitscherlich (1908–1982) geradezu von der ‚vaterlosen Gesellschaft' sprechen ließ. Bedingt durch die zeitliche und auch körperlich-geistige Beanspruchung am Arbeitsplatz, fällt der Vater für die kontinuierliche Erziehung weitgehend aus. Ob seltene, dafür intensivere Beschäftigung mit dem Kind hier einen echten Ausgleich schafft, bleibt zumindest fraglich. Erziehung ist überwiegend Aufgabe der Mutter, die allenfalls bestimmte Maßnahmen – vor allem Tadel und Strafe in schwerwiegenden Fällen – dem Vater überantwortet. Verschärft wird dieses Ungleichgewicht noch dadurch, daß der Vater seine Rolle* im Sozialisationsablauf des Kindes vernachlässigt. Zwischen Vater und Mutter besteht – grob gesehen – eine Verteilung von Aufgaben. Untersuchungen zur Familienerziehung haben gezeigt, daß in aller Regel die Mutter für den ‚Gefühlsbereich' zuständig ist. Sie gibt emotionale Wärme und kommt dem Schutzbedürfnis des Kindes entgegen. Der Vater vertritt eher das Sachprinzip: Er fördert mit seinem Erziehungsverhalten beim Kind die Entstehung erfolgsorientierten Handelns, also die Fähigkeit, geeignete Mittel zur Erreichung von Zielen auszuwählen, sie gegeneinander abzuwägen und Handlungspläne zu entwerfen. Erfüllt einer der beiden Partner – hier der Vater – in der zur Verfügung stehenden Zeit seine Aufgabe nicht, dann kann es zu Sozialisationsstörungen oder zumindest Verzögerungen auf den entsprechenden Gebieten kommen. Dieser Sachverhalt wird verschärft durch die zunehmende Berufstätigkeit der Frau, wenn das Kind also

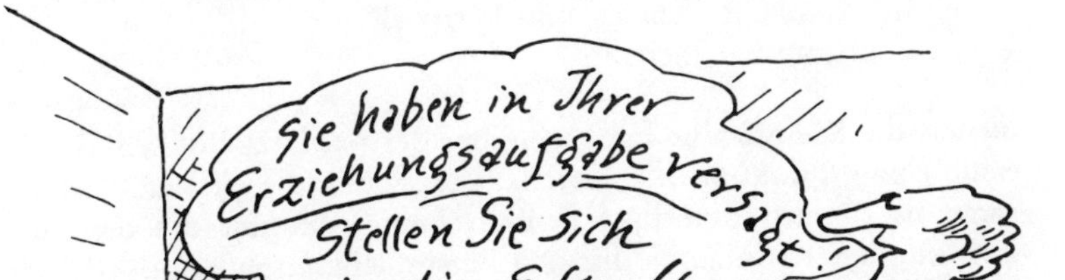

Abb. 5: Die Versagerin? (aus: Marie Marcks, Krümm Dich beizeiten. Reinbek 1981, S. 65, © Quelle und Meyer, Heidelberg)

in beiden Bereichen eine verminderte Förderung durch elterliche Erziehung erfährt. Untersuchungen haben gezeigt, daß die Hauptverantwortung für die Erziehung und Versorgung der Kinder trotz Berufstätigkeit auf der Frau lastet. Dabei verlagert sich ihre Aufmerksamkeit unmerklich auf äußerliche Gesichtspunkte wie Sorge für regelmäßiges Essen, ordentliche Kleidung und ein gepflegtes Erscheinungsbild des Kindes – eine verständliche Verschiebung, die dennoch bedenklich bleibt.

Trotz solcher Einschränkungen, die durch die Rolle des Vaters und die Berufstätigkeit beider Elternteile entstehen, dürfen die ‚Errungenschaften' der modernen Kleinfamilie nicht in den Hintergrund geraten:

— kleiner, intimer Familienkreis,
— Beziehungen der Familienmitglieder, die von emotionaler Wärme geprägt sind,
— eigene kindliche Lebens- und Lernwelt,
— ausgedehnte Kindheit.

Sicher, die Kleinfamilie hat gegenüber der patriarchalischen Großfamilie einige Funktionen verloren. Wer jedoch diesen Wandel insgesamt als ‚Funktionsverlust' kennzeichnet, verkennt die besondere Leistung der Kleinfamilie für den Persönlichkeitsaufbau des Kindes. Es ist daher sinnvoller, von einer Spezialisierung der modernen Kleinfamilie zu sprechen: Sie hat sich auf die Aufgabe der Sozialisation, der grundlegenden Persönlichkeitsentwicklung konzentriert.

Man wird hier, wie bei allen anderen Überlegungen zu Strukturmerkmalen der Familie, abschwächende Einwände vorbringen können: immer mehr Väter reservierten bewußt Zeit für die Familie; Eltern kämen trotz Berufstätigkeit weitgehend ihrer Erziehungsverantwortung nach; in vielen Familien bestünde intensiver Kontakt zwischen mehr als zwei Generationen. All diese Einwände sind berechtigt, setzen aber das bisher Gesagte nicht außer Kraft. Wie im Vorwort ausgeführt, hängt es vom Abstand des Betrachters ab, was an Feinheiten und Details berücksichtigt werden muß und was außer acht gelassen werden kann. Aus großer Entfernung gelten die oben gemachten Aussagen nach wie vor. Sie beschreiben die am häufigsten anzutreffende Situation, wie die folgende Übersicht einprägsam verdeutlichen soll. Abschließend werden die Aufgaben und Leistungen, aber auch die Verluste der modernen Kleinfamilie kurz zusammengefaßt:

Aufgaben/Leistungen	*Beschreibung der Situation des Kindes und der Familie*
Gefühlsbezug (Emotionalität)	Die Zuwendung zum Kind erfolgt aufgrund von Liebe und Zuneigung
Unmittelbarkeit (Direktheit)	Die Interaktion zwischen den Familienmitgliedern erfolgt unmittelbar von Angesicht zu Angesicht (Vis-à-vis-Interaktion)
Individuelle Zuwendung und Anerkennung	Das Kind wird um seiner selbst Willen akzeptiert, es muß sich Zuwendung und Anerkennung nicht ‚erarbeiten'.
Sozialisation (Sich in Gesellschaft orientieren können)	Die moderne Kleinfamilie hat ihre Hauptaufgabe darin, das Kind zu einem gesellschaftlichen Wesen zu erziehen: In der Familie werden grundlegende Fähigkeiten vermittelt, um mit anderen Menschen in Beziehung treten und sich in Gesellschaft orientieren zu können.

„Verluste" der modernen Kleinfamilie:

— Die moderne Kleinfamilie verlor die Produktionsfunktion und, damit verbunden, die Vermittlung von beruflichen Fähigkeiten (Qualifikationen).
— Die moderne Familie ist nicht mehr in der Lage, die zur Teilnahme an Produktionsprozessen erforderlichen besonderen Fähigkeiten und Fertigkeiten zu vermitteln, wie es noch im Rahmen der Großfamilie möglich war.
— Da der Produktionsbereich aus der Familie vollkommen ausgelagert ist, da zudem die Anforderungen an Fähigkeiten und Fertigkeiten enorm gestiegen sind, hat die Kleinfamilie diese Funktion an eine andere Institution abtreten müssen, an die *Schule*.

Der Soziologe * Helmut SCHELSKY äußert sich im folgenden skeptisch über die Erziehungsleistung der modernen Kleinfamilie.

Text 1/2

Schule und Erziehung in der industriellen Gesellschaft

Damit wird der Beitrag der Familie zum Aufbau der sozial-kulturellen Persönlichkeit des Kindes und Jugendlichen, aber auch noch des Erwachsenen, immer problematischer und teilhaft einseitiger.

Das in den Organisationen der Öffentlichkeit und Daseinsvorsorge erforderliche Verhalten mit seinen Ansprüchen an emotionsfreien, abstrakt rationalen, anonym-personengebundenen Reaktionen kann von der Familie kaum mehr erzogen und aufgebaut werden, da das familiäre Leben prinzipiell überall die gegenteiligen Verhaltensformen fordert. Die „Tugendkataloge" des Familienlebens und des Verhaltens in den bürokratischen Superorganisationen unserer Gesellschaft sind weitgehend unidentisch geworden, ja in vielen Fällen behindern de facto familiäre Tugenden (Vertrauen, Großzügigkeit, Zurückhaltung, Vornehmheit usw.) Durchsetzung und Erfolg im Raum der Organisationen und der Öffentlichkeit (...)

Aber die verbleibende Privatheit der Familie wird deshalb um so wichtiger und betonter, da sie die Gegenstruktur zu den personenentfremdenden, sachbetonten Zwangsstrukturen der öffentlichen und beruflichen Lebenswelt darstellt. *Die Aufrechterhaltung des Walls der Privatheit* (in Familie und kleingruppenhaften intimen Privatgemeinschaften) *gegen die sachzwanghafte Indienstnahme des Menschen durch die abstrakten Superstrukturen unserer Gesellschaft bleibt ein dauerhaftes und elementares Grundbedürfnis des modernen Menschen.* Daher auch sein Bestreben, wenigstens die Schlüsselentscheidungen seines Lebens (Berufswahl, Gattenwahl, religiöse Entscheidungen und Erlebnisse, geistige Positionen usw.) in diesem privaten Raum festzuhalten. Alle zukünftigen institutionellen Lösungen und Einrichtungen unserer Gesellschaft werden mit dieser Kluft zwischen Privatheit (primär Familie) und gesellschaftlicher Superstruktur zu rechnen haben; ihre Aufgabe liegt in einer produktiven Stabilisierung dieser Spannung.

(aus: H. Schelsky, Schule und Erziehung in der industriellen Gesellschaft. Würzburg 1961, S. 33–35)

Die Informationen zu Aufgabe und Leistung der modernen Kleinfamilie werden Ihnen sicherlich keine erfolgreichen Erziehungsrezepte an die Hand geben. Das können sie nicht, und eine solche Zielsetzung ist auch nicht beabsichtigt.

Wohl aber kann man sich fragen, ob die Ausführungen etwas zur Klärung der Situation in der *eigenen* Familie beitragen. Gerade über alltägliche Abläufe gibt man sich normalerweise doch kaum Rechenschaft ab.

Wenn man über die Auswirkungen des eigenen Familienalltags nachdenkt, können die Informationen zur modernen Kleinfamilie durchaus aufklären und zur Überlegung anregen. Der folgende Fragenkatalog soll dabei Hilfestellung leisten.

Welche Möglichkeiten hat Ihr Kind, um Erfahrungen aus erster Hand zu machen?
— Was kann es entdecken?
— Was ist ihm an seiner Umgebung noch unbekannt?
— Bekommt es Gelegenheit zu neuen Erfahrungen, z. B. durch Spaziergänge, Wanderungen, Besuch eines Zoos oder Museums?

Inwiefern kann es soziale Verhaltensweisen erproben?
- Wie wird das Fehlen von Geschwistern, Verwandten ausgeglichen?
- Hat es bestimmte Aufgaben übernommen, auf deren Ausführung andere sich verlassen?

Was sind Ihrer Meinung nach Situationen, in denen das Kind besonders intensiv soziale Wärme spürt?
- Bringen Sie ihm bei Schwierigkeiten Verständnis entgegen?
- Kuscheln oder schmusen Sie mit Ihrem Kind?
- Hören Sie ihm bei Fragen oder Erzählungen ernsthaft zu?

Hat das Kind auf irgendeine Weise Zugang zu anderen Lebensbereichen – besonders zu solchen, mit denen Sie als Erwachsene zu tun haben?
- Erzählen Sie von Ihrem Beruf, Ihrem Berufsalltag, den Aufgaben und Anforderungen?
- Kann Ihr Kind an Ihren Hobbies teilnehmen, oder weiß es, womit Sie sich dabei beschäftigen?

1.3 Bestimmt die Schichtzugehörigkeit den Schulerfolg?

(Schichtspezifische Unterschiede im Sprachverhalten und bei den Erziehungspraktiken, die Entstehung des Leistungsmotivs)

Kriterien zur Schichteinteilung

Es ist bisher allgemein von familialer Sozialisation, dem familialen Hintergrund des Schülers gesprochen worden. Diese Formulierung verdeutlicht noch nicht, daß zwischen den Familien wesentliche soziale, ökonomische und kulturelle Unterschiede bestehen. Diese Unterschiede gewinnen erhebliche Bedeutung für den Bildungsweg des Kindes. Sozialwissenschaftler haben eine Reihe von Kriterien entwikkelt, die es erlauben, Familiengruppen mit gemeinsamen Merkmalen zusammenzufassen. Auf diese Weise treten wesentliche Unterschiede hervor. Solche ordnenden Kriterien sind vor allem die Berufsposition des Vaters (meist verbunden mit der Unterscheidung zwischen handwerklich-tätiger und geistig-abstrakter Berufstätigkeit), der Bildungsstand der Eltern, das Einkommen und die Wohnqualität. Faßt man Familien mit gemeinsamen Merkmalen (z. B. solche mit einem Einkommen von 2.000–2.500 DM, einem Realschulabschluß des Vaters und vorwiegend geistiger Tätigkeit) zusammen, erhält man einzelne soziale ‚Schichten'. (Bei diesem Begriff steht im Hintergrund das Bild geologischer Erdschichten, die eng aufeinander folgen und zahlreich sind.) So kann man für Deutschland beispielsweise unterscheiden zwischen Unterschicht, oberer Unterschicht, unterer Mittelschicht, oberer Mittelschicht, Oberschicht.

Für die meisten Forschungszwecke vereinfacht man allerdings dieses Schichtschema und unterscheidet nur zwischen zwei Schichten: der Unter- und der Mittelschicht (wobei die Oberschicht zusammen mit der Mittelschicht betrachtet wird). Beide Schichten können durch folgende Merkmale voneinander abgehoben werden:

Text 1/3

Merkmale von Unter- und Mittelschicht

Unterschicht:

- Volksschulabschluß,
- überwiegend körperliche Tätigkeit,
- Einkommen bis 2 000,– DM
- berufliche und familiäre Konflikte,
- keine Sparneigung,
- z. T. Wechselschicht,
- größere Kinderzahl,
- Mietwohnung,

Mittelschicht:

- Realschul-, Gymnasialschul-, Universitätsabschluß,
- überwiegend geistige Tätigkeit,
- Einkommen bis 2 500 DM,
- kaum berufliche und familiäre Konflikte,
- Sparneigung,
- keine Wechselschicht,
- kleinere Kinderzahl,
- Eigentumsstreben

(aus: G. A. Hochstrate/W. Jeske, Bestimmt der soziale Status des Vaters immer noch den Bildungsweg der Kinder? In: Die Deutsche Schule 5, 1980, Heft 5, S. 313)

Die Grobunterteilung in Unter- und Mittelschicht wird auch zugrunde gelegt bei den Untersuchungen zu

- familialem Sprachverhalten,
- elterlichem Erziehungsstil und zur
- Entstehung des Leistungsmotivs beim Kind.

Diese drei Bereiche sind wesentlich für den Schulerfolg verantwortlich. Der Zusammenhang leuchtet ein, wenn man sich folgende Gesichtspunkte vergegenwärtigt:

— Schule ist überwiegend eine Sprachschule. Die Unterrichtsinhalte werden meist sprachlich vermittelt und erarbeitet.
— Schule erfordert zum erfolgreichen Lernen Selbständigkeit, Ausdauer, Fähigkeit zum Problemlösen.
— Schule setzt eine positive Haltung zur Leistung voraus. Zusammen damit muß beim Schüler die Bereitschaft vorhanden sein, sich über längere Zeit aktiv im Unterricht einzusetzen, auch wenn er nicht unmittelbar für jede Teilleistung belohnt wird. Häufig verschafft ihm bereits das Wissen um seine Leistungsmöglichkeiten und -erfolge ausreichende Befriedigung.

All diese Voraussetzungen müssen schon in der familialen Erziehung grundgelegt werden. Dabei sind erhebliche Unterschiede im Vergleich beider Schichten festzuhalten.

Das *Sprachverhalten* der Mittelschicht weist eine starke Gliederung durch Über- und Unterordnung der Sätze auf. Logische, räumliche und zeitliche Beziehungen der zu bezeichnenden Gegenstände und Sachverhalte werden genau formuliert. Man verwendet häufig Eigenschaftswörter zur detaillierten und feinen Unterscheidung. Insgesamt wird das Handeln sehr stark über Sprache gesteuert. Ist ein Angehöriger der Mittelschicht beispielsweise wütend über sein Gegenüber, neigt er eher dazu, seinen Zorn sprachlich auszudrücken, als handgreiflich zu werden.

In der Unterschicht sieht es – in bewußt vereinfachter und damit eindeutigerer Darstellung der Sachverhalte – nahezu umgekehrt aus: Kurze, grammatikalisch einfache und z. T. unvollständige Sätze werden bevorzugt. Häufig werden Befehle und Fragen eingesetzt; die gleichen Eigenschaftswörter, die zudem den Sachverhalt nicht sehr stark gliedern, kehren immer wieder. In die Äußerungen werden nichtssagende Floskeln (ehrlich; Mann; und so) eingebaut.

Ähnlich unterschiedlich ist das *Erziehungsverhalten* in beiden Schichten.

Kindorientierte Haltung in der Mittelschicht

In der Mittelschicht wird in hohem Maße auf das Kind, seine Interessen, Neigungen und Wünsche eingegangen. (Man nennt diese Haltung ‚kindorientiert'.) Die Eltern stellen es bewußt vor Aufgaben, die es bewältigen soll, und fördern seine Selbständigkeit. Bei Erfolg wird es durch Liebeszuwendung (z. B. Streicheln, freundliche Sprache) belohnt, bei Mißerfolg durch Liebesentzug und Ermahnungen bestraft. Das Kind wächst in einem Klima sozialer Wärme auf, die in der Regel besonders von der Mutter ausgeht.

Stark entgegengesetzt ist das Erziehungsverhalten in der Unterschicht: Die Eltern pochen stärker auf ihre Autorität und fordern den

Elternorientierte Haltung in der Unterschicht

Gehorsam des Kindes. (Man nennt diese Haltung ‚elternorientiert'.) Das Kind hat wenig Spielraum zur Entfaltung eigener Handlungsmöglichkeiten, da es vor allem angehalten wird, äußere Regeln zu befolgen und sich ihnen zu fügen. Kinder werden eher unmittelbar bestraft und gezüchtigt. Bei Fehlverhalten erläutern die Eltern dem Kind nicht ausführlich die Gründe für die Bestrafung, sondern bescheiden es kurz und knapp. Zudem bestrafen die Eltern eher die unmittelbare Folge des Handelns (den angerichteten Schaden) als die zugrundeliegende Absicht.

Ähnlich groß sind auch die Unterschiede bei der *Entstehung des Leistungsmotivs.* Unter Motiven versteht man die in der Persönlichkeit des einzelnen dauerhaft verankerten, ihm eher unbewußten Antriebe. Der Motivationsforscher HECKHAUSEN hat das Leistungsmotiv als das Bestreben gekennzeichnet, die persönliche Tüchtigkeit bei all jenen Tätigkeiten zu verbessern oder auf einem möglichst hohen Stand zu halten, in denen man einen Gütemaßstab als verbindlich anerkennt und deren Ausführung je nach den Umständen *ge*lingen oder *miß*lingen kann.

Diese Definition enthält folgende Bestimmungsmerkmale des Leistungsmotivs:
Erstens die *persönliche* Tüchtigkeit: Das Kind muß sich die erbrachte Leistung selbst zuschreiben können.

Beispiel: Wenn ein Schüler seine Hausaufgaben selbst gemacht hat, kann er das Lob für die ausgezeichnete Ausführung auf seine eigene Leistung beziehen statt auf den barmherzigen Mitschüler, der ihn schnell abschreiben ließ.

Zweitens *die Tüchtigkeit zu steigern oder hochzuhalten:* Das Kind muß bestrebt sein, die für die Leistung erforderlichen Fähigkeiten zu entwickeln oder auf ihrem hohen Stand zu halten.

Beispiel: Wenn ein Schüler in Mathematik oder in Sprachen schon gut ist, ist er eher bereit, durch Üben an mathematischen Aufgaben oder intensives Lesen in der Fremdsprache den erreichten Leistungsstand zu halten oder sich sogar zu verbessern. Der leistungsschwache Schüler findet schwer zu dieser Einstellung, selbst wenn sie für sein schulisches Überleben unabdingbar ist.

Drittens *einen Gütemaßstab als verbindlich anerkennen:* Eine Leistung wird von einem Kind nur dann als wertvoll angesehen, wenn es die Bewertungskriterien bejaht, nach denen die Leistung als gut gilt.

Beispiel: Wenn ein Schüler Körperbeherrschung und körperliche Kraft als Bewertungskriterien beim Sport bejaht, wird er um gute turnerische Leistun-

Abb. 6: Die Entstehung des Leistungsmotivs (aus: betrifft: erziehung Heft 6/1980, S. 58, © Marie Marcks, Heidelberg)

gen bemüht sein bzw. beim Gelingen einer schweren Übung Freude und Stolz auf sich (seine Leistung) empfinden. Diese Haltung entwickelt er kaum, wenn er Sport als unsinnig und überflüssig ansieht.

Schließlich kann die Ausführung *gelingen* oder *mißlingen:* Die Ausführung steht in einem risikoreichen Verhältnis zu den Fähigkeiten des Kindes.

Beispiel: Ein Schüler weiß trotz einer gewissen Sicherheit nicht, ob er wirklich *alle* Aufgaben in der nächsten Klassenarbeit richtig lösen kann. Anforderungen, von denen er meint, sie absolut sicher beinahe schon im Schlaf bewältigen zu können, sind kaum Anreiz für seinen Leistungswillen und seine Aufmerksamkeit. Hier spricht man von *Unterforderung,* die sich auf die Leistungsbereitschaft ähnlich lähmend auswirkt wie ihr Gegenstück, die *Überforderung.*

Leistungsmotiv und Erziehung zur Selbständigkeit

Ein solches Leistungsmotiv ist nicht angeboren, sondern es wird anerzogen. Die Voraussetzungen liegen wiederum zum großen Teil in der Familienerziehung. Die Befunde der Forschung sagen: Ein hohes Leistungsmotiv entsteht, wenn Kinder von ihren Eltern zur Unabhängigkeit und Tüchtigkeit angehalten werden. Wichtig ist dabei: Die Selbständigkeit, zu der das Kind ermuntert wird, muß eindeutig als Selbstzweck erkennbar sein (z. B. Selbständigkeit beim Lösen von Problemen, beim Spielen, bei der Auswahl von Freunden). Weniger motivierend sind Forderungen, die Routinecharakter haben und etwa zur Entlastung der Mutter dienen (Selbständigkeit beim Putzen, Aufräumen, Spülen). Bereitschaft zur Leistung verlangt, wie schon erwähnt, Verzicht auf unmittelbare Belohnung und auf Erfüllung spontaner, augenblicksbezogener Neigungen. Dabei müssen andere Interessen (Spielen, Fernsehen, Hobby) häufig zurückgestellt werden. Auch hinter dieser Haltung sollte eine familiale Erziehungsstrategie stehen: Kinder brauchen die Erfahrung, daß man sich Dinge ‚erarbeiten' muß. Die sofortige, bedingungslose Erfüllung aller Wünsche durch die Eltern steht dem hinderlich im Wege.

Erwähnenswert ist, daß eine zu früh einsetzende Erziehung zur Selbständigkeit (vor dem 3. Lebensjahr) sich eher negativ auf das Leistungsmotiv auszuwirken scheint – offensichtlich eine Folge von Überforderung. Probleme übertriebenen Leistungsdenkens spricht auch der folgende Zeitungsausschnitt an:

Text 1/4

Nervöse Eltern

Unbestritten scheint, daß Eltern heute stärker über die Schulprobleme ihrer Kinder klagen als früher – weil die Schule so schlimm geworden ist? Oder wegen des vom Numerus clausus erzwungenen Drucks zu guten Noten? Der Leiter eines Hamburger Gymnasiums hat eine wichtige Beobachtung gemacht: Gelassen, auch wenn das Kind in der Schule zu scheitern droht, bleiben die kinderreichen Eltern; ängstlich und nervös werden die Eltern von Einzelkindern. Da mag die Erfahrung fehlen oder der konzentrierte Ehrgeiz auf das einzige Kind durchschlagen, paradox bleibt es allemal: Der Pillenknick, der zu kleineren Klassen und so zu angenehmerem Schulalltag hätte führen können, erhöht auf dem Umweg über den Ehrgeiz der Eltern den Unmut über die Schule.

Peter Pedell

(aus: Die Zeit, Nr. 24 vom 10. 6. 1983, S. 29)

Bei Kindern mit einem *hoch ausgeprägten* Leistungsmotiv nehmen Vater und Mutter unterschiedliche Verhaltensweisen ein. Die Mutter setzt großes Vertrauen in die Leistungsfähigkeit des Kindes und zeigt ihm dies auch. Sie nimmt lebhaften Anteil an seiner Leistungsentwicklung, sie unterstützt es und erzeugt ein Klima sozialer Wärme, in der sich das Kind geborgen fühlt. Nur auf Leistungsversagen reagiert sie streng und intensiv. Der Vater dagegen nimmt eher eine freundliche, wohlwollend distanzierte Haltung ein. Er bringt seine Freude bei guten Leistungen deutlich zum Ausdruck, bei Leistungsversagen zeigt er nur in Ansätzen, daß er enttäuscht ist.

Ein *gering ausgeprägtes* Leistungsmotiv entsteht, wenn die Eltern niedrige Leistungsanforderungen stellen, wenig Wärme und gefühlsmäßige Anteilnahme an der Leistungsentwicklung des Kindes zeigen, eher Gehorsam fordern, als Eigenständigkeit zu ermöglichen, und wenn der Vater sich dominant und autoritär verhält, während die Mutter eher passiv bleibt.

Aus diesen Informationen ergibt sich: Das Erziehungs- und Familienklima in der Mittelschicht fördert die Entstehung eines hohen Leistungsmotivs, wogegen das Erziehungsverhalten in der Unterschicht für die Entwicklung des Leistungsmotivs eher hinderlich ist.

An dieser Stelle ist entschieden dem Mißverständnis vorzubeugen, wonach mit der Zugehörigkeit zu einer Schicht bereits zwingend festgelegt sei, wie Erziehungsprozesse verlaufen und Motiventstehung bei Kindern erfolgen wird. Die schematische Einteilung läßt außer acht, daß es einerseits die ‚Wohlstandsverwahrlosung' gehobener Schichten gibt, und andererseits in Unterschichten durchaus Aufgeschlossenheit für kulturelle Belange, Bemühen um sprachliche Verbesserung und das intensive Bestreben anzutreffen sind, die Kinder weiterzubringen. Das Wissen um die Gefahren der Schwarzweißmalerei sollte allerdings nicht dazu führen, die wissenschaftlichen Befunde über Unterschiede zwischen Unter- und Mittelschicht kurzerhand als einseitig oder übertrieben beiseitezuschieben. Auch das im 2. Kapitel auf S. 63 folgende Zahlenmaterial belegt dafür allzu eindeutig den Zusammenhang von Schulerfolg und Schichtzugehörigkeit. Vielmehr sollten Eltern die Ergebnisse als Anregung verstehen,

- sich auf das eigene Sprachverhalten zu besinnen;
- sich über das eigene Erziehungsverhalten gegenüber ihrem Kind Klarheit zu verschaffen;
- sich zu prüfen, wieweit sie die Selbständigkeit des Kindes in den Mittelpunkt stellen;
- einmal zu überdenken, welche Bedingungen in der Familie vorhanden oder noch zu schaffen sind, um die Entstehung eines hohen Leistungsmotivs zu ermöglichen.

Wichtig ist dabei der Hinweis: Das Kind begegnet *unmittelbar nicht einer Schicht, sondern seinen Eltern*. Entscheidend für seine sprachliche und seine Leistungsentwicklung sind daher die Umgangsformen der Eltern mit ihm:

- Spielen Sie mit Ihrem Kind? Lesen Sie ihm vor?
- Werden Bücher, Spiele, Fernsehsendungen unter erzieherischen Gesichtspunkten ausgesucht?
- Wird das Kind ermuntert, Schwierigkeiten zu bewältigen?
- Achten Sie bewußt darauf, bei passenden Gelegenheiten den Wortschatz des Kindes zu vergrößern? Wird es bei falscher Wortwahl oder fehlerhaftem Satzbau unaufdringlich verbessert?
- Erleichtern Sie Ihrem Kind den Zugang zu kulturellen Einrichtungen (zu Bibliotheken, Museen, Kindertheater)?
- Stellen Sie Ihrem Kind Aufgaben, die es bewältigen kann und die es dann auch erfüllen muß, selbst wenn es zwischenzeitlich keine Lust mehr dazu hat?

Jedes Elternhaus könnte sich um eine Atmosphäre bemühen, die das Lernen und die kindliche Entwicklung fördert. Statistisch gesehen – das heißt unter Vernachlässigung des Einzelfalls – besteht allerdings eine hohe Wahrscheinlichkeit, daß diese anregende Umgebung eher in Mittelschicht- als in Unterschichtfamilien zu finden ist.

Die Übersicht auf S. 33 faßt zusammen, welche Unterschiede es zwischen Mittel- und Unterschicht aus der Sicht der Forschung gibt.

Die beiden Interviewauszüge auf S. 34–35 sind Gesprächen mit Müttern entnommen. Dabei steht die Zahl 1 immer für die Fragerin, 2 für die jeweils antwortende Mutter.

Erzieherisch wichtige Unterschiede zwischen Mittel- und Unterschicht

	Mittelschicht	Unterschicht
Sprachverhalten	— starke Gliederung durch Über-/Unterordnung der Sätze	— kurze, grammatikalisch einfache, zum Teil unvollständige Sätze
	— logische, räumliche, zeitliche Beziehungen werden genau formuliert	— Zusammenhänge logischer, räumlicher, zeitlicher Art werden nicht ausgeführt
	— häufiger Gebrauch von Eigenschaftswörtern zur detaillierten Unterscheidung	— wenig Abstufungen durch Eigenschaftswörter — Gebrauch von Floskeln
	— sprachlicher Ausdruck von Gefühlen	— Gefühle werden häufig durch Gesichtsausdruck, Bewegungen, Körperhaltungen mitgeteilt
	— Begründung von Anordnungen und Bitten	— häufiger Gebrauch von Befehlen und Fragen
Erziehungsverhalten	— Orientierung auf das Kind	— Orientierung auf die Eltern
	— Kind wird vor Aufgaben, eigene Entscheidungsmöglichkeiten gestellt	— Befolgen von Regeln und Anordnungen
	— Anforderungen an seine Selbständigkeit	— Anforderung an Routinefertigkeiten
	— Bestrafung durch Liebesentzug	— Kind wird unmittelbar bestraft
	— Kind wird für die Absicht einer Handlung bestraft	— es wird eher für die Folgen der Handlung (Schaden) bestraft
Entstehung des Leistungsmotivs	— Vertrauen in die Leistungsfähigkeit des Kindes	— Kind wird vor eher niedrige Leistungsanforderung gestellt
	— Leistungsunterstützung und -förderung durch die Eltern	— Eltern fordern Gehorsam statt eigenständiger Leistung des Kindes
	— wohlwollend-distanzierte Haltung des Vaters	— Vater betont seine Vormachtstellung
	— Mutter schafft Lernanlässe	— Mutter ist eher passiv

Man kann beide Texte unter schichtspezifischen Gesichtspunkten vergleichen: im Hinblick auf Erziehungsvorstellungen, auf die Art und Weise des Umgangs mit den Kindern, auf Lebensgewohnheiten und auf vermutliche Auswirkungen für den Schulerfolg. Darüber hinaus machen die Äußerungen Grenzen der Vereinfachung deutlich: Die zweite Mutter hat typische Erziehungsvorstellungen der Mittelschicht, verwendet dafür aber eine absolut untypische Sprache, die Unterschichtenmerkmale aufweist.

Text 1/5 a und 5 b

a) Interview mit der ersten Mutter

1. Was finden Sie denn so das Wichtigste, was für Eigenschaften die Kinder haben?
2. Wie soll ich denn das jetzt ausdrücken ... das ist schwer ... daß sie lernen, sich zu benehmen, daß sie nicht überall aus der Rolle fallen ... daß se mal Rücksicht nehmen auf jemand anderen, andere Menschen...
1. Fällt Ihnen noch was ein?
2. Nee, bin direkt blockiert, kommt einfach nichts mehr.
1. Sie haben jetzt aber nur Eigenschaften gesagt, daß sie eigentlich immer ein bißchen ruhig sein sollen und rücksichtsvoll, auf der anderen Seite wollen Sie auch, daß sie ganz schön auf den Tisch hauen und ihre Rechte durchkämpfen...
2. Das will ich, genau das, die sollen sich behaupten können, sich wehren, wenn's nötig ist, aber nicht unbedingt herausfordern, das möcht ich nicht, daß se Streit herausfordern den man hätte vermeiden können. Vielleicht geht das von mir aus, weil ich das so mache.

(aus: Christiane Hofmann, Familienalltag. Focus-Verlag, Gießen 1982, S. 279)

---

b) Interview mit der zweiten Mutter

1. Was haben Sie für Erziehungsziele?
2. (lacht) Das ist ne gute Frage ... wie soll ich die beantworten? Erziehungsziele?
1. Ja, so Eigenschaften, die Sie bei Ihren Kindern schätzen? ... würden?
2. Ich würd sagen ... selbständig sollen sie mal sein ... die Sonja war früher überhaupt nie selbständig ... erst nachher, wie unser Kleiner kam ... da mußte sie einfach ... zwangsläufig ... selbständiger sein, und der Thomas ist auch noch sehr unselbständig ... find ich.
1. Da war die Sonja auch 5, als der Thomas geboren wurde.
2. Ja ... und das ist ein kritisches Alter ... wenn Sie mal Kinder kriegen sollten, machen Sie das nur net so lang ... die Zeitspanne ... später ist die Sonja ja dann sehr selbständig geworden ... die hat sich sehr zu ihrem Vorteil verändert ... war sehr kontaktscheu ... das eine Jahr Kindergarten

hat ihr da auch sehr geholfen ... die Umstellung nach L. wird sicher sehr groß sein ... die ganze Schulklasse wird ja auseinandergerissen ... mit wem sie da jetzt zusammenkommt, das ist auch das große Problem ... ob sie da vielleicht Kontakt findet...

1. Können Sie ihr irgendwie dabei helfen?
2. Da erzählt die ja gar nichts ... das ist ja auch das ... von sich aus erzählt die überhaupt nichts ... meistens erfahr ich's erst durch die Klassenkameradinnen ... wenn ich die mal frage ... und hin und wieder sprech ich halt mit dem Lehrer ... also ... von sich aus erzählt sie gar nichts ...
1. Wie ist die Sonja denn leistungsmäßig?
2. Ach, da ist sie gut ... ich würd sagen ... in Mathematik, da hat sie ab und zu mal Schwierigkeiten ... aber im Notendurchschnitt hat sie 2,2. Das ist ja echt gut ... und das war nur, weil sie einmal in der Rechenarbeit ne 4 geschrieben hat... in Deutsch hat sie gar keine Schwierigkeiten ... sie schreibt die schönsten Aufsätzchen ... jetzt im vierten Schuljahr schon, daß ich wirklich staunen muß ... sie liest auch sehr viel ... das ist wahrscheinlich auch ein bißchen bedingt ... im Rechnen ... da hat sie hin und wieder Schwierigkeiten und da hilft ihr mein Vater echt ...

(aus: Christiane Hofmann, Familienalltag. Focus-Verlag, Gießen 1982, S. 289/90)

1.4 Familienerziehung und Kindergarten

Wie bereits erwähnt, ist der Funktionswandel der modernen Kleinfamilie im Hinblick auf die Erziehungsaufgabe nach zwei Seiten hin kritisch zu betrachten. Positiv wirkt sich auf die Erziehung des Kindes die Intimität, die intensive Zuwendung der Eltern, die soziale Wärme innerhalb der Familie aus.

Negativ zu bewerten sind dagegen die eingeschränkten Möglichkeiten sozialen Lernens. Nachbarschafts- und Verwandtschaftsbeziehungen spielen im Familienleben eine untergeordnete Rolle. Das Zusammenspiel der Eltern bei der Erziehung ist durch die Berufstätigkeit eines Ehepartners, häufig auch beider Elternteile, nicht immer bruchlos. Schließlich gibt es viele Einzelkinder.

Vor dem Hintergrund dieser Merkmale der modernen Kleinfamilie kann die besondere Aufgabe des Kindergartens begriffen werden: Kindergarten und Elternhaus teilen sich partnerschaftlich Erziehungsaufgaben zum Vorteil des Kindes.

Der Kindergarten ist keine vorgezogene Schule und soll es auch nicht sein. Er ähnelt vom Klima her der Familie und zeichnet sich im übrigen durch folgende Unterschiede aus:

Merkmale der Arbeit im Kindergarten

— Das Kind ist in eine größere Gruppe einbezogen und muß in ihr zurechtkommen.
— Hier wird häufig zielgerichteter, als es in der Familie mit der Belastung durch Hausarbeit und Beruf möglich ist, auf die kindliche Lebenswelt eingegangen
— durch Spielen, Erzählen, Singen, Basteln und ähnliche Anregungen, auch durch Ermutigung zu fortschreitender Selbständigkeit in alltäglichen Dingen (anziehen, aufräumen, einkaufen, Orientierung im Wohnviertel).
— Die Entwicklung von Lern- und Denkvorgängen wird hier durch entsprechende Maßnahmen unterstützt und gefördert (Namen für Gegenstände finden, mit Materialien umgehen und ihre Eigenschaften erproben, Figuren zuordnen, Größenverhältnisse abschätzen und in Beziehung bringen).

Der Kindergarten bietet deshalb auch Ausgleichs- und Fördermöglichkeiten besonders für

- *Einzelkinder:* Sie lernen, sich mit Gleichaltrigen auseinanderzusetzen. Sie müssen selbst ihren Standort in der Gruppe finden. Sie lernen Rücksicht auf die Belange und Wünsche anderer Kinder zu nehmen. Sie erfahren, daß ihre eigenen Wünsche und Bedürfnisse nicht wie selbstverständlich erfüllt werden, sondern aufgrund sachlicher Gegebenheiten oder der Wünsche anderer Kinder zurückgestellt werden müssen. Diese Erfahrung ist besonders wichtig für Kinder, die aus einem zu behüteten Familienklima kommen und denen die besorgten Eltern nie etwas ausgeschlagen haben.
- *Kinder von alleinerziehenden Elternteilen oder von Eltern, die beruflich sehr beansprucht sind:* In diesen Fällen werden die Eltern bzw. der alleinerziehende Elternteil nur mit begrenzter Intensität auf das Kind eingehen können. Eine anstrengende Berufssituation oder belastende Probleme im Privatbereich lassen schnell Ungeduld aufkommen. Die Eltern werden ein Gefühl der Überforderung nicht los und leben zugleich mit dem schlechten Gewissen, ihrem Kind nicht genügend Zeit und Aufmerksamkeit zu widmen.

In diesem Fall wird der Kindergarten unentbehrlich – nicht nur, weil er das Kind ‚aufbewahrt' und ihm die eventuell fehlende emotionale Wärme gibt. Daneben bietet der Kindergarten dem Kind in diesen Fällen das kulturelle Milieu, das es zur Entwicklung seiner Fähigkeiten benötigt:

- Singen und Malen zur Entwicklung ästhetischer * und schöpferischer Fähigkeiten;
- Erzählen und Theaterspielen zur Förderung von Phantasie und Vorstellungsvermögen;
- Laufen und Ballspielen zur Entwicklung seiner Bewegungsfähigkeit (Motorik);
- Rätseln und Lösungswege ausprobieren zur Förderung seines Denkvermögens.

● *Kinder aus benachteiligtem Sozialmilieu:* Die Information über die Untersuchungsergebnisse zu schichtspezifischen Unterschieden im erzieherischen Bereich verdeutlicht die Aufgabe des Kindergartens, diesen Kindern – wenigstens ansatzweise – Förderungsmöglichkeiten zu bieten. Dies geschieht durch Sprach- und Denkspiele, durch Aufgaben, die eine gewisse Ausdauer erfordern, durch Mal- und Bastelaktivitäten, die Spiel- und Erprobungsraum für selbständiges Handeln sein können. Bei einer guten Kindergartenarbeit sollten diese Kinder auch Gelegenheit erhalten, sich bewähren zu können und bestätigt zu sehen. Häufig können gerade sie, was andere noch nicht beherrschen: selbständig einkaufen, sich anziehen, sich in der weiteren Umgebung orientieren, auf Geschwister aufpassen. Die Kinder können sich so gegenseitig fördern, und bei Anerkennung aller verschiedenen Leistungsbereiche ergibt sich die Chance zur Bestätigung für jene Kinder, die sie in der Familie oft vermissen. Man nennt diesen Erziehungsansatz, bei dem Kinder aus allen sozialen Schichten zusammenkommen, einander verstehen und voneinander lernen sollen, *integriertes* (einbeziehendes) Lernen.

1.5 Kindergarten und Grundschule

Eine wichtige Aufgabe der Kindergartenarbeit besteht in der Vorbereitung der älteren Kinder auf die Schule. Vorbereitung auf den Eintritt in diese neue Lebenswelt heißt aber nicht, im Kindergarten schulisches Lernen vorwegzunehmen und Lesen, Rechnen, Schreiben einzuüben.

Vorbereitende Leistungen des Kindergartens für die Schule

Eher zielen die pädagogischen Maßnahmen im Kindergarten auf die Förderung schulisch bedeutsamer *allgemeiner* Fähigkeiten. So geht es beispielsweise darum,

— die Konzentration und Ausdauer des Kindes zu entwickeln;
— ihm klar zu machen, daß es zunehmend lernen muß, auf Aner-

kennung für eine Leistung zu warten, bis die Aufgabe vollständig zu Ende geführt ist;

— Fähigkeiten des Messens, Beobachtens, Vergleichens zu entwikkeln, einfache Sprachdifferenzierungen zu ermöglichen und zur Zusammenarbeit mit anderen zu befähigen.

Maßnahmen zur Erleichterung des Übergangs

Neben diesem allgemein auf Schule bezogenen pädagogischen Angebot kann der Kindergarten den Übergang auf die Grundschule auch durch eine Reihe konkreter Einzelmaßnahmen erleichtern. Ziel solcher Einzelaktivitäten ist es, die Schulanfänger von morgen schrittweise mit der zukünftigen Lebenswelt schon dann vertraut zu machen, wenn sie noch in ihrer gewohnten Umgebung sind. Sie können das Neue dann vom sicheren Boden der alten, vertrauten Situation betrachten. Denkbar sind folgende Maßnahmen:

- Der zukünftige Grundschullehrer kommt in den Kindergarten und stellt sich vor, erzählt von seinem Unterricht. Er geht dabei nach Methoden und Inhalten vor, die den Kindern von der Kindergartensituation her vertraut sind.
- Die Schüler aus dem ersten Schuljahr kommen mit ihrem Lehrer in den Kindergarten und zeigen, was sie im Unterricht gemacht haben: Bilder, Bastelarbeiten, Sprachspiele werden vorgeführt, Fibeln mitgebracht.
- Der Kindergarten plant, gemeinsam mit Eltern und Kindern, einen Ausflug zur Grundschule. Das Schulgebäude, die Klassenzimmer, die Turnhalle werden besichtigt.
- Der Schulweg wird erkundet, zumindest werden die in unmittelbarer Nähe der Schule liegenden gefährlichen Verkehrsstellen abgegangen.
- Gemeinsam mit Grundschullehrern bereiten die Erzieher einen Elternabend im Kindergarten vor, bei dem über wichtige Randerscheinungen des Schulanfangs gesprochen wird: Ranzen, Schulkleidung, Verkehrssicherheit.
- Zum Abschluß der Kindergartenzeit wird ein Fest vorbereitet, an dem sich die Grundschullehrer, vielleicht auch einzelne Schülergruppen mit Spielen, Sketchen, Liedvorträgen etc. beteiligen.

Hinter all diesen Bemühungen steht das Ziel, dem Kind den Übergang in die Schule zu erleichtern. Dennoch sollte Ihnen als Eltern bewußt sein: Es ist eine neue Lebenswelt, die auf das Kind zukommt. Auch bei Milderung des Übergangs durch eher spielerische Momente am Anfang begegnet ihm letztlich doch eine Welt mit eigenen Strukturen. Sie weichen in wesentlichen Punkten von dem ab, was es in Familie und Kindergarten bisher erfahren hat. Das Wissen darüber sollte dazu beitragen, Veränderungen im Verhalten des Schulanfängers verständlich zu machen, und die Bereitschaft der Eltern zur Hilfestellung verstärken.

Im folgenden Text finden Sie Bewertungskriterien für gute Kindergartenarbeit und -ausstattung. Sie können als ‚Prüfliste' herangezogen werden, um die Gegebenheiten im Kindergarten Ihres Kindes zu beurteilen.

Text 1/6

Was gehört zu einem guten Kindergarten?

Ingesamt können als die wichtigsten Kriterien eines guten Kindergartenprogramms die folgenden genannt werden:

- Es bietet viele Möglichkeiten für soziales Lernen;
- es berücksichtigt die individuellen Unterschiede der Kinder und ihre besonderen Bedürfnisse;
- es geht von der unmittelbaren Umgebung des Kindes aus, die expansiv im Sinne einer Umweltanreicherung erweitert und erschlossen wird;
- es gibt den Kindern genügend Zeit, um sich frei und durch vielerlei Medien ausdrücken zu können;
- es erlaubt dem Kind den Einsatz seines ganzen Körpers und gewährt genügend Ruhepausen;
- es legt die Grundlagen für späteres Lernen und achtet auf Krisenpunkte in der Lernentwicklung;
- es berücksichtigt die Interessen und Bedürfnisse der Eltern, indem der sozio-kulturelle Hintergrund der Kinder bei der Programmgestaltung mitreflektiert wird und die Eltern durch die Erzieher beraten und an der Planung beteiligt werden. (...)

Es ist notwendig, die Kindergärten wesentlich reicher mit Spiel- und Lernmaterial auszustatten, als es gegenwärtig der Fall ist. Denn das Programm muß in erster Linie bei den gegenständlichen Objekten und dem Material ansetzen, die die Aufmerksamkeit des Kindes auf sich lenken und es zu Lernleistungen anregen können, und erst in zweiter Linie bei den Inhalten. Die Entwicklung neuer didaktischer Materialien sollte in breitem Umfang angeregt und unterstützt werden. Musikinstrumente und Turngeräte gehören zur Grundausstattung jedes Kindergartens ebenso wie die Spielfäche im Freien, abgeschlossene Ruheräume und größere Gruppenräume, die auch für Bewegungsprogramme geeignet sind. Außerdem sind Besprechungs- und Kleingruppenräume erforderlich, um kompensatorische Programme, Sonderaufträge und individuelle Besprechungen mit Eltern durchführen zu können. Schließlich kann auch auf die Einrichtung von Spezialräumen nicht verzichtet werden, zum Beispiel Krankenzimmer und Aufenthaltsräume für die Erzieher mit einer kleinen Bibliothek, die mit neuerer Fachliteratur ausgestattet ist.

Kindergärten sind in der Regel Halbtagseinrichtungen. Es muß jedoch davon ausgegangen werden, daß ein gewisser Prozentsatz von Kindern auf Ganztagseinrichtungen angewiesen ist. In diesen Fällen ist von der Nachfrage nach Ganztagsplätzen her zu prüfen, ob im Kindergarten eine Ganztagsgruppe geführt werden kann oder ob eine eigene Ganztagseinrichtung geschaffen werden muß, an die in der Regel besondere räumliche und personelle Anforderungen zu stellen sind (...).

(aus: Deutscher Bildungsrat, Strukturplan für das Bildungswesen. Stuttgart 1972, S. 115 und 117)

---

2. Was macht Schule zur Schule?
(Strukturmerkmale von Schule)

Um Schule zu kennzeichnen, muß man zunächst klären, was darunter überhaupt zu verstehen ist. Das scheint auf den ersten Blick recht einfach. Tatsächlich aber gibt es unterschiedliche Vorstellungen von dieser Einrichtung. So wird Schule beschrieben

a) als bürokratische Organisation,
b) als Lernort,
c) als Bildungsinstitution,
d) als Instanz zur Verteilung von Sozialchancen,
e) als Bereich kindlicher oder jugendlicher Lebenswelt.

Nach der jeweiligen Kennzeichnung bestimmen sich ihre vorrangigen Merkmale. Den Zusammenhang dieser Merkmale untereinander sowie den sich daraus ergebenden Aufbau von Schule und die wichtigsten Handlungsabläufe in ihr nennt man die Struktur.

Die in diesem Kapitel zunächst zu klärende Frage gilt demnach den Strukturmerkmalen von Schule:

a) Wenn man Schule vor allem als bürokratische Organisation versteht, dann rücken die nach Rangordnung und Befugnis der ‚Stelleninhaber' abgestuften Entscheidungswege und die rechtliche Festlegung der Entscheidungsprozesse in den Vordergrund.
b) Schule als Lernort ist eine Instanz, die systematisch Wissensinhalte und Fertigkeiten vermittelt. Systematisch heißt dabei, daß die Abfolge der Lerngegenstände sowohl zeitlich als auch sachlich geordnet ist.
c) Von ihrem Eigenanspruch her sieht Schule ihre Hauptaufgabe in der Persönlichkeitsbildung des Kindes oder Jugendlichen. Schule soll dazu beitragen, Urteilssicherheit des einzelnen in privaten wie öffentlichen Situationen zu ermöglichen.
d) Das Lernen in der Schule steht unter Leistungsgesichtspunkten und wird in Form von Zeugnissen bewertet. Die Zeugnisse spiegeln nicht nur das individuelle Leistungsvermögen wider, sondern entscheiden auch über Berufs- und Lebenschancen des Beurteilten.
e) Schließlich ist Schule jener Bereich im Leben von Kindern und Jugendlichen, in dem sie einen Großteil ihrer Zeit verbringen, an den sie gelegentlich auch in Freizeitaktivitäten gebunden bleiben, der mit seiner Atmosphäre auf sie wirkt. Man faßt diese vorwie-

gend außerunterrichtliche Dimension unter den Begriff ‚Schulleben'.

2.1 Schule als bürokratische Organisation

Schule ist in weiten Bereichen bürokratisch geprägt. Hervorzuheben sind unter diesem Aspekt die Rangordnung der Ämter (Ämterhierarchie*) und der rechtliche Rahmen, der Einzelentscheidungen wie auch Entscheidungsabläufe für die zur Schule Gehörigen weitgehend festlegt.

Human-Relation-Modell

Diese Vorgänge können – grob gegliedert – nach zwei Modellen ablaufen: Beim ersten Modell setzt die Entscheidungsspitze einer Organisation nur Rahmenvorgaben. Die Ausführung und Ausfüllung dieser allgemeinen Zielvorgaben geschieht auf den Folgeebenen, und zwar relativ selbständig. Der Informationsfluß ist damit grundsätzlich in zwei Richtungen denkbar: sowohl von oben nach unten als auch umgekehrt. Die der Spitze nachgeordneten Folgeebenen führen nicht bloß aus, sondern bringen Rückmeldungen, neue Akzente, Verbesserungen in den Entscheidungsprozeß. Sie sind am Entscheidungsablauf in der Organisation beteiligt. Diese Organisationsform nennt man das Human-Relation-Modell.

Bürokratisches Modell

Ihm entgegengesetzt ist das bürokratische Modell. Hier ist die Organisation streng einlinig von oben nach unten aufgebaut. Die Organisationsspitze gibt genaue Zielvorgaben wie auch den Weg dahin vor und ordnet die Realisierung an. Die Entscheidungswege sind vorgezeichnet und die Befugnisse jeder einzelnen Abteilung festgelegt. Je weiter unten ein Organisationsmitglied in der Ämterhierarchie angesiedelt ist, desto geringer ist sein Entscheidungsspielraum, desto höher aber die Anforderung an seinen Gehorsam.

Eine Betrachtung der Schule von heute zeigt leider, daß sie am ehesten nach dem bürokratischen Modell aufgebaut ist. Sie hat eine streng hierarchische Gliederung vom Kultusministerium über die Bezirksregierung oder den Regierungspräsidenten zum Schulamt, zum Schulkollegium, zur Schulleitung bis zum letzten Glied in der Anordnungskette, dem Lehrer. Die Entscheidungswege laufen von oben nach unten, da Schule – und vor allem der einzelne Lehrer – Empfänger von Anordnungen ist.

An dieser Kennzeichnung ändert auch die in seltenen Fällen praktizierte Anhörung der Lehrer zu einzelnen Problemen von Schule und Unterricht nichts. Dieser Weg wird besonders dann eingeschlagen, wenn bei den übergeordneten Stellen ein gewisser Legitimationsbedarf besteht. Darunter versteht man den Wunsch nach Absicherung, Bestätigung oder Rechtfertigung einer Entscheidung. Ein solcher Anlaß liegt zum Beispiel vor, wenn die Durchsetzung neuer Richtlinien auf die Kritik von Elternverbänden oder der Presse stößt, also problematisch wird. Man versucht dann mit dem Hinweis auf die erfolgreiche Erprobung und positive Beurteilung durch die Adressaten vor Ort, in der Schule, diese Einwände abzuwehren und die Maßnahme als sinnvoll, anerkannt und damit gerechtfertigt hinzustellen.

Bürokratisches Modell contra Bildungsauftrag der Schule

Sie mögen nun die Frage stellen, inwiefern ausgerechnet die Organisation einer Schule Sie als Eltern berühren soll, wo doch für Sie die Interessenvertretung Ihrer Kinder im Vordergrund steht. Tatsächlich aber bringt ein bürokratisches Organisationsmodell für die Schulwirklichkeit eine ganze Reihe von Nachteilen mit sich, die den Vorteil – Vereinheitlichung von Planung – bei weitem überwiegen u n d pädagogische Auswirkungen auch auf die Schüler haben. Am bedenklichsten ist wohl der fundamentale Widerspruch, der zwischen Schule als bürokratischer Organisation und ihrem Bildungsauftrag in einer Demokratie* besteht. Dieser Widerspruch konzentriert sich in der Person des Lehrers. Als Mitglied der Organisation ‚Schule' ist der Lehrer Empfänger von Anordnungen. Er muß seine Handlungen nach Rechtsvorschriften ausrichten, Erlasse befolgen und den Anweisungen seiner Dienstvorgesetzten Folge leisten. Er steht damit in einem sehr ausgeprägten Abhängigkeitsverhältnis und muß sich in vielen Fällen auch seinen Schülern so darstellen.

Konfliktsituation des Lehrers

Dieselben Schüler aber soll er zu eigenständigen Persönlichkeiten erziehen, zu mündigen und urteilsfähigen Bürgern, die einen Anspruch auf seine Berechtigung befragen und ihn nach einer solchen Prüfung auch zurückweisen können. Dort steht der Lehrer als Beamter, hier ist er als Vorbild eines kritischen Bürgers gefordert. Beides kann er nicht problem- und konfliktlos vereinigen. Im Fall eines Konflikts wird er sich aller Wahrscheinlichkeit nach für jene Seite entscheiden, von der die stärkere Bedrohung zu erwarten ist. Und das ist die Organisation, also die Beamtenseite seiner beruflichen Existenz. Spontane Wünsche nach Lerninhalten oder Methoden der Unterrichtsgestaltung, die den organisatorischen Rahmen (den ‚Stundenplan', die ‚Erlaßlage', die Vorstellungen des Schulleiters) sprengen, die aber Schülern ein hohes Maß an Identifizierung * mit dem Thema oder dem methodischen Vorgehen ermöglichen, werden so unterdrückt. Im Konfliktfall unterliegt die pädagogische Absicht dem organisatorischen Planungsdenken.

Diese Kritik gilt nicht der Tatsache, daß bildungspolitische Zielsetzungen von gewählten Regierungen bzw. Parlamenten formuliert und in Richtlinien umgesetzt werden. Fatal wird erst der Weg durch

Abb. 7: Schule als bürokratisches Modell – Druck von oben nach unten (aus: Marie Marcks, Krümm Dich beizeiten. Reinbek 1981, S. 127, © Quelle und Meyer, Heidelberg)

‚die Verwaltung', die auch liberale ministerielle Rahmenvorgaben von Stufe zu Stufe enger schnürt, bis der Erstickungstod für die eigentlich Betroffenen – Lehrer und Schüler – unvermeidbar wird.

Reform der Schulbürokratie

Selbstverständlich haben Bildungspolitiker und -planer die Nachteile – vielleicht sogar die Unvereinbarkeit – des bürokratischen Modells und des Bildungsauftrags der Schule erkannt und zu mildern versucht. Es gibt eine ganze Reihe von Plänen, aber auch von rechtlichen Umsetzungen, um Formen des Human-Relations-Modells auf Schule zu übertragen. So beispielsweise die Praxis einiger Bundesländer, Lehrpläne nur als Rahmenvorgaben zu erlassen, die von Lehrern oder Fachkonferenzen eigenständig ausgefüllt werden. Ein anderes Beispiel sind die Schulmitwirkungsgesetze. Sie räumen allen Beteiligten – Lehrern, Eltern und zum Teil auch Schülern – ernsthafte Entscheidungsmöglichkeiten ein und begrenzen die Anordnungsbefugnis direkter Vorgesetzter, meist des Schulleiters.

Handlungsmöglichkeiten für Eltern

Alle Änderungstendenzen sind bisher unzureichend – sei es wegen der Beschränkung auf nur wenige Bundesländer, sei es, weil sie sich nur auf Teilaspekte der Schule beziehen. Sie reichen nicht hin, um der Schule einen anderen Organisationsrahmen zu geben, der ihren Zielen angemessener ist als der des bürokratischen Modells. Aus diesem Blickwinkel ist die Mitarbeit von Eltern, vor allem zur Kritik an der Zerstörung von Schule gefordert. Hier sind Rückschläge für sinnvolle pädagogische Arbeit zu erwarten: Überflüssige bürokratische Vorschriften engen den pädagogischen Handlungsraum des Lehrers ein, und im Kampf dagegen ist er auf Verbündete angewiesen. Unterrichtsziele, die ausdrücklich in den Richtlinien als positiv hingestellt sind, werden mit dem Hinweis auf ihre organisatorische Undurchführbarkeit unterlaufen. Auch heute ist eine Schule nicht selten eher die stramm geführte Behörde des Schulleiters X als ein Ort, an dem qualifizierte Lehrer – im vernünftigen und akzeptierten Rahmen staatlicher Richtlinien – als verantwortungsbewußte und autonom entscheidende Bürger auftreten. Das müßten sie jedoch können, weil sie exakt dazu auch ihre Schüler erziehen sollen.

Dieser beklagenswerte Sachverhalt bietet Schulexperten wie Karikaturisten immer wieder Anlaß zur Kritik.

Text 2/1

Was ist vorgeschrieben?

Der zentrale Regelbetrieb unterwirft auch den *Unterricht* selbst seinen Bedingungen. Deshalb lautet die das Lehrerhandeln bestimmende Frage nicht: „Was ist sachlich richtig und erforderlich?" Die Fragen, die letzterdings die

Antworten vorentscheiden, heißen vielmehr: „Was dürfen wir tun, was ist vorgeschrieben, was ist verboten? Kann uns jemand einen Verstoß gegen die Verordnungen nachweisen?“

(aus: W. Baßmann, Gesamtschule – Lernen ohne Angst. Frankfurt/M. 1980, S. 157)

Abb. 8: Unentschuldbar (aus: Marie Marcks, Krümm Dich beizeiten. Reinbek 1981, S. 130, © Quelle und Meyer, Heidelberg)

Text 2/2

Flucht in die Bürokratie

Die Wurzel des Unglücks liegt in der forschreitenden Neigung der Schulverwaltungen, auf sie zukommende Schwierigkeiten durch eine Flucht in die Bürokratie, in juristische Formeln und Paragraphen zu beantworten. Man braucht nur die Bayerische Allgemeine Schulordnung zu lesen, um einen Eindruck davon zu gewinnen, wie sich der Schulbereich hinter bürokratisch-juristischen Barrieren gegen alle „Anfechtungen“ in Form von Kooperations- und Gesprächsforderungen verschanzt. Selbst „human“ gemeinte Bestimmungen werden im Verordnungsdeutsch unverständlich unbrauchbar und letztlich inhuman. Ein Erlaß wird wider besseres Wissen nicht revidiert, weil man sich scheut, ihn zur Aufhebung erneut über die zig Schreibtische laufen zu lassen, die er zu seiner Entstehung passieren mußte; der Aufwand wäre zu groß. Das bürokratische System droht zum Selbstzweck zu werden. Das

Schulsystem „sichert sich ab“, anstatt sich notwendigerweise in Frage zu stellen.

Malte Buschbeck

(aus: Süddeutsche Zeitung vom 9. 12. 1975)

2.2 Schule als Lernort

Es sei an einige Einsichten erinnert, die in Abschnitt 1.2 erläutert wurden: Die heutige Kleinfamilie kann jenen Erziehungsanforderungen nicht mehr nachkommen, die durch die Veränderung von Gesellschaftsstrukturen und Produktionsprozessen zu erfüllen sind. Hier liegt die spezifische Aufgabe einer besonderen Institution, der Schule.

Schule fördert das Verständnis der Kultur

Schule als Lernort soll die Vermittlung genau jener Kenntnisse, Einsichten und Fertigkeiten besorgen, die zum Verständnis und zur Orientierung in der ‚Welt‘ erforderlich sind. Unter ‚Welt‘ ist dabei die gegenwärtige gesellschaftliche, politische, ökonomische und kulturelle Situation eines Volkes oder gar eines Kulturraums zu verstehen. Diese Aufgabe findet ihren Niederschlag im Lehrplan der Schule. Er ist nicht bloß eine willkürliche Ansammlung historisch zufällig entstandener Einzelinhalte (Fächer), sondern soll im Grunde ‚Welt‘ in ihren unterschiedlichen Aspekten repräsentieren. Lehrpläne enthalten daher zumindest in ihrem allgemeinen Aufbau ein systematisches Moment.

Der Lehrplan der Grundschule läßt diese Systematik erst an zweiter Stelle erkennen. Er muß zunächst das Erlernen von Kulturtechniken (Schreiben, Lesen, Rechnen) berücksichtigen, weil es die Voraussetzung für jede weitere Auseinandersetzung mit Inhalten bildet. Damit ist das Fundament geschaffen, um dem Kind die verschiedenen Aspekte von ‚Welt‘ in den Gegenstandsfächern nahezubringen. Sie sind bereits in der Grundschule grob strukturiert: die Natur, die Gesellschaft, die Kunst und die Religion.

Am deutlichsten ist die Lehrplansystematik im Bereich der Sekundarstufe II zu verfolgen, da sie sich hier an entsprechenden Wissenschaftsgliederungen orientiert. Die einfachste und bekannteste dieser Gliederungen ist die in Natur-, Sozial- und Geisteswissenschaften. Ihr entspricht die Anordnung der Aufgabenfelder in der reformierten Oberstufe (Sekundarstufe II): mathematisch-naturwissenschaftlich-technisches Aufgabenfeld; gesellschaftswissenschaftliches Aufgabenfeld; sprachlich-literarisch-künstlerisches Feld.

Begründungen für Lehrplanentscheidungen

Weiterführende Überlegungen zur Lehrplangestaltung richten sich auf seine Feingliederung: Welche Sprachen sollen gelernt, soll Chemie oder Physik unterrichtet, sollen neben deutschen auch Werke anderer Literaturen behandelt werden? Bei der Entscheidung dieser Fragen kommen neben der ‚Weltsystematik' zumindest noch drei weitere Gliederungsgesichtspunkte zum Tragen: ein sachsystematisches, ein anthropologisches und ein pragmatisches Argumentationsprinzip. Diese Argumentationsmöglichkeiten sollen nun am Beispiel des Lateinunterrichts verdeutlicht werden:

Sachzusammenhang der Lerninhalte

Eine häufig vorgebrachte *sachsystematische Begründung* für Latein verweist darauf, daß es Voraussetzung speziell für die romanischen Sprachen, für das Verständnis des lateinisch-römischen Kulturkreises und schließlich für die gesamte abendländische Kultur sei. Man argumentiert hier von einem inhaltlichen Zusammenhang her, wonach beispielsweise das Erlernen der französischen Sprache ein sachlich erfordertes Fundament in der lateinischen Sprache habe. Da man aber mit einer Sprache immer auch etwas vom kulturellen und politisch-gesellschaftlichen Leben erfährt, lege der Lateinunterricht auch die sachlichen Grundlagen für den Unterricht in entsprechenden anderen Fächern, z. B. in Geschichte, in Rechtskunde (römisches Recht), in Literatur und Kunst.

Entwicklung menschlicher Fähigkeiten

Von anderen Überlegungen ist die *anthropologisch abgestützte Argumentation* getragen, bei der man hervorhebt, Latein fördere logisches Denken. Hier hat man die Vorstellung, daß Unterricht bestimmte Fähigkeiten des Menschen (griech.: anthropos – der Mensch) entwickeln soll – etwa sein ästhetisches, sein Bewegungs-, sein Gefühlsvermögen und eben auch seine logischen Fähigkeiten.

Nützlichkeit des Erlernten

Die *pragmatische Begründung* verweist auf den Nutzen, den ein Fach für das Alltagsleben oder später für den Beruf hat. Latein erleichtere das Erlernen von Fremdwörtern und mache damit Zeitungsartikel und Fernsehnachrichten verständlicher, oder Latein sei erforderlich für Mediziner und Juristen, d. h. für bestimmte Studiengänge an der Universität.

Eines dieser vier Begründungsmuster werden Sie immer bei der Einführung oder Streichung eines Faches angeführt finden: Französisch soll wegfallen, da Englisch verbreiteter und damit nützlicher sei (pragmatische Begründung). Arbeitslehre soll eingeführt werden, da sie Ordnungs- und Genauigkeitssinn fördere (anthropologische Begründung) oder den weiten Bereich des Technischen erschließe (weltsystematische Begründung) oder ein ausgezeichnetes Anwendungsgebiet für die erworbenen mathematischen und physikalischen Kenntnisse sei (sachsystematische Begründung).

Einen Lehrplan lesen und ihn verstehen erfordert, Fragen an ihn stellen zu können – Fragen, die man auch bei Elternabenden mit dem Lehrer oder bei Konferenzen mit Beteiligung der Elternvertreter diskutieren kann. Ein sehr einfach einzusetzendes ‚Frageraster' ergibt sich, wenn man die vier Begründungsmöglichkeiten für Lehrplanentscheidungen in einer Tabelle zusammenfaßt und von ihnen aus Fragen an Lehrpläne und Unterricht stellt.

Prinzipien	*Fragen an Lehrpläne und Unterricht*
Weltsystematisches Prinzip	Welcher Bereich von ‚Welt' soll mit dem Fach oder Themenbereich abgedeckt werden? (Natur, Technik, Gesellschaft)
Sachsystematisches Prinzip	Wird im Lehrplan angegeben, wofür das Fach inhaltliche Voraussetzungen legt? (Latein für Französisch) Wird darauf verwiesen, daß und wie die einzelnen Inhaltsbereiche aufeinander aufbauen? (Kriegsschuldfrage nach 1914/18 als Vorinformation zur innenpolitischen Situation in der Weimarer Republik)
Anthropologisches Prinzip	Sind Fähigkeiten des Menschen angesprochen, die durch Unterricht in diesem Fach gefördert werden sollen? Welche Fähigkeiten sind das? (Denken, Handeln, Fühlen, Anschauen, Bewegen, Glauben) Finden Sie Aussagen, die auf das ‚Wesen' des Menschen verweisen? (‚Der Mensch ist ein geschichtliches Wesen.')
Pragmatisches Prinzip	Wird auf Situationen des täglichen Lebens verwiesen? Welche Situationen sind das? (Konflikte, Verkehr, Umgang mit Behörden) Was will das Fach für die Bewältigung dieser Situationen leisten? (Die Situation analysieren oder praktisch angehen ...)

Aufbau der Lehrpläne

Der Lehrplan für eine Schulform besteht aus den Einzelplänen für jedes Unterrichtsfach. Häufig sind Lehrpläne oder Richtlinien nach dem gleichen Schema aufgebaut:

Begründung für die Notwendigkeit des Faches: So wird darauf hingewiesen, daß der Mensch auch im alltäglichen Leben mit naturwissenschaftlichen Phänomenen, etwa der Elektrizität, zu tun habe. Um sie verstehen zu können, sei Physik als Unterrichtsfach unverzichtbar.

Allgemeine Ziele des Faches: Im Fach Politik kann ein solches allgemeines Ziel sein: ‚Fähigkeit und Bereitschaft, aktiv für die demokratische Grundordnung der Bundesrepublik Deutschland einzustehen'.

Allgemeine Themenbereiche, Themenfelder oder – schwerpunkte, die im Unterricht behandelt werden sollen oder müssen: z. B. ‚Elektrizität' oder ‚Mechanik' im Fach Physik; ‚Gemeinde' oder ‚Politische Parteien' im Fach Sozialkunde.

Diese allgemeinen Vorgaben werden konkretisiert in *Einzelzielen,* in manchen Lehrplänen auch in *Einzelthemen,* bei denen angegeben ist, in welchem Schuljahr sie behandelt werden sollen.

Zu dem schon erwähnten allgemeinen Thema ‚Gemeinde' im Sozialkundeunterricht lauten *Einzelthemen:*

- Zuständigkeiten der Gemeinde,
- Grenzen der kommunalen Selbstverwaltung,
- Einflußmöglichkeiten der Bürger auf Kommunalpolitik.

Ein *Einzelziel* zu diesem Thema könnte lauten: Die Schüler sollen bereit sein, Mehrheitsentscheidungen bei kommunalpolitischen Konflikten anzuerkennen, auch wenn sie ihren Interessen widersprechen (Einrichtung eines Altersheims statt eines Jugendzentrums). Dieses Einzelziel ist zugleich auch eine konkretere Formulierung des allgemeinen Ziels, aktiv für die demokratische Grundordnung einzutreten.

In manchen Lehrplänen wird auch unterschieden zwischen Zielen und Inhalten, die verbindlich sind, sowie anderen, die zur Auswahl freigestellt werden.

Häufig findet man in Lehrplänen noch methodische Hinweise zur Unterrichtsgestaltung für den Lehrer oder den Verweis auf wichtige Literatur. Ferner enthalten sie Regelungen für die Klassenarbeiten bzw. andere Arten der Lernkontrolle.

Was der Schüler beherrschen soll, wird nach einem weitverbreiteten Schema unterteilt in kognitive (gedanklich-intellektuelle), affektive (bewertende) und psychomotorische (bewegungsbezogene) Fähigkeiten. Diese Aufteilung ist nicht ganz glücklich, da beispielsweise in jeder Wertung immer auch gedanklich-intellektuelle Leistungen enthalten sind. Festzuhalten bleibt, daß durch diese Aufteilung immerhin die Schwerpunktsetzung ‚Kopf' oder ‚Hand' erkennbar wird.

Im Anschluß an die Ausführungen zum Aufbau von Lehrplänen können folgende Fragen gestellt und diskutiert werden:

Womit wird im Lehrplan begründet, *warum* ein Ziel oder Inhalt verbindlich ist?

Aufschlußreich ist auch, wenn Sie keine Begründung finden. Es ist dann zu fragen, ob die Entscheidung entweder willkürlich ist oder ohne weiteres Nachdenken von irgendwoher übernommen wurde.

Welche didaktischen Prinzipien werden im Lehrplan angesprochen und sind damit für den Unterricht wichtig?

Genaueres dazu finden Sie im 3. Kapitel mit den dort vorgestellten Prinzipien der Handlungsorientierung, der Wissenschaftsorientierung, des sozialen Lernens, des Projektunterrichts und der offenen Lernorte.
Wichtig: Gerade in diesem Punkt können Sie den Lehrer unterstützen, der trotz bürokratischer Einschnürung die in Lehrplänen angelegten positiven Ansätze von Unterricht verwirklichen will. Ein didaktisch guter und vielseitiger Unterricht kommt letztlich Ihrem Kind zugute.

Welche Bildungsvorstellungen vertritt der Lehrplan?

Zur Beantwortung dieser Frage kann das Raster von Seite 55 hilfreich sein.

2.3 Schule als Ort der Bildung

Fragt man Eltern nach der Aufgabe von Schule, verweisen sie häufig auf ihren Bildungsauftrag: Schule soll bilden, Jugendliche zu mündigen Bürgern erziehen und sie in die Gesellschaft eingliedern. Sie soll Urteils- und Kritikfähigkeit ermöglichen und sich der Emanzipation * verpflichtet fühlen...

Die Vielzahl möglicher Antworten ist ein Zeichen für die Uneinheitlichkeit der Vorstellungen von Bildung und die inhaltliche Unschärfe des Begriffs. In der Tat sprechen viele Pädagogen, Politiker und Eltern von Bildungsaufgaben der Schule, aber kaum zwei Personen meinen damit dasselbe.

Hier wird nun zunächst keine weitere Bestimmung von Bildung vorgeschlagen, sondern es soll gezeigt werden,

— welche Merkmale unverzichtbar zu einem gebildeten Menschen gehören;
— wie die Vorstellungen von Bildung in einzelnen ausgewählten Lehrplänen umgesetzt sind;
— aus welchen Gründen der gleiche Begriff, nämlich Bildung, so unterschiedlich interpretiert wird.

2.3.1 Merkmale von Bildung

Der Bildungsbegriff der Neuzeit ist geprägt durch die Aufklärung, den Prozeß der demokratischen * Bewegungen des 19. und 20. Jahrhunderts und durch die Theorie des Neuhumanismus*.

Bildung heißt: selbständiges Denken

Aus der Aufklärung stammt die Aufforderung, der Mensch solle es wagen, den eigenen Verstand zu gebrauchen. Er soll sich nicht dem Urteil eines anderen unterwerfen, der häufig mit staatlicher oder – in den vorigen Jahrhunderten – kirchlicher Autorität ausgestattet ist. Statt dessen soll er sein eigenes Nachdenken bemühen, vom anderen Gründe für dessen Behauptungen verlangen, die Quellen prüfen, aus denen der andere sein Wissen und seine Argumente zieht. Selbst wenn man schließlich dem Urteil des anderen zustimmt, ist dies dann das Resultat eigenen Denkens und nicht blinder geistiger Folgsamkeit.

Gleiches Recht auf Bildung

Der Gedanke der *politischen* Gleichheit des Menschen wird als unverzichtbares Bestimmungsmerkmal von Bildung im Prozeß der demokratischen Bewegungen seit der Französischen Revolution 1789 gefordert. Politische Gleichheit beinhaltet, daß niemand aufgrund von Einkommen, Stand und Geburt Vorrechte in Anspruch nehmen kann. Das Gleichheitsprinzip ist nur einlösbar, wenn auch entsprechende Chancen zur Umsetzung in der gesellschaftlichen Wirklichkeit gegeben sind. In diesem Zusammenhang heißt das, Gleichheit der Bildungschancen konkret zu schaffen. Es nützt nichts, darauf zu verweisen, jeder könne höhere Bildung erlangen, wenn in Wirklichkeit so viele Barrieren bestehen, daß sie nur von wenigen überwunden werden können. – Eine neue Formulierung dieses Gedankens prägte der Soziologe und Politiker Ralf DAHRENDORF, als er von ‚Bildung als Bürgerrecht' sprach.

Die Forderung nach politisch-rechtlicher Gleichheit der Menschen ist nicht Gleichmacherei mit der Absicht, jeden in gleiche Lebensumstände zu zwingen. Eher bezieht sich dieser Gedanke auf demokratische Formen des Zusammenlebens: auf Toleranz dem Andersdenkenden gegenüber, Rücksicht auf die Interessen und Meinungen anderer, Begrenzung und Kontrolle von Macht über andere.

Bildung ist zweckfrei

Schließlich wurde vom Neuhumanismus, vor allem von Wilhelm von HUMBOLDT (1767–1835), herausgestellt, daß Bildung *zweckfrei* sei und auf den *ganzen* Menschen abzielen soll.

Damit wird Bildung von *Aus*bildung abgehoben, die bestimmte Zwecke verfolgt, unter der Notwendigkeit des Berufs (des ‚Broterwerbs') steht und nur bestimmte Fähigkeiten im Menschen beansprucht, die ihn also nur einseitig (spezialisiert) sieht.

Bildung dagegen entwickelt nach HUMBOLDTS Auffassung die geistigen Kräfte ebenso wie ästhetische oder sittliche Möglichkeiten. Bildung bereitet demnach nicht auf Berufe vor, sondern darauf, zuallererst Mensch zu sein: denken, empfinden und handeln zu können.

Behält man die drei Stränge des Bildungsdenkens im Blick, dann kann man fordern:

Begriff der Bildung

Bildung muß jedem Menschen eigene Urteils- und Entscheidungsfähigkeit ermöglichen und ihn in allen seinen Fähigkeiten fördern.

Die Merkmale dieses Begriffs entsprechen grob den drei Motivsträngen:

— *jedem* Menschen = demokratisches Motiv
— jeden Menschen in *allen* seinen Fähigkeiten fördern = humanistisches Motiv
— jedem Menschen *eigene* Urteils- und Entscheidungsfähigkeit ermöglichen = aufklärisches, auf den Verstand ausgerichtetes Motiv.

Diese Merkmalsbeschreibung des Bildungsbegriffs bringt eine Reihe von Folgen mit sich:

a) Urteils- und Entscheidungsfähigkeit erfordern ein hohes Maß an Sachkenntnis.
b) Urteils- und Entscheidungsfähigkeit beziehen sich nicht nur auf den kognitiven, d. h. den gedanklich-intellektuellen Bereich des Menschen, sondern ebenso auf alle anderen Fähigkeiten: auf sein handwerklich-praktisches Vermögen, auf seine ästhetische Anschauung, auf seine Moral.
c) Letztlich soll es kein Selbstzweck sein, diese Ziele zu erreichen, sondern sie sind auf das Handeln des Menschen ausgerichtet. Auch wenn man einräumt, daß Erziehung hier auf Grenzen dessen stößt, was ‚machbar' ist, so kann sie doch versuchen, Grundlagen für ein wissensmäßig fundiertes, durchdachtes, selbständiges Handeln zu schaffen.

2.3.2 Bildungsvorstellungen in Lehrplänen

Diese recht theoretische Information ist für die Elternarbeit insofern wichtig, als Bildungsvorstellungen in allen schulischen Bereichen zu erkennen sind und sie prägen.

Prüfkriterien für Bildungsvorstellungen

Die Einzelmerkmale des Bildungsbegriffs bieten ein Instrument, um schulische Bildungsziele, die in Lehrplänen aufgeführt sind, zu analysieren und zu bewerten. Man kann Schwerpunkte, Einseitigkeiten, vergessene Aspekte feststellen und auf Elternabenden, in Diskussion mit dem Lehrer oder Schulleiter oder über den Landeselternbeirat im Kultusministerium zur Sprache bringen.

Auch bei diesem Unternehmen hilft ein Raster. Es soll jetzt probeweise zur Analyse der Lernzielschwerpunkte in der gymnasialen Oberstufe angewendet werden. Zunächst ein Auszug:

Text 2/3

Lernzielschwerpunkte

Lernzielschwerpunkte der gymnasialen Oberstufe sind das selbständige Lernen, das wissenschaftspropädeutische Arbeiten und die Persönlichkeitsbildung. Daß diese Begriffe sich teilweise überschneiden, kann im folgenden unberücksichtigt bleiben.

Selbständiges Lernen

Der Unterricht zielt insbesondere auf

— Problemoffenheit, geistige Beweglichkeit und Phantasie,
— Reflexions- und Urteilsfähigkeit auf der Grundlage eines soliden Wissens,
— Verfügung über sachgemäße Methoden,
— Fähigkeit zu planvollem und zielstrebigem Arbeiten, auch über längere Zeit.

Auf der Grundlage selbständigen Lernens führt der Unterricht hin

— zur Kenntnis wesentlicher Strukturen und Methoden von Wissenschaften sowie zum Verständnis ihrer komplexen Denkformen,
— zum Erkennen von Grenzen wissenschaftlicher Aussagen und zur Einsicht in Zusammenhang und Zusammenwirken von Wissenschaften.
— zum Verstehen wissenschaftstheoretischer und philosophischer Fragestellungen,
— zur Fähigkeit, theoretische Erkenntnisse sprachlich zu verdeutlichen und anzuwenden.

Persönlichkeitsbildung

Der Unterricht in der gymnasialen Oberstufe soll auch einen Beitrag zur Persönlichkeitsbildung des Schülers leisten. Dazu gehört vor allem die Befähigung zur persönlichen Lebensgestaltung und zur verantwortlichen Mitgestaltung des öffentlichen Lebens.

Folgende Ergebnisse der Erziehung sollen angestrebt werden:

— Erkenntnis der eigenen Möglichkeiten und Grenzen,
— Fähigkeit, Interessen sachbezogen zu vertreten und Kompromisse einzugehen,

- Fähigkeit, ethische und ästhetische Werte zu erfassen sowie Werturteile zu bilden und zu begründen,
- Bereitschaft zur Toleranz, Verständigung, Partnerschaft und Fürsorge,
- Fähigkeit, verantwortlich zu handeln.

(aus: Kultusminister-Konferenz, Ergänzungslieferung vom 5. 10. 1978)

Die Ziele beziehen sich überwiegend auf das *theoretische* Vermögen des Menschen, also darauf, Selbständigkeit im Denken und Urteil zu fördern (aufklärerisch-verstandesbezogenes Motiv). *Praktische oder ästhetische* Bereiche sind weniger berücksichtigt (Vernachlässigung des humanistischen Motivs). Das *politische* Motiv ist andeutungsweise aufgegriffen im Hinweis auf Toleranz und Partnerschaftlichkeit. Der *Handlungsbezug* ist nur sehr pauschal berücksichtig (‚Fähigkeit, verantwortlich zu handeln.‘).

Diese einseitige Schwerpunktsetzung verdeutlicht auch das folgende Raster:

Allgemeines Raster zu den Merkmalen von Bildung
(hier ausgefüllt am Beispiel der Lernzielschwerpunkte in der gymnasialen Oberstufe)

Merkmale des Bildungsbegriffs	Zuordnung von entsprechenden Aussagen eines Lehrplans, von Zielen einer Unterrichtsreihe . . .
Jeder Mensch hat gleiches Recht auf Bildung (= demokratisches Motiv)	keine Aussagen im Text
Betonung der eigenen Urteilsfähigkeit (= aufklärerisches Motiv mit Schwerpunkt auf der gedanklich-verstandesmäßigen Ebene)	– selbständiges Lernen – Reflexions- und Urteilsfähigkeit – Fähigkeit zu planvollem Arbeiten – Kenntnis der Strukturen und Methoden von Wissenschaft – theoretische Erkenntnisse sprachlich verdeutlichen können – ethische und ästhetische Werte erfassen und Werturteile bilden können
Umfassende Förderung menschlicher Fähigkeiten (= humanistisches Motiv)	keine Aussagen im Text
Bezug zur Handlungsfähigkeit des Menschen	Fähigkeit, verantwortlich zu handeln

2.3.3 Unterschiede in der Auffassung des Bildungsbegriffs

Wenn man, wie es hier vorgeschlagen wird, Merkmale von Bildung festhalten kann, wieso kommt es dann dennoch zu Meinungsverschiedenheiten über das Verständnis von Bildung? Eine Klärung dieser Frage scheint auch für die Elternarbeit in der Schule wichtig. Denn sicherlich werden Sie über Bildungsfragen diskutieren, und es hilft wenig weiter, wenn jeder betont, die Meinung des andern könne er nicht akzeptieren. Wichtig ist dann herauszufinden, *warum* der Gesprächspartner abweichende Bildungsvorstellungen hat.

Einengung des Bildungsbegriffs

Der Bildungsbegriff und seine Merkmale sind allgemeine Begriffe, damit zunächst noch vage. Erst die Konkretisierung, die inhaltliche Füllung, ermöglicht eine genauere Vorstellung von diesem Begriff und seinen Merkmalen. Dieser Vorgang ist, genau besehen, eine Interpretation, eine Auslegung des Bildungsbegriffs durch jeden einzelnen. Eine Auslegung ist aber nur möglich, sofern man auf ein Vorverständnis zurückgreifen kann, auf Begriffe und Vorstellungen, die einem hinreichend deutlich sind. Man kann sich die Auslegung (Interpretation) vorstellen wie einen Filtriervorgang: Man nimmt nur bestimmte Gesichtspunkte wahr, andere bleiben unberücksichtigt im Filter zurück.

Ähnlich geht es mit dem Bildungsbegriff, wenn er durch das Vorverständnis ‚gefiltert' wird. Man nimmt nur jene Merkmale des Begriffs wahr, mit denen man selbst etwas verbindet, die zu den eigenen Vorstellungen passen. Andere Merkmale lehnt man ab oder beachtet sie erst gar nicht. In Diskussionen darüber wird regelrechte Bildungspolitik betrieben, und damit sind die Eltern in ihren Mitbestimmungsmöglichkeiten aufgerufen: Bei einseitigen Vereinbarungen dieser Art kann die Schule Ihres Kindes entweder zu einer Pauk- oder zu einer Debattieranstalt verkommen.

Es wurde gesagt, daß zur Bildung des Menschen Urteils- und Entscheidungsfähigkeit auf der Basis einer soliden Sachkenntnis gehören. Denkbar ist nun, daß jemand den Hinweis auf die Sachkenntnis besonders betont und deshalb sagt: „Richtig, zur Bildung gehört Wissen. Schüler und Jugendliche sollen zuerst einmal etwas lernen, ehe sie mitsprechen und entscheiden wollen." Der Betreffende hebt bei Bildung besonders das Wissensmoment hervor und läßt unberücksichtigt, daß Urteilsbildung ein langwieriger Prozeß ist, der Einübung verlangt, also kein Können, das man eines Tages einfach ‚hat'. Schülern muß außerdem die Anwendbarkeit (im weitesten Sinn des Wortes) von Gelerntem klar werden. Dies läßt sich nicht auf nachschulische Zeiten vertagen.

Der andere Gesprächspartner dagegen sagt: „Was nützt alles Wissen, wenn man es nicht umsetzen kann, wenn man nicht in der Lage ist, sich ein Urteil zu bilden und eine Entscheidung zu fällen. Wesentlich ist, daß unsere Kinder lernen, sich durchzusetzen, auch gegen die Argumente der anderen. Das muß in der Schule geübt werden. Sie sollen diskutieren, Projekte machen und ruhig schon mal aktiv werden." Hier liegt die Gefahr, sich in Aktionen zu erschöpfen und Wissenserwerb zu vernachlässigen, auf der Hand.

Solche Einengungen des Bildungsbegriffs sind durchgängig zu verfolgen: bei der Erstellung von Richtlinien, dem Erziehungskonzept eines Schulleiters, des Kollegiums, im Eltern-Lehrer-Gespräch. Eltern, die am schulischen Leben ihrer Kinder Anteil nehmen, kennen solche Diskussionen: Jemand erhebt eine Forderung, der jeder ‚vernünftig denkende Mensch' nur zustimmen kann. Meist mag niemand als unvernünftig verdächtigt werden – vor allem dann, wenn die Forderung auf den ersten Blick berechtigt scheint.

Ein Vater stellt beispielsweise fest, daß richtige Rechtschreibung ja wohl die Hauptsache im Deutschunterricht sei. Heftiges Nicken ringsum. Der Lehrer greift den Gedanken auf und entwickelt ein Konzept von Deutschunterricht, das besser ‚Rechtschreibetraining' genannt werden sollte: Die Schüler sollen üben, abschreiben, Wortlücken ausfüllen.

Nun soll hier keineswegs die Wichtigkeit von Rechtschreibung in Frage gestellt werden. Es ist aber festzuhalten, daß Deutschunterricht andere, sogar wichtigere Ziele hat, die ebenfalls Berücksichtigung finden müssen: sinnerfassendes Lesen; Gliedern eines Textes; Verwenden von Sprache, die der Situation angemessen ist. Auf eine solche Korrektur der Zielsetzung kann man nur hinarbeiten, wenn man *alle* Momente des Bildungsbegriffs im Auge hat und auf dieser Wissensbasis Einseitigkeiten aufdeckt.

Man kann sich den gesamten Vorgang optisch so verdeutlichen,wie Abb. 9 auf S. 58 zeigt.

Auch im weiteren Bereich der politischen Auseinandersetzung über Schul- und Bildungsfragen liegen die Ursachen für Konflikte nicht zuletzt in den verschiedenen Auffassungen von Bildung. Der ‚Filter', der nur bestimmte Einzelaspekte des Bildungsbegriffs durchlaufen läßt, besteht hier aus den Weltanschauungen der Politiker oder Parteigremien. Für die Bundesrepublik kann man – grob gesehen – drei große politische Weltanschauungen unterscheiden: die Position des Konservatismus, des Liberalismus und des demokratischen Sozialismus.

Die *konservative Position* hebt in Bildungsfragen christlich-religiöse Werte hervor, räumt der kulturellen Tradition einen hohen Stellenwert ein, versteht

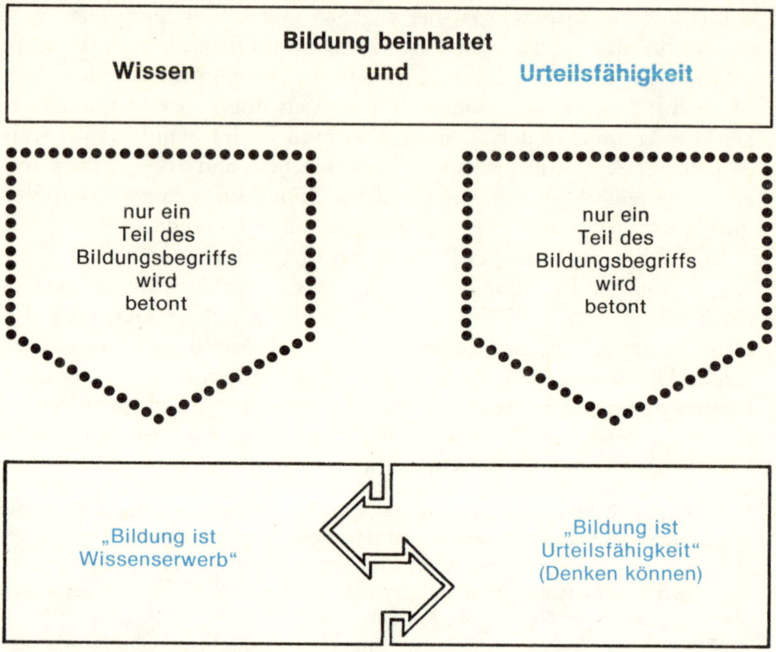

Abb. 9: Die Einengung des Bildungsbegriffs

Heimat positiv als Lebensraum, stellt Ordnung und Anerkennung von Autoritäten als unverzichtbar für gesellschaftliches Zusammenleben hin.

Die *liberale Position* betont in aller Regel die Fähigkeit des einzelnen zur eigenverantwortlichen Entscheidung. Bildung bedeutet individuelle Förderung. Die liberale Position strebt die Fähigkeit an, eigene Interessen vertreten zu können, und zielt auf die Einstellung, Konflikte zwar als wichtig für gesellschaftliche Entwicklungen anzuerkennen, aber prinzipiell auch die Notwendigkeit des Kompromisses zu bejahen.

Vertreter der *Position des demokratischen Sozialismus* unterstreichen besonders, daß die Ziele von Bildung für alle Schichten gleich sein müssen. Bildung erhält bewußt eine gesellschaftskritische Richtung: Sie wird als Haltung verstanden, gesellschaftliche Anforderungen auf ihre Berechtigung zu befragen, von Autoritäten den Nachweis zu verlangen, inwieweit sie zu Anordnungen befugt sind. Bildungsarbeit ist darauf angelegt, die Einstellung zur Solidarität der Menschen untereinander zu fördern, wobei die Priviligierteren in besonderer Weise verantwortlich sind für die in wirtschaftlicher, sozialer oder kultureller Hinsicht Benachteiligten.

Von einer politisch gefärbten Auseinandersetzung berichtet der folgende Artikel.

Sogenanntes Umdenken

An Baden-Württembergs Schulen sollen künftig die „christlichen Erziehungsziele" durchgesetzt werden. Ein Oberlandesanwalt klagt dagegen.

Die „alten Tugenden" will der Kultusminister von Baden-Württemberg, Gerhard Mayer-Vorfelder, in den Schulen wiederbelebt wissen: Fleiß und Pflichtgefühl, Disziplin und Ordnungsliebe. „Unerträglich" etwa für den CDU-Politiker, „daß überall Bananenschalen herumgeworfen werden." In allen Grundschulklassen sollen fortan Volkslieder gelernt und gesungen werden. Dem Minister gefällt „Kein schöner Land" besonders gut.

Als „Konzentrations- und Gedächtnisübung" sollen wieder viel mehr Gedichte auswendig gelernt werden, und beim allfälligen „Umdenken" soll Heimatkunde höheren Stellenwert erhalten: „Man kann nicht bei den Monsunwinden in Hinterindien beginnen und den Hohenstaufen links liegen lassen."

Vor allem will der katholische Christdemokrat endlich die „Erziehungsziele" der Landesverfassung im Unterricht durchsetzen. Nach deren Artikel 12 ist die südwestdeutsche Jugend „in Ehrfurcht vor Gott" und „im Geiste der christlichen Nächstenliebe" zu erziehen, vorrangig „zu sittlicher und politischer Verantwortlichkeit".

Bereits beim CDU-Landesparteitag im Juli hatte Mayer-Vorfelder dringlich dazu aufgerufen, daß diese „christlichen und humanen Werte nicht irgendwelchen Modetrends geopfert werden". Auch Religionslehrer seien verpflichtet, „nicht einseitig in bestimmter Richtung zu indoktrinieren", beispielsweise gegen die Verteidigungsbereitschaft der Bundesrepublik.

Ein aktiver Christ, Protestant allerdings, bezichtigt nun den Kultusminister selbst einer unerträglichen, womöglich gesetz- und verfassungswidrigen Indoktrinierung: Der Oberlandesanwalt Martin Diem, 41, beamteter Rechtsvertreter des Staates beim Verwaltungsgericht Sigmaringen, klagt gegen das Land „wegen Durchführung von Erziehungszielen in der Schule."

In seiner Klage bei eben diesem Verwaltungsgericht unterstellt Diem – dessen eigene Behörde nun das Land gegen ihn vertreten muß – als „gerichtsbekannt", daß Minister Mayer-Vorfelder ein „sogenanntes Umdenken im Schulbereich" eingeleitet habe.

Hervorgehoben würden dabei, so Diem, die christlichen „Erziehungsziele" der Landesverfassung, die entweder durch informelle politische Anweisung oder auf dem Erlaßweg aktiviert würden. Eben diese „Werte" machte Diem zum „Gegenstand der Klage" auf Unterlassung. Zugleich empfahl er den Richter-Kollegen „Vorlage an das Bundesverfassungsgericht", schon wegen grundsätzlicher Folgen, die auf andere Bundesländer ausstrahlen würden.

Der Oberlandesanwalt will nämlich festgestellt wissen, daß der Kultusminister „nicht berechtigt" sei, „die Erziehung in Verantwortung vor Gott bzw. in der Ehrfurcht vor Gott und im Geiste christlicher Nächstenliebe zu propagieren" – zumindest nicht „im Bereich des Hohenzollern-Gymnasiums Sigmaringen", das Diems Söhne Peter, Albrecht und Christof besuchen.

Begründung des Juristen, der die Bibel so präzise zitieren und auslegen kann wie Gesetzbücher: Er werde durch Mayer-Vorfelders Vorhaben in Elternrecht und Bekenntnisfreiheit „nicht nur unmittelbar berührt, sondern rechtswidrig betroffen".

Diems Klageschrift zufolge können die einschlägigen Bestimmungen der Landesverfassung in der Auslegung des Kultusministeriums – etwa über Schulgesetz, Lehrplanreform oder Verordnungen – „vor dem Grundgesetz keinen Bestand haben": Über die religiöse Erziehung der Kinder hätten nur die Eltern zu entscheiden.

Als Vater sorgt sich Diem, daß seine Kinder im Hohenzollern-Gymnasium vielleicht die Lehre des emeritierten Erlanger Theologie-Professors Walter Künneth befolgen müßten, wonach christliche Nächstenliebe den Wehrdienst geradezu verlange. Oder auch die Meinung des Sigmaringer CDU-Bundestagsabgeordneten Hermann Schwörer, der christliche Nächstenliebe nur als „Schutz- und Trutzbündnis zur Abwehr des inneren und äußeren Feindes" sehe, „den man genau zu erkennen glaubt" (Diem).

Unerwartet kommen Diem mit seiner Klage dabei Überlegungen der SPD-Opposition in Baden-Württemberg entgegen, die seit langem umstrittene rechtliche Absicherung der von der CDU formulierten Erziehungsziele und damit den Inhalt der Lehrpläne selbst in einem Musterprozeß prüfen zu lassen.

(aus: Der Spiegel, Nr. 36/1981, S. 61 und 63 – gekürzt)

2.4 Schule als Ort der Auslese und der Verteilung von Sozialchancen

Der Blick in die Statistik zeigt, wie eng der Zusammenhang zwischen Schulbildung und Berufsposition bzw. Einkommen ist.

Schulabschluß und Berufschancen

Zunächst einmal lassen diese Tabellen den Schluß zu, daß der Schulabschluß offensichtlich über berufliche und soziale Chancen entscheidet. Dieser Zusammenhang wird noch auffälliger, wenn man sich den Stellenwert der Schulabschlüsse im Bildungssystem der Bundesrepublik Deutschland verdeutlicht.

Nach wie vor behauptet das Abitur seine Spitzenstellung da es – von Sonderregelungen abgesehen – den Zugang zu akademischen Berufen eröffnet. Der Realschulabschluß läßt Entscheidungsmöglichkeiten in zwei Richtungen offen: über die Sekundarstufe II des Gymnasiums zum Abitur, über die Berufsausbildung zur Fachober- und Fachhochschule. Der Hauptschulabschluß führt ohne aufbauende, weiterführende Abschlüsse direkt und ausschließlich in die Berufsausbildung.

Ausbildung	Landwirte	ungelernte, angelernte Arbeiter	Facharbeiter, Arbeiterelite	einfache Angestellte und Beamte
Volksschule	14,8	65,0	8,4	4,5
Volksschule und Lehre	2,0	16,4	45,4	5,7
mittlere Reife	1,8	3,6	7,4	5,5
Abitur	1,0	1,2	1,8	1,6
Fach- und Techniker-schulen	5,6	2,0	8,3	2,0
Hochschule	0,2	0,1	0,1	0,6

Ausbildung	mittlere Angestellte und Beamte	gehobene Angestellte und Beamte	höhere Angestellte und Beamte	Selbständige
Volksschule	3,1	0,7	0,0	3,3
Volksschule und Lehre	15,8	4,6	0,5	9,6
mittlere Reife	32,1	28,2	4,4	16,9
Abitur	17,1	44,7	13,3	19,5
Fach- und Techniker-schulen	21,5	35,0	4,8	18 20,8
Hochschule	2,8	33,7	43,2	19,3

Quelle: Hörning (Hrsg.) 1976, 122.

Abb. 10: **Ausbildung und Berufe männlicher Bewohner der Bundesrepublik, Jahrgänge 1920 – 1936**

(aus: K. H. Hörning (Hrsg.), Soziale Ungleichheit. Hermann Luchterhand Verlag, Darmstadt/Neuwied 1976, S. 122)

Diese Tatsache bringt für Schule negative Folgen mit sich:

- Schüler lernen weniger, um Wissen zu erwerben, ihre Fähigkeiten zu entwickeln und ihre Persönlichkeit aufzubauen, sondern weil sie das entsprechende Zeugnis, das ‚Papier' in die Hand bekommen wollen.
- Gerade wegen der chancenzuteilenden Wirkung der Abschlüsse lastet auf der Schule der Druck von Eltern und Schülern, Leistungen meßbar zu machen und objektive Bewertungsverfahren für

Abb. 11: Eigene Darstellung nach Daten des Statist. Bundesamtes Wiesbaden, Fachserie 1, Reihe 4.1.2, 1982, S. 28

die Noten zu finden. Für die Schule hat das häufig die Konsequenz, auf *abrufbares Faktenwissen* auszuweichen, da *Denkleistungen* dem Anspruch auf Meßbarkeit schwerer genügen. Im Zweifelsfall entscheiden sich die Betroffenen immer häufiger, den Rechtsweg einzuschlagen.

- Der Druck, der durch den hohen Stellenwert der Abschlüsse erzeugt wird, setzt sich von oben nach unten fort: Die gymnasiale Mittelstufe sieht sich schon unter die Anforderungen der Sekundarstufe II gestellt, und die Grundschule nimmt im 4. Schuljahr durch entsprechende Leistungsdifferenzierung Rücksicht auf die Ansprüche des Gymnasiums, obwohl die Einrichtung der Orientierungsstufe ebendies zugunsten einer menschlicheren Grundschule verhindern sollte.
- Die Bedeutung des Schulabschlusses macht sich in Zeiten der Stellenknappheit auf dem Arbeitsmarkt als Verschiebung bemerkbar. Realschulabsolventen müssen sich gegen Abiturienten als Mitbewerber behaupten, Hauptschüler müssen mit Realschülern um Ausbildungs- und Berufsplätze konkurrieren.

Schulform und Sozialschicht

Diese Folgen des Zusammenhangs von Schulabschluß und Berufschancen sind aus pädagogischer Sicht schon nicht wünschenswert. Sie werden in einem gesellschaftspolitisch wichtigen Punkt noch verschärft. Denn die einzelnen Schulformen verteilen mit ihren jeweiligen Abschlüssen nicht nur unterschiedliche *soziale Chancen.* Was nämlich wie die Verteilung auf die verschiedenen Schulformen und die Hinführung zu unterschiedlichen Abschlüssen aussieht, ist gleichzeitig weitgehend die Verteilung der Schüler eines Jahrgangs entsprechend ihrer *Herkunftsschicht.*

Im 1. Kapitel wurde erwähnt, daß man sich den Aufbau der Gesellschaft wie die übereinanderliegenden Schichten im Inneren der Erde vorstellen kann. Für den hier diskutierten Zusammenhang arbeitet die Statistik zwar mit einem meist nach Berufspositionen weiter aufgegliederten Modell: mit den Schichten der Selbständigen, der Beamten und Angestellten, der gelernten und Facharbeiter, der übrigen Arbeiter. Sie faßt sie dann aber zum besseren Überblick in drei Gruppierungen (Ober-, Mittel-, und Unterschicht) oder sogar nur in zwei zusammen (Mittel- und Unterschicht).

Danach sah die Verteilung von Kindern bestimmter Schichten auf die in der Bundesrepublik bestehenden Schulformen folgendermaßen aus:

10- bis unter 15jährige Schüler nach Schulart und sozialer Herkunft, 1973 und 1977

Dreigliedriges Schulsystem

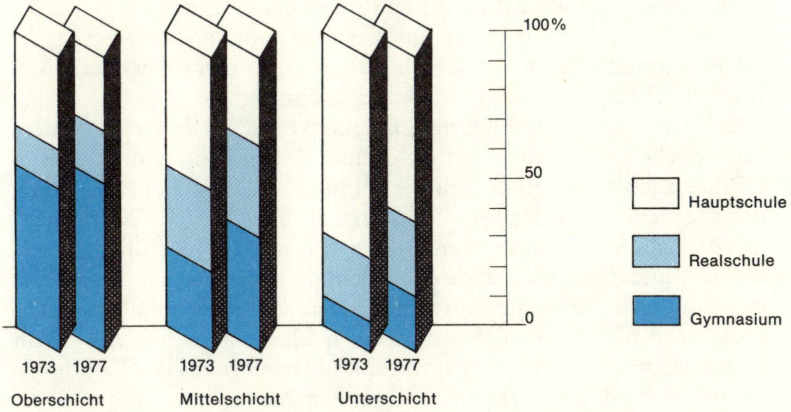

Abb. 12: Eigene Darstellung nach Angaben aus: Arbeitsgruppe am Max-Planck-Institut für Bildungsforschung, Das Bildungswesen in der Bundesrepublik Deutschland. Reinbek 1979, S. 175

Die Kinder der Selbständigen, Beamten und Angestellten besuchten zu über 50 % Realschule und Gymnasien, die Kinder der Arbeiter dagegen zu ca. 70 bzw. 55 % die Hauptschule; nur durchschnittlich ca. 30 bzw. 45 % gingen auf Realschule und Gymnasium, obwohl die Kinder dieser Schicht gut die Hälfte der Altersgruppe ausmachen.

Verfestigt Schule die soziale Ungleichheit?

Kritiker sagen angesichts dieser Befunde: Schule ist nicht bloß Ort zur Verteilung von Sozialchancen, sondern Schule ist zudem ein Instrument, mit dem soziale Ungleichheit, wie sie von der Herkunft her besteht, immer neu hergestellt und verfestigt wird.

Die genannten Zahlen können zunächst unterschiedlich interpretiert werden. Die einen behaupten: In den verschiedenen Schichten werden eben unterschiedlich vorhandene Begabungen der Kinder gefördert – in der Unterschicht mehr praktische, in den übrigen Schichten mehr theoretisch-intellektuelle Begabungen. Da die drei Schulformen – Hauptschule, Realschule und Gymnasium – sich an ähnlichen Unterschieden orientieren, spiegeln die Zahlen demnach eine ganz natürliche Entwicklung wider.

Dagegen ist zu sagen: Diese schichtspezifische ‚Begabungstheorie' läßt sich spätestens seit dem berühmten und folgenreichen Gutachterband des Deutschen Bildungsrates zu ‚Begabung und Lernen' von 1969 nicht mehr aufrechterhalten. Dort wurde hervorgehoben, daß Begabung vom Sprachverhalten, vom Erziehungsstil und von der Weckung des Leistungsmotivs in der Familie abhängt. Weiter heißt es dort, daß insbesondere die Realschule und das Gymnasium genau die Sprachmuster, Arbeitshaltung und Leistungsmotive voraussetzen, die in der Mittelschicht vorherrschen. Daraus ergab sich der weitere Vorwurf, diese Schulen seien Mittelschichtsschulen.

Kritik am dreigliedrigen Schulsystem

Bei der Frage nach Änderungsmöglichkeiten, nach Wegen, jedem Jugendlichen eine reale – und nicht nur auf dem Papier vorhandene – Chance auch zum Besuch höherer Bildungsanstalten zu geben, geriet das sogenannte dreigliedrige Schulsystem unter Druck. Wenn nämlich die Schule über das spätere Berufsschicksal des Jugendlichen entscheidet und dabei Umstände eine wichtige Rolle spielen, die der Betreffende nicht zu verantworten hat, dann sollte das Schulwesen anders organisiert werden. Sonst nämlich bliebe zum Beispiel einem aufgeweckten Schüler, der wegen seiner Herkunft aus der Familie eines ungelernten Arbeiters die sprachlichen Anforderungen des Gymnasiums nicht erfüllt, das ‚Bürgerrecht' auf gleiche Bildungschancen versperrt. Die unterschiedlichen Schulformen sollten demnach fortfallen zugunsten einer Schulform, nämlich der Gesamtschule, die von ihrer Organisation her auch Kindern aus sozial und kulturell benachteiligten Schichten wirklich eine Chance auf Schulerfolg ermögliche. Meist wird von Vertretern des Gesamtschulgedankens zur Unterstützung ihrer Ansicht auf das Kurssystem, auf die Gleichrangigkeit der nichtsprachlichen Unterrichtsfächer und auf die Benotungspraxis verwiesen.

Auf die Entwicklung der Gesamtschule und die Frage, ob sie die hier angedeuteten Erwartungen erfüllen kann, wird später eingegangen (Kapitel 4.5). Hier sollen nur einige Diskussionspunkte zur These von der Verteilungsfunktion der Schule festgehalten werden.

Zur Diskussion:

a) Aus geschichtlicher Sicht kann die Entwicklung des Schulwesens in Deutschland auch verstanden werden als immer tiefere Verzahnung von Schule, Staat und Wirtschaftsbereich. Schule ist in Deutschland zusehends eine Institution geworden, die eine Reihe wichtiger Entscheidungen für den Lebensweg des einzelnen festlegt. So berechtigte beispielsweise der Besuch des Gymnasiums in Preußen mit dem Versetzungszeugnis der Klasse 10 (Untersekunda) zum einjährigen statt dreijährigen Militärdienst.
   Der besondere Stellenwert des deutschen Schulwesens ist im Laufe einer langen historischen Entwicklung entstanden und läßt sich mit einem ‚Reformstreich' nicht kurzerhand ungeschehen machen.

b) Die Auswirkung von Schulabschlüssen und der Stellenwert entsprechender Schulformen sind gegenwärtig auch über schulische Einzelmaßnahmen nicht außer Kraft zu setzen. Anders ausgedrückt: Selbst wenn eine Schulform auf Versetzung verzichtet und statt des üblichen Zifferzeugnisses im Abschlußzeugnis Wortgutachten über die Leistungen in unterschiedlichen Kursen erstellt, bleibt dennoch die Wirkung der Verteilung von Berufschancen bestehen: Dann berechtigt eben der A-Kurs zum Eintritt in hohe, der C-Kurs zum Start in niedrigen Berufspositionen.

c) Die Diskussion über den schichtspezifischen Zugang zu den einzelnen Schulformen hat meist einen wertenden Unterton: Es gilt als schlecht, negativ, diskriminierend, daß kaum Kinder der Unterschicht höhere Schulen besuchen.
   Diese Bewertung ist sicher nicht von der Hand zu weisen. Immerhin jedoch sind entsprechende Einzelmaßnahmen zur Behebung des Mangels im Rahmen schulischer Reformen schon erfolgt: z. B. 10. Hauptschuljahr zur Erlangung des Sekundarstufen I-Abschlusses, Senkung der zweiten Fremdsprache in der gymnasialen Oberstufe auf Grundkursniveau, in vielen Bundesländern Angleichung der Lehrpläne für die drei Schulformen.

Bei dieser Diskussion wird allzu häufig die Tatsache hintangestellt, daß die Teilnahme am geistig-kulturellen, politischen und wirtschaftlichen Geschehen unverzichtbare formale Fähigkeiten* erfordert. Dazu gehört auch die Beherrschung der Hochsprache als allgemeine Verkehrssprache. Diese Tatsache läßt sich nicht außer Kraft setzen durch die Behauptung, Hochsprache sei Mittelschichtsprache.

Weiter wird übersehen, daß Ausbildungsgänge für höhere Berufspositionen höhere Anforderungen stellen – sowohl im Hinblick auf den Umfang der Voraussetzungen (z. B. Beherrschung mehrerer Fremdsprachen) als auch auf ihren Inhalt (z. B. Kenntnisse in der höheren Mathematik).

Mit diesem Gesichtspunkt hängt eine weitere Einseitigkeit zusammen. In der Diskussion wird häufig unausgesprochen und unbemerkt die These unterstellt, Begabung sei *allein* gesellschaftlich bedingt. Genauer formuliert, lautet die Argumentation: Begabungs- und Intelligenzunterschiede entstehen durch unterschiedlich anregende soziale Umgebungen. In einer Beamtenfamilie beispielsweise, in der früh und selbstverständlich mit Büchern umgegangen wird, haben die Kinder demnach bessere Entwicklungschancen als Kinder in einer Arbeiterfamilie, wo Bücher im alltäglichen Leben etwas Fremdes sind. Daher spiegeln unterschiedliche Begabung und Intelligenz bei Schülern nur die gesellschaftlichen, nicht die individuellen Unterschiede wider.

In dieser Ausschließlichkeit ist das Argument jedoch nicht haltbar. Zwar streiten sich die Wissenschaftler über den jeweiligen *Anteil* der beiden Faktoren. Unstrittig ist aber, daß neben gesellschaftlichen auch erbliche (genetische) Faktoren für das Ausmaß an Intelligenz und Begabung eine Rolle spielen.

Deshalb ist schulische Leistung – gemessen an der Zugehörigkeit zu unterschiedlichen Schulformen oder Kursen – zumindest in gewissem Umfang auch Ausdruck individueller Leistungsmöglichkeiten. Um weiteren Mißverständnissen vorzubeugen: Damit soll der auffällige Zusammenhang zwischen sozialer Schicht und Schulbesuch nicht geleugnet oder ausschließlich auf individuelle Leistungsunterschiede zurückgeführt werden. Es geht hier schlicht um den Hinweis: Bei allen Überlegungen zum Schulerfolg sollte neben schichtenspezifischen Unterschieden auch die *persönliche Eignung* eines Kindes für eine Schulform oder ein Leistungsniveau im Auge behalten werden. Andernfalls wird entweder die ‚Förderung' für das Kind zur Qual, oder schulische Leistungsanforderungen pendeln sich auf unterstem Niveau ein – womit sie zur Qual für leistungsstarke Schüler werden.

Bisher wurde erst recht allgemein über den Zusammenhang von Schulabschluß, sozialer Herkunft und Verteilung von Sozialchancen gesprochen. In der Schule jedoch erfolgt die Verteilung selbstverständlich nicht an Hand schichtspezifischer Überlegungen. Sie ist zunächst einmal unmittelbar die Folge von Versetzung, Sitzenbleiben, Kurswechsel und Schulformwechsel. Diese ‚Etappen' in der Schülerlaufbahn sind direkte Auswirkung der schulischen Leistungsbeurteilung in Form von Noten.

2. 4. 1 Wie gerecht sind Noten?

Entwicklung des Benotungssystems

Wie bereits erläutert, besteht die Verbindung von Schule und Bewertung im gegenwärtigen Bildungssystem nahezu zwangsläufig. Eine Schule ohne Noten hat heute kaum jemand erlebt, allenfalls steht sie als Wunsch am Horizont der Utopien. Im Laufe der geschichtlichen Entwicklung unseres Schulwesens gab es allerdings ‚notenlose' Zeiten. Beispielsweise ist die Abiturprüfung (das benotete Abiturzeugnis) erst 1834, das Realschulzeugnis 1832 eingeführt worden.

Im Mittelalter bis weit hinein ins 18. Jahrhundert erteilten oder forderten Schulen keine Leistungszeugnisse in unserem Sinn, sondern allenfalls ‚Benefizienzeugnisse'. Dies waren schriftliche Empfehlungen, die den betreffenden Schüler aufgrund seiner sittlichen und charakterlichen Untadeligkeit als geeignet auswiesen, einen Freiplatz oder ein Stipendium* in einer angesehenen Schule zu erhalten. Für Kinder wohlhabender Schichten war kein Zeugnis erforderlich, auch nicht für den Übergang an die Universität. Speziell hierfür galt der Grundsatz, es müsse einem jeden freistehen, sich zu bilden, wo er wolle.

Diese durch keinerlei Leistungsnachweise eingeschränkte Freiheit in der Wahl von Bildungseinrichtungen wurde durch die Entwicklung des Benotungswesens im 19. und 20. Jahrhundert eingegrenzt. Die Aufnahme eines Studiums oder die berufliche Ausbildung in Handwerk, Industrie und Dienstleistungsbereich ist seitdem an den Erwerb bestimmter Zeugnisse gebunden.Schule hat damit den Charakter einer Institution zur Verteilung von Sozialchancen angenommen.

Funktionen von Zeugnissen

Dieser Hinweis allerdings beschreibt nur eine der vielfältigen Funktionen von Zeugnissen bzw. Noten. Neben der *Auslesefunktion* haben Zeugnisse

Abb. 13: Wie gerecht sind Noten? (aus: Marie Marcks, Krümm Dich beizeiten. Reinbek 1981, S. 45, © Quelle und Meyer, Heidelberg)

Kontrollfunktion: Zeugnisse sollen die Erfüllung der Schulpflicht nachweisen.
rechtliche Funktion: Zeugnisse vermitteln die Berechtigung zum Eintritt in eine bestimmte Ämterlaufbahn.
Anreizfunktion, wenn mit dem Zeugnis Privilegien verbunden sind wie etwa die Verkürzung der Dauer einer betrieblichen Ausbildung beim ‚Mittleren Berufsabschluß'.
Zuchtfunktion, wenn sie als Mittel zur Disziplinierung der Schüler dienen.
Orientierungsfunktion, soweit sie Aussagen über Leistungsstand, Leistungsentwicklung, Lernstärken und -schwächen des Schülers machen.

Bei einem derart zentralen Stellenwert des Zeugnisses dürfen Noten nicht der Willkür des Lehrers überlassen sein. Noten und damit Zeugnisse sollen vielmehr die Leistung des Lernenden erkennbar machen. Dabei gilt als Voraussetzung, daß jedem Schüler im Unterricht die gleiche Möglichkeit zum Leistungsnachweis geboten wird.

Kriterien der Benotung

Noten können diesem Anspruch auf Unparteilichkeit und ihrem Bezug ausschließlich auf die Leistung des Schülers nur dann gerecht werden, wenn das Benotungsverfahren

— objektiv
— zuverlässig und
— gültig ist.

Objektiv nennt man ein Meßverfahren, bei dem unterschiedliche Personen im Hinblick auf den gleichen Bewertungsgegenstand zu gleichen Ergebnissen kommen können. – So müßten beispielsweise drei Deutschlehrer nach diesem Kriterium denselben Aufsatz gleich beurteilen, ohne sich darüber absprechen zu dürfen.

Zuverlässig (oder *reliabel,* wie man mit einem Fachausdruck sagt) ist ein Verfahren dann, wenn der gleiche Bewertungsgegenstand auch bei wiederholten Bewertungen gleich eingestuft wird. – Angenommen, ein Lehrer kann sich wegen der großen Zahl der Arbeiten, die er zu korrigieren hat, im nachhinein weder an Namen noch an die früher gegebene Note für eine Arbeit erinnern. Sein Verfahren ist zuverlässig, wenn er bei nochmaliger Zensierung dennoch zu der gleichen Note kommt.

Gültig (mit dem Fachausdruck: *valide*) ist das Bewertungsverfahren dann, wenn tatsächlich jene Leistung bewertet wird, die man erfassen wollte. – So soll die Note für eine Mathematikarbeit die Rechen- oder Problemlösungsleistung bewerten und nicht etwa das Sprachvermögen beim Verstehen der vorgegebenen Textaufgabe.

Vor einer Bewertung dieser Kriterien ist noch die Frage zu erörtern, wie Noten auf die Schüler einer Klasse verteilt werden, wonach also entschieden wird, wie viele Schüler welche Note bekommen.

Gruppenbezogener Maßstab der Bewertung: Normalverteilung

Bei der Verteilung der Noten geht der Lehrer häufig nach der sogenannten Normalverteilung vor: Er nimmt an, daß es normalerweise in jeder Klasse einige sehr gute und sehr schlechte, dazwischen die Menge der durchschnittlichen Schüler gibt. Man nennt dies einen gruppenbezogenen Maßstab: Die Gruppe der Schüler wird auf Noten bezogen aufgeteilt. In der Regel geht ein Lehrer bei der Festlegung der Fehler-Noten-Relation davon aus, daß

ca. 2–5 % die Note 1
ca. 15 % die Note 2
ca. 30 % die Note 3
ca. 30 % die Note 4
ca. 15 % die Note 5 und
ca. 5 % die Note 6 erhalten.

Dieser gruppenbezogene Maßstab ist vor allem aus pädagogischer Sicht zu kritisieren. Die Normalverteilung legt schon im voraus fest, daß etwa 20 % der Schüler nicht ausreichende Leistungen erbringen werden. Und dies nicht etwa deshalb, weil sie den Stoff ‚nicht beherrschen', sondern weil die Lerngruppe entsprechend aufgeteilt ist.

Technisch läßt sich das bei der Benotung einer Klassenarbeit relativ leicht bewerkstelligen.

Ein Lehrer korrigiert die Klassenarbeit, beispielsweise ein Diktat, zunächst nach Fehlern. Dann setzt er – vor dem Hintergrund einer allgemeinen Vorstellung von Normalverteilung – die Fehlerquoten pro Note fest. Etwa 0 bis 1 Fehler: Note 1; 2 bis 5 Fehler: Note 2 usw.

Bei einer Klassenstärke von 30 Schülern vergibt er zum Beispiel dreimal die Note 1 (ein Schüler hat 0 Fehler, zwei Schüler haben einen Fehler) und sechsmal die Note 2 (zwei Schüler haben zwei Fehler, vier haben zwischen drei und fünf Fehlern). Damit haben 10 % der Schüler die Note 1 und 20 % die Note 2 bekommen. Da dies nicht ganz der Normalverteilung entspricht (zu viele Einser), kann er die Skala einfach korrigieren. Er setzt fest: 0 Fehler: Note 1; 1 bis 2 Fehler: Note 2. Jetzt erhält nur noch ein Schüler die Note 1 (= 3 % der Schüler), vier Schüler werden mit „gut" benotet (= 13 %). Ähnliche ‚Verteilungsspiele' sind selbstverständlich auch im Bereich der Noten 4 und 5 denkbar, allerdings mit der amtlichen Auflage, daß nicht mehr als 1/3 der Schüler schlechter als 4 benotet werden dürfen (sogenannter ‚Drittelerlaß').

Kritiker, die pädagogische Gesichtspunkte vor rechnerische Überlegungen stellen, halten die personen- und sachbezogenen Bewertungsmaßstäbe für angemessener.

Bei *sachbezogenen Bewertungsmaßstäben* wird festgestellt, ob ein auf den Lerngegenstand bezogener und als Lernziel formulierter Leistungsstand erreicht ist.

Sachbezogener Bewertungsmaßstab

Ein Lernziel im Rechtschreibeunterricht könnte lauten: Die Schüler sollen in einem Diktat von 200 Wörtern nicht mehr als zwölf Wörter falsch schreiben. Jeder Schüler, der diese Leistung erbringt, hat damit das Lernziel erreicht.

Eine weitere Notendifferenzierung als die zwischen ‚erreicht' und ‚nicht erreicht' halten die Befürworter dieser Praxis für überflüssig – es sei denn, man wolle besonders gute Leistungen noch eigens hervorheben.

Jedenfalls ist mit diesem Vorgehen die ‚Normalverteilungsstrategie' außer Kraft gesetzt. Andererseits sagt das Prädikat ‚erreicht' allein in einem Zeugnis nichts aus. Es müßte genau angegeben sein, was der Schüler im einzelnen erreicht hat. Das erfordert einen enormen Schreibaufwand, das Zeugnis würde sehr umfangreich und endgültig keine Vergleichbarkeit mehr bieten.

Bei *personenbezogenen Bewertungsmaßstäben* wird der Lernfortschritt des einzelnen Schülers ermittelt, beispielsweise die Senkung seiner individuellen Fehlerzahl von einem Diktat zum nächsten. Die Benotung, die sich hier nicht mehr sinnvoll in Ziffern wiedergeben läßt, würde den subjektiven Leistungszuwachs dieses Schülers ausdrücken.

Personenbezogener Bewertungsmaßstab

Für den betreffenden Schüler verringert sich die Möglichkeit zu einem realistischen Vergleich seiner Leistungen mit denen der Klassenkameraden. Die Bewertung sagt auch zu wenig über seine Chance aus, am Unterricht in der nächsten Klasse teilnehmen und schwierigeren Lernanforderungen genügen zu können.

Die hier angesprochene Kritik, besonders die des gruppenbezogenen Bewertungsmaßstabes, kann noch weiter ausgedehnt werden. Sie richtet sich dann auf die Bewertungsgrundsätze selbst, auf die Forderung nach objektiven, zuverlässigen (reliablen) und gültigen (validen) Verfahren der Leistungsmessung. Dabei wäre noch zu prüfen, ob sich das entsprechende Verfahren auch tatsächlich anwenden läßt. Gerade bei der Benotungspraxis in der Schule zeigt sich in einzelnen Punkten ein unaufhebbarer Widerspruch zwischen diesen Forderungen und der Realität.

Ein Verfahren sei objektiv, hieß es vorhin, wenn es personenunabhängig ist, wenn also zwei oder mehr Bewerter bei gleichem Gegenstand zu gleichen Ergebnissen kommen. Dies mag bei einfachen, bei abzählbaren Bewertungen auch der Fall sein. Man kann sich zweifellos vorstellen, daß bei einem Diktat von drei aufmerksam lesenden Deutschlehrern die gleiche Fehlerzahl ermittelt und die Arbeit entsprechend benotet wird. Aber so eindeutig sind nur die wenigsten Bewertungsvorgänge in der Schule. Sehr viel häufiger sind Aufsätze, Tests über geschichtliche und politische Fragen, komplizierte und auf unterschiedlichen Wegen lösbare Mathematikaufgaben oder Interpretationen Gegenstand der Benotung. Bei diesen Typen von Klassenarbeiten kann prinzipiell nicht objektiv, d. h. personenunabhängig bewertet werden: Die Bewertungsgrundlagen sind zu komplex, und die einzelnen Bewerter können sie untereinander nicht vereinheitlichen.

Sie können sich das leicht an einem Beispiel verdeutlichen.

Bei einem Deutschaufsatz sind wichtige Beurteilungskriterien die Klarheit der Gedankenführung, Geschlossenheit im Aufbau, Differenziertheit der Argumentation, Treffsicherheit im Sprachgebrauch, Situationsangemessenheit der Sprachverwendung. Versuchen Sie einmal, diese Kriterien von Ihrem Verständnis her zu klären und Beispiele zu geben. Gehen Sie möglichst dann zu mehreren daran, einen Aufsatz zu bewerten. Sie stellen vermutlich Abweichungen zwischen Ihrer und der von anderen vorgenommenen Benotung fest. Der Grund: Das bei diesen Kriterien angesprochene Vorverständnis läßt sich nicht vereinheitlichen und exakt präzisieren.

Subjektive Faktoren in der Notengebung

In der Praxis ist es außerdem nicht vermeidbar, daß ein einziger Fachlehrer die Arbeiten ihm bekannter Schüler zu benoten hat. Aus diesem Sachverhalt ergibt sich ein weiterer relativierender Hinweis, der sich auf einen sozialpsychologischen Zusammenhang bezieht: Bei jeder Bewertung spielen Vorurteile, festgelegte Sichtweisen, Antipathien und Sympathien, bestimmte Erwartungen eine Rolle. Diese Faktoren sind prinzipiell nicht aufhebbar, so daß die Bewertung komplexer und differenzierter Leistungen nicht absolut objektiv und zuverlässig sein kann.

So hat man beispielsweise festgestellt, daß die Information, ein Schüler sei in einem anderen Fach gut, die Bereitschaft des Lehrers fördert, diesen Schüler auch in seinem eigenen Fach von vornherein schon einmal als ‚nicht schlecht' anzusehen. Weiter wurde festgestellt, daß ein guter und differenzierter Sprachgebrauch sich für den Schüler positiv auf die Bewertung auch der Sachleistungen im entsprechenden Fach auswirkt.

Untersuchungen ergaben weiterhin, daß äußere Erscheinung, Verhalten und Auftreten des Schülers auch dort in Beurteilungen einfließen, wo es um eine sachbezogene Teilleistung geht: Der Lehrer hat sich – ihm selbst oft unbewußt – ein bestimmtes Bild von seinen Schülern geschaffen.

Ähnliche Ergebnisse liegen aus Untersuchungen vor, in denen Lehrer die Leistungen von Schülern bewerteten, die sie nicht kannten. Auf diese Weise gelang es immerhin, die Beurteilung *auf die Sache* einzugrenzen. Fremdbeurteiler benoteten schlecht geschriebene, fehlerhafte Aufsätze nicht nur in diesen beiden Bereichen (Schrift/Rechtschreibung) schlecht. Auch für die inhaltliche Aussage und die sprachliche Gestaltung waren die Noten durchweg schlechter als für jene Fassung des gleichen Aufsatzes, die lediglich in guter Schrift und fehlerlos vorgelegt wurde: Das Umfeld (der ‚Hof') der eigentlichen Sache fließt schleichend und meist unbemerkt in den Beurteilungsprozeß mit ein. Die Pädagogik nennt diese Erscheinung den ‚Hof-Effekt'.

Der ‚Hof-Effekt'

Da in der schulischen Praxis so viele Schwierigkeiten bestehen, Benotungsverfahren wirklich objektiv, zuverlässig und gültig zu gestalten, machten sich testgläubige Wissenschaftler und Praktiker daran, in die Schule Tests nach dem Muster des Multiple-choice-Verfahrens einzuführen: Der Schüler erhält als Klassenarbeit einen Fragebogen, bei dem hinter jeder Frage mehrere Antworten zur Auswahl vorgegeben sind (multiple choice = mehrfache Auswahl von Antworten). Etwa:

Wer war erster Kanzler der Bundesrepublik?
Adenauer Schmidt Heuss

Die richtige Antwort wird angekreuzt, der Lehrer braucht nur abzuzählen, was im gesamten Fragebogen als richtig angegeben ist und kommt – bei gegebenem Punkt-Noten-Schlüssel – automatisch zur entsprechenden Note. Jeder andere Prüfer gelangt zum gleichen Bewertungsergebnis.

Wie tauglich sind Tests in der Benotungspraxis?

Dieses zunächst bestechend wirkende Verfahren scheitert keineswegs nur daran, daß solche Fragebogen oft aufwendig zu erstellen sind. Wesentlich ist ein anderer Gesichtspunkt, der für die Aufgabe von Schule geradezu zentral ist: Man kann mit solchen Tests keine komplexen Fragen prüfen, erst recht keine Fragen, die sich nicht einfach mit ‚richtig' und ‚falsch' beantworten lassen, sondern deren Beantwortung unterschiedlich ausfallen kann – je nach Standpunkt des Betrachters. Wie soll man beispielsweise im politischen Unterricht eine Frage nach dem Stellenwert und der Beurteilung der Nachrüstung behandeln? Sicherlich wird man hier keine Antwortkästchen vorgeben können, in denen der Schüler die richtige Antwort bloß anzukreuzen braucht. Die radikale Beschränkung auf Unterrichtsgegenstände, die sich auf diese Weise ‚abtesten' lassen, würde Schule auf ihre primitivste Stufe begrenzen. Faktenvermittlung und -speicherung würden Denken und Urteilen weitgehend ersetzen.

Sind Noten sinnvoll?

Bei einer Bewertung dieses Problems drängt sich nach den Informationen zur Leistungsbeurteilung in der Schule eine Antwort auf, die auch schon häufiger gegeben wurde: Das Problem ist nur zu lösen, indem Benotung abgeschafft wird.

Genau betrachtet, ist dieser Vorschlag aber keine befriedigende Lösung. Wenn die Schule auf Benotung verzichtet, wird das Ausleseproblem nur an andere Institutionen weitergegeben: etwa an die Berufsschule, an den Betrieb, der Lehrlinge ausbildet, oder an die Universität. Dort wird der Schüler bzw. Student dann von der ganzen Wucht des Benotungsproblems eingeholt. Die Schwierigkeit ist letztendlich durch ein Strukturmoment unserer Gesellschaft bedingt, in der Leistung und Entlohnung von Leistung an Kriterien der Leistungsbeurteilung gebunden sind. Die Beurteilung orientiert sich an sehr unterschiedlichen Maßstäben, zum Beispiel an Produktionsstückzahlen (etwa bei der Akkordarbeit), an der künstlerischen und wissenschaftlichen Besonderheit eines Produktes oder an der Erfüllung festgelegter Vorbedingungen, die zum Eintritt in eine bestimmte Laufbahn berechtigen. Wer das Leistungs- und damit das Benotungssystem in der Schule abschaffen will, löst das Problem keineswegs, da Leistungsbewertung in der Schule Ausdruck der gesamtgesellschaftlichen Situation ist.

Schule kann zwar darauf hinarbeiten, daß Benotung nicht ausschließlich zu Auslesezwecken und nicht ausschließlich in ihrer rechtlichen Funktion verwendet wird. Sehr viel wichtiger und hilfreicher wäre es aber für alle Beteiligten, die *Orientierungsfunktion* von Noten und Zeugnissen hervorzuheben: Der Schüler bzw. die Eltern sollten genau wissen, wo Leistungsschwerpunkte, aber auch Leistungsdefizite und -grenzen des Schülers liegen, damit daraufhin ganz gezielt Lernhilfen in Angriff genommen werden können.

Ebenfalls sollte anerkannt werden, daß die Benotungspraxis in der Schule den Anspruch nicht voll erfüllen kann, objektiv, zuverlässig und gültig zu sein. Es wäre schon viel gewonnen, wenn der Lehrer die Kriterien möglichst offenlegt, nach denen er Klassenarbeiten und mündliche Leistungen im Unterricht bewertet. Damit gibt er Schülern wie Eltern die Möglichkeit, eine Urteilsfindung zumindest teilweise nachzuvollziehen bzw. die Kriterien zu diskutieren. – Der sogenannte ‚Hof-Effekt‘ sollte ehrlich anerkannt statt verdrängt werden. Das könnte zu einer Klimaverbesserung beitragen: Ist dem Lehrer seine Voreinstellung bewußt, kann er sich ihrer Wirkung stärker entziehen. Über die Notengebung hinaus sollte er auch sein Verhalten den entsprechenden Schülern gegenüber einer kritischen Prüfung unterziehen und könnte damit als ‚gerechter‘ empfunden werden. –

Neben den Möglichkeiten, die Benotungspraxis nachvollziehen zu können, hilft es Schülern wie Eltern, wenn sie besondere Kriterien des Lehrers bei der Vorbereitung von Klassenarbeiten und der Durchführung von Hausaufgaben kennen.

Schließlich sollte die breite Darstellung der Gefährdungen, denen ein Lehrerurteil ausgesetzt ist, nicht den Blick für die Realität der Benotungspraxis verstellen: Neben der Berechtigung, vermeintliche und tatsächliche Fehlurteile zu kritisieren und zu diskutieren, sollte die Einsicht stehen, daß die Einschätzung der Schule in der Mehrzahl aller Fälle brauchbare Anhaltspunkte bietet.

Stichworte zur Elternarbeit

1. Bitten Sie den Lehrer, Ihnen die Gesichtspunkte zu nennen (am besten mit Beispielen), nach denen er Klassenarbeiten und sonstige Leistungen der Schüler in seinem Fach beurteilt.
2. Überlegen Sie, speziell mit Blick auf Ihr Kind, wo Hof-Effekte bei der Beurteilung eintreten können:
   - Sehen Sie deutlich festellbare Unterschiede im Sprachgebrauch zwischen Kind und Lehrer?
   - Fallen Ihnen in der äußeren Form der Arbeit Ihres Kindes bemerkenswerte Punkte auf: häufige Rechtschreibfehler, ein optisch chaotisches Bild (Durchstreichungen, unterschiedliche Schriftlagen, ein zerfleddertes Heft?
3. Äußerst schwierig, aber von manchen Eltern dennoch als einzige Erklärung bevorzugt ist die Behauptung, daß sich Sympathie, Antipathie und die Übernahme des Urteils anderer Fachlehrer auf die Benotung im betreffenden Fach auswirken.

Es wäre unverantwortlich, Ihnen hier Rezepte oder Tips für den Umgang mit dem Lehrer an die Hand zu geben. Die Sachlage ist in einem solchen Fall meist kompliziert, undurchsichtig, beruht auf vielen Vermutungen und ist häufig durch Vorinterpretationen bei den Beteiligten auf eine bestimmte Sichtweise festgelegt.

Sicherlich spielen die genannten Phänomene eine mehr oder weniger große Rolle bei Beurteilungen durch den Lehrer. Bevor Sie sich auf diese Erklärung als einzige festlegen, sollten Sie zunächst aber die anderen Gesichtspunkte (Stichworte 1 und 2) in Erwägung ziehen.

Wenn Sie dann immer noch der Meinung sind, Ihr Kind würde allein deswegen schlecht beurteilt, weil der Lehrer es nicht leiden kann, sollten Sie den Sachverhalt in der Sprechstunde mit der betreffenden Lehrperson allein (also nicht auf dem Elternabend) besprechen. Zur Vorbereitung auf ein solches Gespräch könnten die Hinweise in Kapitel 6.2 dienen.

Text 2/5

Ziffernnoten – ein Lernhindernis?

Dieser Tage gab es die Halbjahreszeugnisse; ein Ereignis, das durchaus nicht für alle Eltern und Schüler freudig war. Und so fielen, wieder einmal, harte Worte, gab es kräftige Kritik. Nicht nur am schlechten Abschneiden des Buben oder Mädels, sondern auch am bestehenden System der sogenannten Ziffernnoten.

Eine Aktion befaßt sich schon seit längerem mit diesem Problem und hat dazu folgendes zu sagen: Das eingeführte System verstoße gegen pädagogische Grundeinsichten. Es sei daher höchste Zeit, daß Lehrer und Eltern darüber sprechen, wie die Zensur durch eine andere Form ersetzt werden könne. Der Tag der Zeugnisausgabe dürfe nicht weiterhin ein Tag sein, dem Schüler und Eltern mit Bangen entgegensehen; ein Tag, an dem Telephon- und Funk-Ratgeber mobil gemacht werden müßten, um zu trösten, vor Kurzschlußhandlungen zu bewahren und womöglich Schlimmstes zu verhüten.

Zur Begründung wurde – unter anderem – angeführt, daß Ziffernnoten wenig darüber aussagen, auf welche Weise der Schüler die Leistungen verbessern könne, und wie seine Anstrengungen beurteilt worden seien. Kinder und Jugendliche brauchten eine „Antwort" auf ihre Leistungen. Ziffernnoten jedoch seien eine „unpersönliche und – für jüngere Schüler – unverständliche Reaktion auf ihre Bemühungen".

Ferner könnten Ziffernnoten sogar Abneigungen gegen Lerninhalte bewirken, weil die Gefahr bestehe, daß der Schüler nur noch der Noten wegen lerne, die Sache, um die es letztendlich aber gehe, ihn gar nicht interessiere. Zudem sei die bei vielen jungen Leuten beklagte Uninteressiertheit am Lernstoff im System der Ziffernnoten zu suchen. Sie führten nämlich zu falschen Beweggründen des Lernens. Der ursprünglich starke Wunsch des Schülers, zu lernen und zu verstehen, weiche dem nahezu ausschließlichen Bemühen, möglichst gut abzuschneiden. Das Interesse an der Sache verkehre sich in ein Interesse am Ergattern guter Noten.

Schulzensuren „stärken die Starken und schwächen die Schwachen", ist die Meinung der Aktion. Die Tüchtigeren würden nämlich durch gute Noten bekräftigt, schwächere Schüler hingegen durch schlechte Zensuren in ihrem Selbstwertgefühl verletzt. Gerade sie bedürften jedoch der besonderen Führung.

Als moralisch fragwürdig seien Zensuren anzusehen, wenn sie als Druckmittel angewendet würden, um ein Wohlverhalten der Schüler zu erzielen. Viel spreche außerdem dafür, daß durch das Notensystem ein Konkurrenzdenken in der Schule begünstigt werde.

In privaten Schulen und in anderen Ländern zeige sich indes, daß Schüler nicht weniger leisten, wenn sie keine Noten bekommen. Dazu bedürfe es nur eines pädagogischen Leistungsverständnisses, dem daran gelegen sei, jeden einzelnen Schüler möglichst individuell (und damit seinen Begabungen und Neigungen entsprechend) zu behandeln.

(aus: Süddeutsche Zeitung vom 11. 2. 82)

3. Wie sieht die ‚Neue Grundschule' aus?

Gegensatz von Familie und Schule

Die Überlegungen zu den Merkmalen von Familie und Schule machen im Vergleich deutlich, daß hier für den Schüler zwei gegensätzliche Lebensbereiche aufeinandertreffen:

- Auf der einen Seite die Familie mit ihrer überschaubaren Größe, in der sich das Kind emotional* aufgehoben fühlt. Zuwendung erfährt es um seiner selbst willen. Es hat seine eigenen Bereiche zum Spielen und Träumen.
- Auf der anderen Seite die Schule mit ihrem schwer durchschaubaren bürokratischen Gefüge, ihren formal-rechtlichen Regelungen und ihren Gruppenzuordnungen. In dieser Einrichtung wird das Kind hauptsächlich nach seiner Leistung eingeschätzt. Es sieht sich Ansprüchen ausgesetzt und muß ihnen auch gegen seine Neigung nachkommen. Lernen wird Ernst, und Spielen ist Lernen.

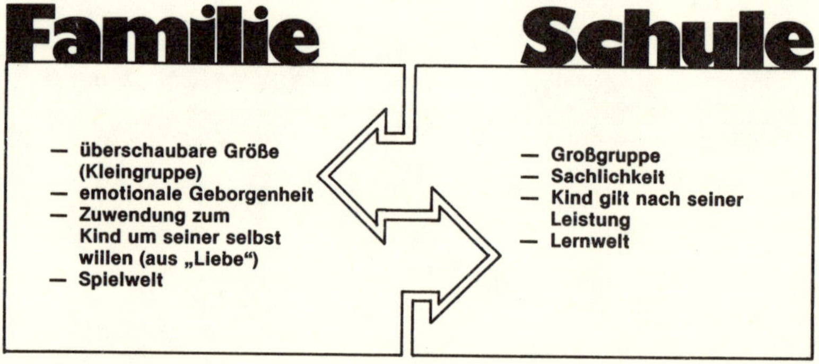

Abb. 14: Gegensätze von Familie und Schule

Selbst wenn die Gegensätze zwischen Familie und Schule in Wirklichkeit nicht so kraß sind wie hier dargestellt: Der Übergang von der Familie in die Schule bedeutet für das Kind in vielerlei Hinsicht einen Bruch mit seiner bisherigen Lebenswelt und seinen Gewohnheiten.

Wie der folgende Bericht deutlich macht, sind auch andere Familienmitglieder von dieser Veränderung berührt.

Text 3/1

Der Schulanfänger

Doppelporträt von Pit und seiner Mutter

Merkwürdiges Gefühl: Ich bin jetzt manchmal diejenige, die zurückbleibt, er hat fast jeden Tag die erste Stunde. Meistens stürmt er raus, im Ranzen klappern die Filzstifte und der Kasten mit der Wachsmalkreide neben den wenigen Büchern. Manchmal dreht er sich am Hoftor noch mal um, winkt lässig-verlegen, braucht die Rücksicherung vor dem Abenteuer Schulweg. Wenn wir auf der gegenüberliegenden Straßenseite den Begrüßungsruf eines Freundes hören, freuen wir uns beide. Ein Stück weit kann ich ihn noch sehen, die anderen überragen ihn fast um Kopfeslänge. Schafft er das alles?

Ich bin unsicher, ob ihm das recht ist. Daß ich ihm nachsehe, noch mal winke. Das ist überhaupt schwierig im Augenblick: wieviel Distanz, wieviel Zurückhaltung, wieviel Teilnahme und Hilfe? „Frag' mich nicht immer, ich sag' schon, was los ist." Aber das tut er kaum. Ich muß erst lernen, ihn loszulassen, abzuwarten – dann kann er von sich aus kommen. Das verstehe ich. Aber manchmal können wir diese schwierige Balance nicht halten, fällt er zurück in Stadien früherer Unselbständigkeit, braucht er wortlose, selbstverständliche Nähe und handfeste Hilfe. Da macht er nachmittags eine Radtour mit seinem Freund, aber nachts stürzt er an unser Bett, oft noch halb im Traum. Seinem Herzklopfen nach keinem guten.

Vor mit steht das übliche Mein-erster-Schultag-Photo, von einem mittelmäßigen Photographen in Reihenabfertigung lieblos gemacht. Ich mag es trotzdem. Der Ausdruck von Stolz und Verlegenheit, Freude und ängstlichem Angespanntsein in seinem Gesicht und seiner Haltung – ich ertappe mich jedesmal, wenn ich es betrachte, bei einem ähnlich zwiespältigen Gefühl – spiegelt das wider, was in diesen ersten Schulwochen abläuft. Denn auch die andere Seite ist da: das Hoftoraufreißen, wenn er heimkommt, das Sturmklingeln, das fröhliche „Hallo" und die befriedigende Feststellung: „Heute war's klasse!" ...

„Sie ist einsame Spitze." Tief befriedigt schleudert Pit den Ranzen ins Zimmer. Die Jacke daneben. Ich vermute, daß dieser Ausdruck höchster Anerkennung seiner Lehrerin gilt. Während er mir auseinandersetzt, inwiefern Frau Konrad über so ungewöhnliche Fähigkeiten und Eigenschaften verfügt, verspüre ich etwas wie Eifersucht. Das kann doch nicht sein! Ich bin doch froh, daß er eine so nette Klassenlehrerin hat, mit Humor, Geduld, aber auch der nötigen Bestimmtheit, so daß man weiß, wo's lang geht. Und jetzt? Noch bin ich die erste in seinem Leben, sozusagen das tägliche Brot, aber das wird immer weniger so sein. Ich freue mich auch tatsächlich über jeden Schritt von Selbständigkeit und Unabhängigkeit von Pit, gibt er mir doch meine eigene wieder. Und doch ist es gleichzeitig ein Stück Trennung, zwingt es mich zu dem Eingeständnis, daß die manchmal verwünschte Abhängigkeit, die ständige Inanspruchnahme nicht nur Last war, sondern auch Lust, Stärke, Selbstbestätigung. (...)

Ursula Mayer

(aus: Süddeutsche Zeitung vom 13. 11. 82)

Viele didaktische* und organisatorische Maßnahmen in der Grundschule beabsichtigen – neben anderen Motiven, auf die noch eingegangen wird – die Milderung dieses Übergangs. Dafür werden Elemente des familialen und kindlichen Lebens in Schule übernommen: ganzheitliches Lernen, Lernen an und in der Wirklichkeit, Lernanlässe aus Fragestellungen des Kindes aufnehmen, Handeln und Spielen als Lernformen, Förderung von Selbsttätigkeit.

Entsprechende Überlegungen fanden Beachtung, als Kritiker der Grundschule Ende der 60er Jahre eine neue Konzeption und dabei auch die Öffnung des Unterrichts für die Teilnahme oder den Besuch von Eltern forderten.

3.1 Öffnung des Unterrichts für Eltern

Der Zusammenhang von Familie und Schule ist für das Kind am sichtbarsten mit der Anwesenheit der Eltern bzw. von Elternteilen im Unterricht gegeben. In vielen Grundschulen haben Sie dazu Gelegenheit.

Hinter dieser Einrichtung steht das Ziel,

- dem Kind den Umgang mit der neuen Lebenswelt dadurch zu erleichtern, daß es vertraute Personen und vertraute Verhaltensweisen wiederfindet,
- Eltern unterrichtliche Abläufe und Probleme verständlich zu machen, die Schule also zum Elternhaus hin zu öffnen.

Für den Lehrer bietet sich durch diesen engen Kontakt eine gute Chance, Informationen über Schüler zu erhalten. Auf diese Weise kann er ihr Verhalten besser verstehen und sich ein fundierteres Urteil über ihre Leistungsmöglichkeiten bilden.

Allerdings sollte diese an sich gute Gelegenheit zur Kooperation von Elternhaus und Schule nicht leichtfertig verspielt werden: Sinnvoll ist eine sorgfältige Planung der Mitwirkungsmöglichkeiten. Andernfalls könnten Eltern, unvorbereitet und hilflos, als Störfaktoren empfunden werden. Im allgemeinen ist Ihre aktive Teilnahme am Unterricht durchaus erwünscht. Dabei wird nicht erwartet, daß Sie Anweisungsempfänger sind oder als Hilfslehrer auftreten. Ihr praktischer Einsatz leistet vielmehr erst dann wirksam Hilfe, wenn Sie – auf der Grundlage von Informationen über Inhalt und Ziele des Unterrichts – einzelne Schüler bei Lernschwierigkeiten unterstützen z. B. durch Zusatzerklärungen oder gezielte Antworten auf Einzelprobleme. Oder Sie leiten eine Übungsphase mit der Mehrheit der Klasse, um dem Lehrer Gelegenheit zu geben, sich intensiv und relativ ungestört mit einer Kleingruppe zu beschäftigen. Dabei kann es sich um verhaltensschwierige, lernschwache oder -starke Gruppen handeln.

Die Korrektur von Fehlformen im Sozialverhalten der eigenen Kinder (z. B. überstarkes Leistungsstreben, Egoismus, Nicht-teilenkönnen) ist im Rahmen der Lerngruppe – speziell für Einzelkinder – oft organischer und unauffälliger anzusetzen als in einer ‚Erziehungsveranstaltung' zu Hause. Daneben kann die Lehrperson beratend und unterstützend, oft auch korrigierend in ein familiales Erziehungsproblem unmittelbar einbezogen werden.

Dennoch sollten auch Probleme im Auge behalten werden, die möglicherweise durch die Mitwirkung von Eltern im Unterricht entstehen können.

Es ist denkbar, daß die ständige Anwesenheit etwa der Mutter eines ängstlichen, unselbständigen Kindes die notwendige Ablösung von der Familie nur noch weiter erschwert. Die Teilnahme dieser Mutter sollte daher in Absprache mit dem Lehrer eingeschränkt werden.

Die Einstellung des Schülers auf Person, Sprache und Anspruch des Lehrers würde ebenfalls erschwert, wenn sich aus der Elternschaft allmählich eine Art ‚Konkurrenzlehrer' herausbildete. Die allzu häufige Anwesenheit immer gleicher Eltern ist ohnehin nicht unproblematisch. Für ihre Kinder entsteht ein Chancenvorteil. Die Eltern sind über den Unterricht und das weitere schulische Geschehen bestens informiert; sie können gezielt bei Hausaufgaben und bei der Vorbereitung auf Klassenarbeiten helfen. Bei den anderen Kindern jedoch, deren Eltern dieses intensive und zeitaufwendige Engagement nicht möglich ist, verstärkt sich noch das Gefühl des Alleingelassenseins in der kritischen Phase des Schulanfangs.

Der Textauszug 3/2 gibt die Erfahrungen einer Grundschullehrerin über die Mitwirkung von Müttern im Unterricht wieder. Hier werden auch die bisher nur allgemein umrissenen Teilnahmemöglichkeiten genauer beschrieben.

Text 3/2

Astrid Kaiser
Mütter in unserer Klasse

Formen der Mitwirkung von Müttern

Die mitarbeitenden Mütter können mehr oder weniger intensiv am Unterrichtsgeschehen beteiligt werden. Ihre Aufgaben heben sich immer deutlich von denen der Lehrer ab. Nach meiner Erfahrung hatten die Mütter im Unterricht folgende Aufgaben:

- Kontrolle der Arbeitsblätter und Freistellung der Lehrerin für die Förderung lernlangsamerer oder ausländischer Schüler
- Betreuung von (Lese)übungsgruppen
- Gesprächspartner der Gruppen bei Versuchen
- Hilfestellung bei der Arbeitsplanung bei freier Arbeit und Wochenplan
- Ermutigung einzelner Schüler mit Arbeitsschwierigkeiten
- Hilfestellungen bei der ständigen Vervollständigung der individuellen Lernordner
- Mit-Zuhören, Mit-Singen, Mit-Spielen, Mit-Lachen ...
- Begleitung von Gruppen bei Erkundungen und Übernahme gezielter Aufgaben (Hinweise zur Qualitätskontrolle im Supermarkt; Hilfe bei Aussuchen von Büchern in der Jugendbibliothek ...)
- Unterstützung der Lehrerin bei der organisatorischen Vorbereitung von Unternehmungen (Getränke für Eltern-Kinder-Spielnachmittage; den Besuch im Bauernhof voranmelden ...)

Disziplinierungs- oder gar Bewertungsfunktionen wurden nicht an die Eltern weitergegeben.

Wege zur Müttermitarbeit

Die besondere Situation in der jeweiligen Klasse bewirkt jeweils andere Schritte und Inhalte. So werden in einer Klasse mit sehr hohem Anteil an Ausländerkindern lange Zeit Hausbesuche an erster Stelle stehen. Wird der Vorschlag, Elternmitarbeit im Unterricht einzuführen, zu früh gemacht, dann sind massive Vorbehalte einzelner Elternteile oder gar einer größeren Gruppe keine Seltenheit. Erwächst die Müttermitarbeit aus Vorformen (z. B. nach Absprache reihum Hausaufgabenbetreuung bei einem Kind der Klasse), dann sind keine so großen Umstellungsschwierigkeiten zu erwarten.

Nach meinen Erfahrungen sind folgende Vorformen besonders günstig:

— *häusliche Betreuung* einzelner Schüler durch Mütter
— *Elternabende* mit vielen gemeinsamen didaktisch-methodischen Gesprächen und Planungsentscheidungen (Fibelauswahl, Projektplanung, individualisiertes Rechtschreibprogramm)
— viel *Mütterbeteiligung* bei Veranstaltungen außerhalb des Klassenzimmers (Betriebsbesichtigung, Raupensammeln, Pflege eines Gartenstückes, Wanderungen)
— aus gemeinsamen Aktionen von Lehrerin und Eltern (Klassengröße, gleitender Schulanfang)

In meiner Praxis hat sich Müttermitarbeit aus mehreren Vorstufen entwikkelt:

1. *Elternabend vor Einschulung:*

   a) gemeinsame Beschlüsse über einzelne didaktische Entscheidungen, bei denen z. T. Elternhilfe erforderlich war (Einrichtung von Ecken im Klassenzimmer und Ausstattung durch Spenden, Einführung der Vereinfachten Ausgangsschrift);

b) Begründung von Lehrerentscheidungen (Leselehrgang)
c) Problemdiskussion zum Thema elterliche häusliche Hilfe.

2. Gemeinsame Überlegungen, wie der *„gleitende Schulanfang"* über die ersten Wochen hinaus aufrechterhalten werden kann; *Eltern werden aktiv,* um den Gleitenden Schulanfang zu erhalten.

3. *Ständiger Austausch* über anstehende Vorhaben und inhaltliche Details des *Unterrichts* in den folgenden Elternabenden.

4. Gemeinsame *Vorbereitung von Vorhaben,* Müttermitarbeit dabei (Bauernhof, Herbstausstellung, Jugendbücherei, Feier ...).

5. Eine Mutter übernimmt *Förderstunden* für Ausländerkinder der Klasse.

6. Nach einstimmigen Voten am Elternabend Beginn der *Mütterarbeit im Unterricht* (Lesen, Schreiben, Mathe, Sachunterricht, Kunst).

7. *Ausbau der Müttermitarbeit:*

   a) Nachmittagstreffen
   b) prinzipielle Terminabsprache, welche Mutter welchen Wochentag kommt
   c) bei Unternehmungen kommen mehrere Mütter gleichzeitig zur Gruppenbetreuung
   d) Elternabende und Spielnachmittage für alle
   e) Hausbesuche der Lehrerin bei weniger beteiligten Eltern

Eine entscheidende Bedingung des Gelingens pädagogischer Schritte erscheint mir die Erwartungshaltung der Beteiligten zu sein. Deshalb ist die *vorherige Zustimmung aller Eltern* unabdingbar. Die „strengen" Regelungen der Zustimmung im Hamburger Erlaß zur Elternmitarbeit scheinen mir sehr positive Mittel zu sein, um den Konsens für eine derart gravierende Umstellung von vornherein zu sichern. Im Falle von Kontroversen ist lieber auf derartige Ansätze zu verzichten, um unnötige Konflikte zu vermeiden.

(aus: Grundschule 15/1983, S. 25 und 26. Westermann Verlag, Braunschweig)

Die folgenden Bestimmungsmerkmale von Unterricht werden deshalb im Kapitel zur Grundschule dargestellt, weil diese Prinzipien bereits den Eltern von Grundschülern begegnen. Sie gelten allerdings für jede Schulform. Daher kommen die Informationen zum Prinzip der offenen Lernorte, zum Projektunterricht, zur Wissenschaftsorientierung, zur Handlungsorientierung und zum sozialen Lernen für das gesamte allgemeinbildende Schulwesen in der Bundesrepublik gleichermaßen in Betracht.

3.2 Prinzip der offenen Lernorte und des informellen Unterrichts

Schule erzeugt eine künstliche Lernwelt. Künstlich ist sie, da Lernanlässe mit sorgfältig ausgetüftelten Anreizen den Schülern meist vorgegeben werden; künstlich ist sie auch, da Lerngegenstände (Themen) eigens konstruiert und dann auch noch nach einem 30- oder 45-minütigen Rhythmus aufgeteilt werden.

Dem Kind – und nicht nur ihm, sondern jedem Menschen – begegnet die Wirklichkeit nicht in dieser Form: motivierend aufbereitet und nach bestimmten Arbeitsabschnitten aufgeteilt. Die Lernanlässe der Wirklichkeit sind spontan und ganzheitlich. Sie entstehen aus Fraglichkeiten des Augenblicks und sind meist eingelagert in einen komplexen Tätigkeitszusammenhang.

So kann man beispielsweise beobachten, daß der Schulweg für ein Kind eine Reihe von spontanen Lernanlässen und -aufgaben mit sich

Abb. 15: Unerwartete Ermunterung zu offenem Unterricht (aus: betrifft: erziehung Heft 9/1975, S. 59 © Chlodwig Poth, Frankfurt)

bringt, die aus der Situation und nicht künstlich erzeugt entstehen: Orientierungspunkte oder sichere Wege finden, Zeichen verstehen, Raumbeziehungen herstellen.

Offener Unterricht versucht nun, Schule zur Wirklichkeit hin zu öffnen und Lernfragen dort aufzusuchen, wo sie für das Kind entstehen: auf der Straße, im Kaufhaus, bei der Post oder der Feuerwehr.

Um dem (Zeit-)aufwand dieser Lernform zu entgehen, müssen Lernanlässe auch aus Begebenheiten innerhalb der Schule oder aus spontanen Aktivitäten im Klassenzimmer entstehen können. Dazu werden Anregungs- und Aktivitätsecken eingerichtet – etwa eine Mathematikecke, eine Leseecke, eine Bastel- oder Zooecke, um die Künstlichkeit der vorgeplanten, gewollten Motivation einzuschränken. Hier können die Kinder spielen, werken, beobachten und eben auch Fragen stellen, die aufgegriffen und dann mit ihnen gemeinsam im Unterricht geklärt werden.

3.3 Projektunterricht

Eng benachbart mit dem didaktischen Prinzip des offenen Unterrichts ist das des Projektunterrichts. Hier sollen in der Bearbeitung von Vorhaben (Projekten) all jene Fähigkeiten und Fertigkeiten vermittelt werden, die zur Bewältigung konkreter Situationen erforderlich sind. Und das sind nicht nur Leistungen, die auf Wissen abzielen, sondern auch Fähigkeiten wie organisieren, sich informieren, kooperieren, auswerten können.

Der Gedanke des Projektunterrichts ist besonders von dem amerikanischen Pädagogen John Dewey (1859–1952) und seinem Schüler W. H. Kilpatrick (1871–1965) sowie in Deutschland durch die Reformpädagogik* entwickelt worden. Folgende Merkmale kennzeichnen diese Methode:

- Projekte richten sich auf Aufgaben, Vorhaben, Probleme, die nicht von einem Einzelfach her, sondern fächerübergreifend behandelt werden. Dadurch rücken unterschiedliche Aspekte ins Blickfeld, z. B. räumliche, rechtliche, wirtschaftliche und politische beim Thema ‚Straßenplanung in einer Stadt'. Das Projekt berührt damit Fächer wie Sozialkunde, Geographie, evtl. Deutsch und Mathematik.
- Ein Projekt wird von den Beteiligten, den Schülern und Lehrern, selbst ausgewählt.
- Die Schüler erstellen mit Unterstützung der Lehrer einen Pro-

jektplan: Sie legen Ziele des Projektes fest, planen die wichtigsten Schritte der Durchführung, verteilen Arbeitsaufgaben unter sich.

- Ein Projekt ist häufig auf ein ‚Produkt' ausgerichtet: Dies kann ganz konkret der Nistkasten beim Projekt ‚Heimische Vögel' sein, ist aber meist abstrakter zu sehen: Arbeitsergebnisse werden in einer Art Broschüre festgehalten, eine Ausstellung wird arrangiert, eine Podiumsdiskussion angesetzt, Verbesserungsvorschläge werden bei den zuständigen Behörden eingereicht. Auch hier sind Schüler maßgeblich an der Entscheidung darüber beteiligt, in welcher Form Ergebnisse der Projektarbeit vorgestellt werden sollen.

Ziele des Projektunterrichts

Durch diese Methode werden ganz unterschiedliche pädagogische Ziele erreicht bzw. angestrebt:

— Schüler lernen ein Stück Wirklichkeit ganzheitlich sehen.
— Sie eignen sich Methoden problemorientierter Arbeit an.
— Projektarbeit erfordert und schult vielfältige methodische Fähigkeiten: Erkunden, Beobachten, Notieren, Skizzieren, Referieren, Informieren, Zusammenfassen.
— Da Projekte meist in Schülergruppen gemeinsam bearbeitet werden, fördern sie kooperatives und partnerschaftliches Verhalten.
— Mit der Projektmethode eröffnet sich für Unterricht die Möglichkeit, Lernen auch außerhalb der Schule zu fördern (Wirklichkeitsbezug des Lernens), das Interesse an einer Sache über die Unterrichtszeit hinaus zu erhalten und eigene Wege zur Lösung von Problemen einzuschlagen.

Probleme des Projektunterrichts

Allerdings sollten auch mögliche Nachteile dieser Methode gesehen werden:

Sie kann nur exemplarisch vorgehen, d. h. man kann nur an einem konkreten* Problem oder Vorhaben arbeiten. Die Erkenntnisse gelten genaugenommen auch nur für diesen Fall. Es bedarf daher zusätzlicher Lernbemühungen, das Allgemeine, das auch auf andere, ähnliche Fälle Übertragbare, zu erkennen. Wenn dies nicht gelingt, bleiben die Erkenntnisse begrenzt und sind dann lediglich auf das spezielle Vorhaben anwendbar.

Erfolgreiche Projektarbeit setzt ein gewisses Maß an Sachkenntnis über den Gegenstandsbereich voraus. Sind die erforderlichen Kenntnisse nicht vorhanden, müssen sie innerhalb der Projektarbeit erworben werden. Pädagogen rechnen dabei mit der motivierenden Kraft des Projekts: Wenn Schüler sehen, daß sie an einem Punkt ihrer Arbeit nicht mehr weiterkommen, werden sie sich demnach aus eigenem Antrieb die nötigen Kenntnisse aneignen. Nicht ausgeschlossen ist aber auch die entgegengesetzte Wirkung: Schüler geben resigniert auf oder arbeiten dilettantisch weiter. Diese Schwierigkeit muß daher bereits bei der Planung angesprochen werden, damit die Schüler Vorgehensweisen zu ihrer Behebung akzeptieren.

Gleiches gilt für die unverzichtbare Phase der Projektauswertung. Auch hier wird von den Schülern einiges an Formulierung, Sachdarstellung, Zusammenfassung erfordert, was ihnen trockener und abstrakter* vorkommen kann als die meist ereignis- und aktionsreichere Phase der Erkundung. Hier wird der Lehrer durch methodische Maßnahmen besondere Hilfestellung leisten: Er kann Vorschläge unterbreiten, um die Arbeit der Schüler über einen ‚toten Punkt' zu bringen: in einem Schaubild die einzelnen Arbeitsschritte festhalten, gezielt Leitfragen für die Auswertung stellen, auf kurze Informationstexte in Zeitschriften oder Büchern hinweisen, die Schüler anhalten, schon während der Erkundungsphase Protokolle anzufertigen und kleinere Teilauswertungen vorzunehmen. Er kann sie auf andere, unüblichere Formen der Darstellung aufmerksam machen: Tabellen, Karikaturen, Glossen.

Ein denkbares Projekt in der Grundschule, bei dem Kinder auch tatsächlich ihre eigenen Interessen wiederfinden, könnte die Vorbereitung und Durchführung einer Klassenfahrt sein. Hierzu sind so unterschiedliche Fähigkeiten erforderlich wie einen Fahrplan lesen, Preise errechnen, Anfrage- und Reservierungsbriefe schreiben, Ausflugsziele bestimmen und Informationen über sie beschaffen. In einem solchen Projekt haben Inhalte des Mathematik-, des Sach- und des Deutschunterrichts ihren Platz. Dabei stehen sie nicht beziehungslos in der Reihenfolge des Stundenplans nebeneinander, sondern erwachsen organisch aus Aufgaben, die zur Durchführung des Projekts bewältigt werden müssen. – Auch Aspekte des sozialen Lernens kommen zum Zuge. Eine denkbare Aufgabe ist z. B. die Wahl des Ausflugsziels bei Berücksichtigung der vorhandenen Mittel (Verkehrsmittel, zur Verfügung stehende Zeit, Fahrtkosten). Weiter müssen der Zeitrahmen näher bestimmt, Entfernungen errechnet, Wanderzeiten ermittelt, für alle tragbare Eintrittskosten festgelegt werden. Vielleicht einigt man sich auch auf Zeiten für Spiele und Ruhepausen. Besonderheiten des Weges, Aussichtsmöglichkeiten, Denkmäler, bemerkenswerte Häuser sind zu erkunden.

Einzelne Gruppen übernehmen die verschiedenen Arbeitsaufträge. Die Schüler besorgen Material (Wanderkarten, Ortsbeschreibungen, touristische Informationen) und werten es aus. Bei der Wanderung wird fotografiert, um später an einem Elternabend einen Diavortrag bestreiten zu können.

Man findet bei diesem Projekt leicht die eingangs erwähnten Merkmale wieder:

- Produktorientierung (Wanderung und Diavortrag)
- ganzheitliche Aufgabenbewältigung (Planen, Informationen sammeln und auswerten, Wanderung durchführen)
- fachübergreifende Perspektive (Mathematik-, Erdkunde-, Geschichts-, Deutsch- und Kunstunterricht leisten ihren Beitrag zum Projekt)
- Kooperation in Gruppen (die Aufgaben werden gemeinsam bewältigt und diskutiert)
- Praxisrelevanz (Schüler sehen den unmittelbaren Erfolg ihrer Anstrengung).

Text 3/3

Beispiel für ein Projekt ‚Schulweg'

Erster Projekttag: 17. Januar
An diesem Vormittag gehen die Kinder zusammen mit ihrer Lehrerin die Schulwege von sechs der acht Kinder ab. Die Kinder übernehmen abwechselnd die Führung der Gruppe, wenn diese in die Nähe ihres Wohnbezirks kommt. Eine Helferin, die erwachsene Tochter der Lehrerin, fotografiert dabei, was den Kindern und der Lehrerin wichtig erscheint: die Hauseingänge der Häuser, in denen die Kinder wohnen, den Kindergarten, den mehrere Kinder gemeinsam besucht haben, den Bus, den der Vater eines der Kinder fährt, Straßenschilder, die Eisdiele, gefährliche Straßenkreuzungen und anderes mehr. Die Lehrerin hat einen Kassettenrekorder bei sich, mit dessen Hilfe die Kinder und sie selbst Erlebnisse und wichtige Begebenheiten als Anregungen für weitere Gespräche festhalten wollen. Aber es ist viel zu kalt, um unterwegs anhalten und in das Mikrophon des Rekorders sprechen zu können. Als die Gruppe an dem Hausblock vorbeikommt, in dem ein Mitschüler und die Lehrerin wohnen, wärmen sich alle kurz in der Wohnung der Lehrerin auf. Hier kommt auch der Kassettenrekorder zum Einsatz, wobei die Kinder jedoch weniger über weiter zurückliegende Ereignisse und Begebenheiten als vielmehr über ihre Erlebnisse des heutigen Tages berichten.

Zweiter Projekttag: 24. Januar
Der zweite Projekttag beginnt damit, daß sich die Gruppe gegen 9.00 Uhr in dem von der Lehrerin bereits vorbereiteten Mehrzweckraum trifft. Die Fenster sind verdunkelt, an der Tafel hängt ein ca. 1,20 × 1,20 m großes Wachstuch. Im Raum steht ein Tageslichtprojektor.

Alle setzen sich um einen aus drei Schülertischen zusammengestellten großen Tisch. Die Fotos vom Schulwegausflug werden verteilt. Die Kinder vertiefen sich in die einzelnen Bilder und frischen dabei ihre Erinnerungen vom Schulwegausflug auf, wobei die Bilder reihum herumgegeben werden. Schließlich beginnen auf einen entsprechenden Impuls* der Lehrerin alle darüber nachzudenken, was man mit den verschiedenen Bildern machen könne. Mitten auf dem Tisch steht ein Tonband mit Mikrophon, in welches die Kinder ihre Vorschläge nacheinander hineinsprechen. Einige Kinder schlagen vor, eine Ausstellung der Fotos zu machen oder die Bilder an die Wand zu hängen. Andere erinnern sich daran, daß vereinbart worden ist, gemeinsam ein Stadtteilspiel zu entwickeln.

Lehrerin: ‚Jetzt will ich auch etwas vorschlagen. Die Bilder bloß an die Wand zu hängen, finde ich langweilig. Ich fände es interessanter, wenn wir die Bilder in der richtigen Reihenfolge einordnen würden. Darum habe ich mir einen Stadtplan besorgt (sie zieht einen Stadtplan von ganz Münster hervor und legt ihn mitten auf den Tisch). Jetzt sucht mal, ob ihr Gievenbeck findet!'

Alle sind über den Stadtplan gebeugt. Die Kinder teilen einander mit: „Hier ist der Aasee", ... „die Sentruper Höhe" ..., „das Delphinarium" ..., „Gievenbeck muß hier ganz in der Nähe sein" ..., „Ich habe den Allwetterzoo gefunden" ... Die Lehrerin gibt einen neuen Impuls. Sie legt auf den Stadtplan einen Katasterauszug von Gievenbeck, und auf diesen eine von ihr vorbereitete Folie, in die sie den Weg, den sie mit den Kindern am ersten Projekttag gegangen ist, bereits eingezeichnet hat: „So! Hier haben wir genau den Weg, den wir gegangen sind." Sie erklärt, wo die Wilhelmstraße, die Roxeler Straße, der Dingbänger Weg liegen und anderes mehr.

Wenig später vergrößert die Lehrerin mit zwei Kindern die Folie, indem sie diese mit dem Tageslichtprojektor auf das gelbe Wachstuch an der Tafel wirft. Die Kinder fahren den Projektor immer weiter in den hinteren Teil des Raumes, bis der Planauszug die Größe des gelben Wachstuches erreicht hat. Daraufhin gibt die Lehrerin den Impuls: „Wir können den Plan jetzt auf das gelbe Wachstuch übertragen und später die Bilder in ihm einordnen." Zwei Kinder übertragen den Stadtteilauszug von Gievenbeck mit Folienstiften auf das gelbe Wachstuch, die anderen überlegen gemeinsam mit der Lehrerin, was man anschließend mit dem fertigen Plan tun wolle. Die Lehrerin teilt mit, daß sich jedes Kind zum Schulwegprojekt ein „Schulweg-Heft" anlegen solle, in welches es seinen eigenen Schulweg einzeichnen, einige Bilder einkleben und Geschichten hineinschreiben oder diktieren könne.

An diesem Tag frühstücken die acht Kinder dieser Gruppe nicht wie sonst zusammen mit ihren anderen Klassenkameraden im Klassenraum, sondern nehmen ihr Frühstück noch im verdunkelten Mehrzweckraum ein. Kurz vor 10.00 Uhr sind die beiden Kinder, die an der Tafel gearbeitet haben, mit der Übertragung der Folienprojektion auf das Plastiktuch fertig. Die Lehrerin kontrolliert die Zeichnung sehr genau, gibt kleinere Verbesserungsvorschläge, die von den beiden Kindern ausgeführt werden. Danach zeichnen die Kinder ihren Schulweg in das Schulweg-Heft ein. Ein Kind schreibt seine Schulweggeschichten selber auf, während die anderen es vorziehen, das eine oder andere Schulwegerlebnis der Lehrerin zu diktieren.

(aus: Dietrich Benner/Jörg Ramsegger, Wenn die Schule sich öffnet: Erfahrungen aus dem Grundschulprojekt Gievenbeck. Juventa Verlag, München 1981, S. 124–127)

Die Ende der 60er Jahre vorgebrachte Kritik an der Grundschule war noch umfassender als am Anfang dieses Kapitels erwähnt wurde: Wissenschaftler und Bildungsplaner bewerteten die Grundschullehrpläne als veraltet und kritisierten vor allem die Volks- und Heimattümelei. Als Beispiel hierfür kann der lange Jahre immer wieder in Fibeln auftauchende Bauer stehen, der im Frühjahr sein Rößlein anspannte und über den Acker zog.

Im Verlauf mehrjähriger Diskussion sind dann in nahezu allen Bundesländern neue Grundsätze des Grundschulunterrichts entwickelt und in Schulwirklichkeit umgesetzt worden. Sie machen in ihrer Gesamtheit heute das Profil dieser Schulform aus. Zur Zeit erfährt der Grundschulunterricht in einigen Bundesländern erneut Aufmerksamkeit, da mittlerweile auch die Nachteile des neuen Grundschulkonzepts bemerkbar wurden. Um den Bezug zur aktuellen Diskussion herzustellen, soll zunächst die Darstellung der neuen Grundschulkonzeption weitergeführt und anschließend auf gegenwärtige Änderungsbemühungen eingegangen werden.

Zwei Auswirkungen jener Kritik haben Sie bereits kennengelernt: das Prinzip der offenen Lernorte und den Projektunterricht. Als weitere didaktische Neuerung der Grundschule ist in diesem Zusammenhang die *Wissenschaftsorientierung der Lehrpläne* zu erwähnen. Damit hat in der Tat ein neues Element in die Grundschule (wie übrigens auch in die Hauptschule) Eingang gefunden. Wissenschaftsorientierung war vorher als Unterrichtsprinzip nur im weiterführenden allgemeinbildenden Schulwesen für den Unterricht der Realschule und vor allem des Gymnasiums in Betracht gekommen.

3.4 Wissenschaftsorientierung der Lehrpläne

Gründe für die Wissenschaftsorientierung

Die Forderung nach Wissenschaftsorientierung stützt sich hauptsächlich auf zwei Überlegungen:

a) Die bisherigen Lehrpläne legten Unterricht auf ein Konzept fest, das den Gegebenheiten einer mobilen, industrialisierten, international verflochtenen Gesellschaft nicht mehr entsprach. Dem

Kind wurde, so könnte man vereinfacht sagen, ein falsches Bild der Wirklichkeit vermittelt – besonders im Heimatkunde- und Deutschunterricht.

b) Das gesamte Bildungswesen wird zunehmend als Einheit aufgefaßt. Da es eine Aufgabe der Grundschule ist, auf die folgenden Schulformen vorzubereiten, soll sie ihnen auch deutlicher zugeordnet werden. Diese neue Ortsbestimmung erfordert ihre Annäherung an eines der dort herrschenden Lehrkonzepte, die Wissenschaftsorientierung.

An dieser Stelle ist es wichtig zu betonen, daß Grundschulkinder nicht zu intellektualisierten Wissenschaftlern verbildet werden sollen. Unterricht betreibt keine Wissenschafts- oder Forschungsseminare im Kleinen.

Der Anspruch von Wissenschaftsorientierung ist bescheidener: Unterrichtsinhalte und -verfahren müssen sich an entsprechenden Inhalten und Methoden der Wissenschaften ausrichten. Das bedeutet: Die Forderung nach sachlicher Richtigkeit der Aussagen in Schulbüchern ist ernst zu nehmen, und die Grundmodelle einer Wissenschaft sind in Aufgaben zu ‚übersetzen', die Schüler verstehen und nachvollziehen können.

Ein Beispiel aus dem sozialwissenschaftlichen Bereich: Eine Modellvorstellung der Wirtschaftswissenschaft ist die des Marktes als eines sich wechselseitig bedingenden Systems von Angebot und Nachfrage und unterschiedlich wirkenden Eingriffen (z. B. Steuern, Zinsen). Bei wissenschaftsorientierten Lehrplänen oder Schulbüchern wird diese Modellvorstellung einer Wissenschaft didaktisch so ‚übersetzt', daß sie zwar Kindern verständlich, aber auch wissenschaftlich haltbar und richtig bleibt.

Ähnliches gilt für den Bereich der wissenschaftlichen Methoden. Kinder lernen beispielsweise im Sachunterricht, ein Experiment aufzubauen, zu beobachten, zu messen, Vermutungen zur Erklärung des beobachteten Phänomens anzustellen, diese erneut zu prüfen, um schließlich zu einer gesicherten Erkenntnis zu gelangen.

Am Thema ‚Selbstbedienungsladen' (Supermarkt) lassen sich zwei extrem unterschiedliche Möglichkeiten der Aufarbeitung nachvollziehen: Einer harmonisierenden, informationsarmen Darstellung (Text 3/4) steht der wissenschaftsorientierte, kritische Zugriff gegenüber, der auf Erkenntnisgewinn ausgerichtet ist (Text 3/5).

Text 3/4

Im Selbstbedienungsladen

Wenn auch die Romantik des dörflichen Kramerladens entschwunden ist, so hat doch auch der Selbstbedienungsladen seinen Reiz. Er zieht alt und jung durch die direkte Begegnung mit einem *vielfältigen Warenangebot* an, und wie stärkt es das Selbstgefühl, daß man die Ware selbst aussuchen und sie sich aneignen kann, statt sie entgegennehmen zu müssen! Mit wachsender Lust und Sicherheit besorgen unsere Neunjährigen allerhand Einkäufe und erwerben dadurch Waren- und Preiskenntnisse wie nie zuvor.

Nicht minder bedeutsam ist der erzieherische Gewinn; es macht Eindruck auf die Kinder, daß man hier auf die *Ehrlichkeit der Kunden* vertraut. Wenn auch die Angestellten angewiesen sind, ihre Augen offen zu halten, hin und wieder auch jemand dabei ertappen, wie er eine Ware in die Taschen schiebt, statt sie offen in das Drahtkörbchen zu legen, verhindern können sie Diebstähle dadurch nicht. Die Kinder geben zu, daß man in Versuchung geraten kann, etwas heimlich einzustecken, nehmen aber auch die Lehre an, daß man der Versuchung nicht nur deswegen widerstehen soll, weil man erwischt werden könnte, sondern weil man ehrlich sein will. Und wenn es nur eine Kleinigkeit ist, Diebstahl ist Diebstahl, wie wir es bei den Kirschen gehört haben. In offener Aussprache erreichen wir auf unserer Stufe mehr als mit einer moralischen Geschichte.

(aus: Barthel Reinlein, Das vierte Schuljahr in seinem gesamten Unterricht. Prögels schulpraktische Handbücher. Michael Prögel Verlag, Ansbach 1962, S. 214)

Text 3/5

Thema: **Warum kaufen die Leute im Supermarkt mehr ein, als sie eigentlich wollen?**
(Auswertung einer geplanten Supermarkterkundung)

Festlegung der Lehr- und Lernziele

Teilziele:

a) *kognitive Ziele*
Die Schüler sollen erkennen, daß sie im Supermarkt zum Mehrkauf verführt werden:
- durch die Länge des Weges
- durch die Führung des Weges
- durch besonders kenntlich gemachte Sonderangebote
- durch die Plazierung der Sonderangebote
- durch besondere Preise der Sonderangebote

b) *psychomotorische Ziele*
Die Schüler sollen fähig sein, den Supermarktplan zu beschreiben und die Zeichen zu decodieren.

Sie sollen fähig sein, die Gruppenergebnisse vorzutragen.
Sie sollen fähig werden zur Versprachlichung von Erkenntnissen.

c) *affektive Ziele*
Die Schüler sollen bereit sein zur Mitarbeit im Unterricht, zu Gruppen- und Partnerarbeit.
Sie sollen bereit werden, ihr eigenes Einkaufsverhalten und das anderer kritisch zu überprüfen.

Stundenziel: Die Schüler sollen erkennen, daß sie im Supermarkt zum Mehrkauf verleitet werden.

Lernzielkontrolle

Die Begriffe „verführen", bzw. „verleiten" müssen erarbeitet werden und dienen in dieser Stufe der umfassenden Beantwortung der Problemfrage. Das Ergebnis (Teilziele) sollen noch einmal bewußt gemacht werden und werden von den Manipulationsmitteln des Supermarktes auf den manipulierten Kunden, der „mehr sieht" angewandt. Eventuell könnte hier noch eine Überschrift über die Tafelanschriften angebracht werden:

Supermarkt auf der einen Seite – Kunde auf der anderen Seite (mehr sehen). Die Einzelerkenntnisse werden versprachlicht und zwar in begründender (weil ...) oder in konsekutiver Form (wenn ... dann)

Kennzeichnung des Lerngegenstandes

Das Thema der vorliegenden Unterrichtsstunde ist der Lehraufgabe: Grundfragen der Produktion, der Güterverteilung, der Dienstleistungen und des Konsums in einer marktorientierten Industriegesellschaft ... entnommen. Ziel der Wirtschafts- u. Soziallehre soll es – nach dem Lehrplan – unter anderem sein, ein „kritisches Konsumverhalten" bei den Schülern anzubahnen. Ein Konsumverhalten, das sich „kritisch" zeigt, schließt die Frage nach der ökonomischen Manipulation und ihrer Mittel jedoch unbedingt mit ein. Dabei erscheinen m. E. zwei Aspekte besonders hervorzuheben: 1. Die Unterscheidung zwischen reiner Bedarfsdeckung, bzw. notwendigem Konsum und manipuliertem Konsum und 2. die daraus resultierende Erziehung zum partiellen Verzicht.

Zusätzliche Aktualität erhält das behandelte Thema unter dem Gesichtspunkt der Arbeitslosigkeit (1 Schülervater ist arbeitslos).

Lehr- und Lernmittel

In der Phase der Hinführung zum Problem wurde ein Tonband eingesetzt. Möglich wäre hier auch der nur verbale Impuls gewesen, der aus Gründen der Variation nicht bevorzugt wurde. Ein Supermarktplan wird (Karton) unter die vorher an der Tafel fixierte Problemfrage geheftet. Die einzelnen Teilziele werden mit Nummern versehen, an die Tafel geschrieben und jeweils in den Plan eingetragen, der im Verlauf der Stunde von den Schülern vervollständigt wird. Möglich wäre hier auch, den Plan als Tafelanschrift vorzugeben. Die Schüler erhalten ein Arbeitsblatt mit dem gleichen, jedoch bereits vollständigen Grundriß des Supermarktes. Es wird zur jeweiligen Kontrolle der Teilziele eingesetzt. Die Anwendung, bzw. nochmalige Lernzielkontrolle wird handelnd mit Spielmännchen nachvollzogen. Sie bieten m. E. mehr Anreiz für die Schüler als bloßes Nachzeichnen oder Nachfahren.(...)

(aus: Stundenbilder für die Unterrichtspraxis/Sachkunde 3./4. Schuljahr. pb Verlag, Puchheim 1980, S. 1971)

Forderungen an wissenschafts-orrientierten Unterricht

Zunächst ging es darum, Wissenschaftsorientierung allgemein zu charakterisieren. Nun soll erläutert werden, welche Einzelforderungen aus diesem Prinzip für den Unterricht abzuleiten sind:

a) Unterrichtsinhalte müssen dem wissenschaftlichen Erkenntnisstand entsprechen. Unterricht und Lehrbücher dürfen keine Aussagen über Wirklichkeit wiedergeben, die falsch oder veraltet sind.
b) Unterricht soll sich am Vorgehen von Wissenschaft ausrichten:
   - Aussagen sollen nicht ungeprüft übernommen werden.
   - Die Bedingungen müssen angegeben werden, unter denen man zu einer Erkenntnis oder Aussage gelangt.
   - Zur Erklärung von Sachverhalten müssen rationale Gründe gesucht werden. Man kann nicht bei bloßem subjektivem Meinen, weltanschaulich festgefahrenen Ansichten oder bei Mythen* stehenbleiben.
c) Unterricht soll die Grundlage dafür schaffen, daß Schüler jetzt und später als Erwachsene Ereignisse und Abläufe unserer verwissenschaftlichten Welt verstehen. Zu dieser Verstehensfähigkeit gehört es auch, sich wenigstens in bescheidenem Rahmen entsprechende Grundbegriffe der verschiedenen Wissenschaften oder Wissenschaftsgruppen anzueignen.
d) Schließlich gehört wesentlich zu einem wissenschaftsorientierten Unterricht auch die Einsicht in Grenzen der Wissenschaft. Solche Grenzen sind beispielsweise dadurch gegeben, daß Wissenschaft keine Sinn- und Lebensorientierung geben kann, daß sie keine für alle Zeiten gültigen Resultate, sondern immer nur vorläufige und weiter verbesserungsfähige Erkenntnisse liefert.

Um Mißverständnissen vorzubeugen: Aus diesen Merkmalen wissenschaftsorientierten Unterrichts folgt keineswegs, daß Schüler

- mit Fachausdrücken vollgestopft werden, die für sie bedeutungslos, ‚leer‘ bleiben;
- sich in einer hochspezialisierten Art und Weise mit einem wissenschaftlichen Teilthema befassen sollen und allgemeinbildende Themen dabei in den Hintergrund treten;

— sich im Unterricht ausschließlich abstrakt-theoretisch und nicht mehr auch konkret tätig mit Unterrichtsinhalten auseinandersetzen.

Damit sind drei häufig anzutreffende Fehlformen wissenschaftsorientierten Unterrichts angesprochen:

— die Tendenz zum ausufernden Gebrauch der wissenschaftlichen Fachsprache,
— Spezialistentum,
— ‚Kopflastigkeit' des Unterrichts.

Ein sinnvoll angelegter wissenschaftsorientierter Unterricht zielt immer darauf ab, den *allgemeinen* Begriff, die allgemeine Einsicht an der *konkreten* Erscheinung zu verdeutlichen, wie es umgekehrt darum geht, konkrete Phänomene auf ihre allgemeinen Gesetzlichkeiten hin verstehbar zu machen.

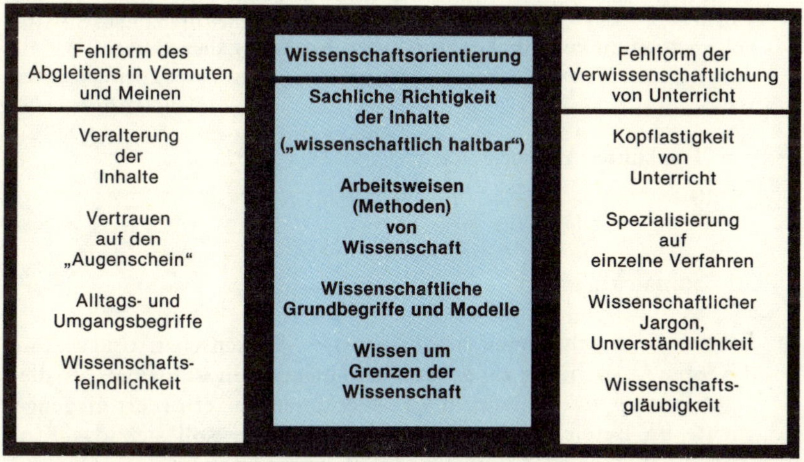

Abb. 16: Merkmale der Wissenschaftsorientierung – in der Mitte zwischen Wissenschaftsfeindlichkeit und Wissenschaftsgläubigkeit

Der Autor des folgenden Texts kritisiert die ‚unsozialen Folgen' der Wissenschaftsorientierung. Seiner Meinung nach kommen dabei die allgemeinen Grundlagen der schulischen Bildungsarbeit zu kurz.

Text 3/6

Der übertriebene Anspruch

Die unsozialen Folgen des wissenschaftsorientierten Unterrichts

(. . .)

Der Stuttgarter „Aktion Bildungsinformation" (Abi) zufolge müssen sich immer mehr Schüler durch Nachhilfeunterricht unter die Arme greifen lassen. Mit über zweihundert Hausaufgaben-Gruppen hilft auch die Arbeiterwohlfahrt. Über hundert Nachhilfefirmen bieten ihre Dienste an. Sie verlangen zum Teil 2500 Mark für hundert Stunden Gruppenhilfe. Wieder einmal sind die Kinder im Vorteil, deren Eltern über gehobene Bildung und pädagogisches Geschick verfügen (und über Geld).

(. . .)

Unsozial ist jede Bildungstheorie, die nicht auf der ersten Seite ihres Wertkodex jene Grundkenntnisse für verbindlich erklärt, die für alle Berufe und Studiengänge vorausgesetzt werden. Zu diesen Kenntnissen gehört nach wie vor der sichere Umgang mit Wort und Zahl. Diese Tatsache und damit die elementaren Bildungsbedürfnisse der Gesellschaft per Reform aus der Welt schaffen zu wollen, ist ein Zeichen akademischer Lebensfremdheit. Sie ist in hohem Grade mitverantwortlich für die unsozialen Auswirkungen der Bildungsreform, die auch und vor allem unter sozialen Vorzeichen angetreten war.

Günter Klingenberg

(aus: Frankfurter Allgemeine Zeitung vom 18. 8. 1982)

3.5 Soziales Lernen

Es soll hier noch einmal betont werden: Wissenschaftsorientierung mit ihrer Ausrichtung auf gedankliche Leistungen ist niemals als alleiniges Prinzip von Unterricht zu akzeptieren. Sie erfordert Gegengewichte im Bereich des sozialen Lernens. Hier soll sich das Kind soziale Fähigkeiten (Kompetenzen) aneignen können.

Als Begründung für diesen Lernbereich dient das *Interaktionsmodell*, das in Kap. 6.2 vorgestellt wird. Hier sind daher nur kurz die Hauptgedanken zu erwähnen.

Die Theorie der Interaktion wirft ein neues Licht auf eine alltägliche Erscheinung: Sie untersucht, was geschieht, wenn Personen zueinander in Beziehung treten (‚interagieren'). In einer Interaktion* treten sich die jeweiligen Partner in ihren unterschiedlichen Rollen mit Hilfe von Sprache, Gestik, Mimik gegenüber. Der Interaktionsablauf ist ein Prozeß des Aushandelns zwischen unterschiedlichen Vorstellungen und Erwartungen, die sich gegenseitig begrenzen. Man versucht, zu einem gemeinsam anerkannten Interaktionsergebnis zu gelangen. Gemessen an diesem Ziel, kann man eine Interaktion dann verzerrt nennen, wenn das Interaktionsergebnis nur einen der Partner auf Kosten des anderen befriedigt.

Besonders für diese Aussagen gilt, was an vielen Stellen des Buches wiederholbar wäre: Zum Thema ‚Interaktion' gibt es eine ganze wissenschaftliche Bibliothek – unterschiedliche Ansätze, verschiedene Grundbegriffe. Da wir aber nicht in erster Linie ein Buch für Fachwissenschaftler schreiben, sondern grundlegende Informationen für Eltern geben möchten, halten wir die vorgenommenen Vereinfachungen für notwendig und sinnvoll. Wer zu den hier entwickelten Gedanken weiteres lesen will, sei auf das Buch von L. Krappmann, Soziologische Dimensionen der Identität, Stuttgart, verwiesen.

Die Beteiligung an gelungener Interaktion erfordert Fähigkeiten, die Unterricht durch soziales Lernen einüben soll:

- *Einfühlungsvermögen* (Fachwort: Empathie): Um mit dem anderen eine Interaktion aufrechterhalten zu können, muß man sich auch in seine Rolle, seinen Blickwinkel, seine Wahrnehmung versetzen. Man muß sozusagen die Welt mit seinen Augen sehen.

Ein Beispiel vereinfacht der Zusammenhang: Die Interaktion findet zwischen den Eltern eines verhaltensschwierigen Kindes und seiner Klassenlehrerin statt.

So muß die Lehrperson berücksichtigen, daß die Eltern eines verhaltensschwierigen Kindes eine Entwicklung zum Außenseitertum befürchten, wenn seine Störaktionen immer wieder vor der Klasse kritisiert bzw. bestraft werden.

Die Eltern dagegen müssen sich in die Verantwortung des Lehrers für die gesamte Klasse hineindenken. Sie sollten aus der Sicht des Lehrers berücksichtigen, daß er auf die Verhaltensprobleme des Kindes entsprechend reagieren muß. Andernfalls werden die anderen Schüler der Klasse verunsichert und fragen sich, wieso der Schüler sich das leisten darf.

- *Das Aushalten von Rollenunvereinbarkeit* (Fachwort: Ambiguitätstoleranz): Es wurde bereits deutlich, daß Interaktionen nicht immer so problemlos ablaufen wie beispielsweise eine Begrüßung beim Einkaufen. Häufig sieht man sich in einer Interaktion vor widersprüchliche Erwartungen gestellt.

So erwartet das eigene Kind, daß die Eltern im Gespräch mit dem Lehrer für es eintreten und ihn zu einem verständnisvolleren Verhalten bringen. Der Lehrer andererseits erwartet von den Eltern Verständnis für seine Situation vor der Klasse – schließlich kann er das Verhalten ihres Kindes nicht einfach übersehen. Er erwartet von ihnen entsprechende Erziehungsmaßnahmen. Beides ist für die Eltern nicht ganz einfach zu vereinbaren: Erwartung des

Kindes auf Fürsprache und Schutz, Erwartung des Lehrers auf gemeinsam durchgeführte konsequente Erziehungsmaßnahmen.

- *Das Aushalten von Enttäuschungen* (Fachwort: Frustrationstoleranz): Die eigenen Erwartungen werden durch die des anderen begrenzt. Daraus resultiert natürlich eine gewisse Enttäuschung. Sie muß ebenfalls ertragen werden, und man kann ihr nicht einfach dadurch entgehen, daß man die Interaktion kurzerhand abbricht.

So ist die von den Eltern erhoffte besonders intensive Beschäftigung des Lehrers mit ihrem verhaltensschwierigen Kind vielleicht aufgrund weiterer Problemfälle in der Klasse nicht realisierbar.

- *Zurückweisung von Zumutungen an die eigene Rolle* (Fachwort: Rollendistanz): Bei den Erwartungen des anderen muß man entscheiden, wann sie zur unannehmbaren Zumutung werden.

Beim Beispiel des verhaltensschwierigen Schülers könnten Eltern die Aufforderung des Lehrers nach kräftiger Bestrafung (Fernsehverbot, zusätzliche Hausaufgaben) als Zumutung an ihre Erzieher-rolle empfinden. Da sie sich nicht als ‚Bestrafer' verstehen, weisen sie diese Erwartung zurück.

All diese Fähigkeiten leisten ihren Teil zur Wahrung von Ich-Identität*. Darunter versteht man in diesem Zusammenhang das Ausbalancieren eigener und fremder Erwartungen zu einem Kompromiß, den man vor sich selbst akzeptieren kann.

Rollenspiel: eine Methode zum Erwerb sozialer Fähigkeiten

Ein Beispiel aus dem Schulalltag von Grundschulkindern kann diese komplizierten Zusammenhänge zusätzlich verdeutlichen. Zu diesem Zweck wird ein *Rollenspiel* beschrieben, eine nicht nur in der Grundschule bevorzugte Methode zum Erwerb sozialer Fähigkeiten. Hier geht es nicht darum, diese Methode im einzelnen vorzustellen, sondern zu zeigen,

— wie ein Rollenspiel im Unterricht vorbereitet wird,
— wie es abläuft, wie es ausgewertet werden und
— wie es seinen Beitrag zum sozialen Lernen leisten kann.

Im Rollenspiel werden Situationen sozialen Handelns dargestellt, mit dem Ziel, ‚Rollen' durchzuspielen, ‚Rollentausch' und damit Einfühlung in eine andere als die eigene Rolle zu ermöglichen. Handlungsalternativen und ‚Rollendistanz' werden spielerisch erprobt, Gesprächs- und Interaktionsfähigkeiten eingeübt, Konflikte und Rollenunvereinbarkeit erlebt und zu bewältigen versucht. Diese verschiedenen Momente am Rollenspiel und die einzelnen Schritte seiner

Durchführung sollen an einer Eltern-Kind-Szene erläutert werden: Schüler spielen, wie ein Kind ein schlechtes Diktat nach Hause bringt.

a) Vorbereitung des Rollenspiels

Um Schüler nicht mit dem eigentlichen Spielablauf zu überfordern, können sie gemeinsam mit dem Lehrer zunächst die Situation festlegen.
Anlaß des Rollenspiels:
Ein Kind kommt mit einem schlecht benoteten Diktat nach Hause, das als Klassenarbeit geschrieben wurde.

Welche Rollenträger sind beteiligt?
Mutter, Kind, Vater; evtl. noch eine oder zwei weitere Rollen (Großmutter, Freund oder Freundin, Nachbarin).

Wie läuft die Szene vermutlich ab?
Das Kind ist niedergeschlagen; die Mutter schimpft; der Vater sagt, ab jetzt würde ganz anders geübt.

Daraufhin können die einzelnen Rollen jeweils an mehrere Schüler vergeben werden mit der Bitte, kleine Dialoge zu schreiben. Sie werden anschließend vorgelesen und in der Klasse besprochen.

Die ersten Schritte haben die Aufgabe, den Schülern den Situationsrahmen und das Rollenverhalten der beteiligten Personen zu verdeutlichen. Der Aufbau der Szene und die Dialoge spiegeln in der Regel das von den Schülern üblicherweise wahrgenommene, zu Hause erlebte Rollenverhalten der Beteiligten wider.

b) Durchführung

Das Rollenspiel selbst wird zunehmend frei gespielt. Zugunsten einer spontanen Spielweise wird immer weniger vom Blatt abgelesen. Durch die Vorbereitungsphase wissen die Schüler über Szene und Handlungsablauf hinreichend Bescheid, ohne sich jedoch in ihrem augenblicklichen Einfallsreichtum behindern zu lassen. In das Geschehen fließen daher stets auch Elemente des Stegreifspiels und der unbewußten Rollengewohnheit ein.

Zur besseren Besprechung wird das Spiel am besten auf Kassette oder, wo es sich anbietet, auch auf Videoband aufgenommen. Man kann dann einzelne wichtige Szenen noch einmal abspielen und genauer diskutieren.

c) Auswertung

In der Auswertungsphase sollen die Schüler erkennen,
— welche Absichten die einzelnen Personen mit ihren Handlungen verfolgten,
— welche Personen beherrschend (dominant), welche eher abhängig dargestellt waren,
— mit welchen Mitteln Dominanz oder Abhängigkeit ausgedrückt wurden (Wortgebrauch, Tonfall, Gestik, Mimik).

Wie oben schon erwähnt, spiegelt ein solches Spiel die gewohnten und eingefahrenen Rollenmuster meist so wider, wie die Schüler sie in ihrem Alltag erleben. Die Chance und Wirkungsmöglichkeit des sozialen Rollenspiels besteht vor allem darin, solche verfestigten Handlungsmuster durchschaubar zu machen. Dazu liegt es nahe, die Szene

— von Schülern aus unterschiedlichem sozialem Milieu und mit unterschiedlichem sozialen Erfahrungshintergrund spielen zu lassen oder
— mit vertauschten Rollen darzustellen (ein Junge ist die Mutter, ein Mädchen der Vater) oder
— mit anderem Ausgang abzuschließen (die Mutter schimpft nicht, sondern hält das Kind liebevoll fest; der Vater geht wütend zum Lehrer).

Bei diesem Grundmuster des Rollenspiels lassen sich die verschiedenen Aspekte sozialen Lernens herausheben:

- *Rollenkenntnis:* Schüler lernen die Rollen des Vaters, der Mutter, des Lehrers usw. kennen. Sie spielen sie von ihrem alltäglichen Vorverständnis her.
- *Rolleneinfühlung* (Empathie): Sie spielen andere als ihre eigenen Kinder- und Schülerrollen; sie müssen sich in andere Rollen hineindenken und -fühlen.
- *Rollenunvereinbarkeit aushalten* (Ambiguitätstoleranz): Sie erfahren – je nach Anlage des Spiels – daß sie unvereinbare Rollenmuster durchhalten müssen, beispielsweise die Rolle des verständnisvollen und zugleich die des strengen Vaters.
- *Enttäuschung aushalten* (Frustrationstoleranz): Das Spiel macht den Widerspruch zwischen Rollenerwartung und Folgen eines Verhaltens deutlich (zu Hause spielen wollen – wegen des verhauenen Diktats arbeiten müssen). Die Schüler haben somit erfahren, daß die eigenen Erwartungen nicht immer in Erfüllung gehen. Auch sie lernen, beim Umgang mit anderen Menschen mit der Enttäuschung (Frustration) zu rechnen und zurechtzukommen – Enttäuschung, die aus der Beschneidung eigener Absichten und Bedürfnisse durch andere – hier die Eltern – entsteht.
- *Rollen zurückweisen* (Rollendistanz): Sie lernen die Aneignung von Möglichkeiten, Rollenerwartungen zurückzuweisen, eigene Rollenvorstellungen auszudrücken, Spielräume bei einer Rolle zu entdecken. Sie sehen, daß z. B. die Mutter unterschiedliche Möglichkeiten des Rollenverhaltens hat: Sie kann sich weigern, streng

zu sein und statt dessen liebevoll reagieren; sie kann ermutigen, statt zu strafen.

3.6 Handlungsorientierung des Lernens

Bei allen bisher vorgestellten Formen des Grundschulunterrichts sind die Schüler aktiv beteiligt. Sie schauen und hören nicht bloß zu, was der Lehrer tut, sondern sie handeln selbst. Hinter dieser Leitvorstellung stehen mehrere Vorüberlegungen:

- Unterricht soll dem Aktivitätsdrang des Kindes Rechnung tragen und seiner Motorik Raum verschaffen.
- Lernen des Kindes ist eine Form von Handeln, ist Durchführung zunächst noch konkreter, später dann gedanklicher Operationen.
- Handeln fördert die Selbständigkeit des Kindes. Es kann eigene Einfälle umsetzen und muß bei Schwierigkeiten selbst Wege zu ihrer Lösung ausdenken bzw. ausprobieren.
- Im Unterricht soll das Handeln in außerschulischen Situationen durchgespielt und in seinem Ablauf, seinen möglichen Folgen und Nebenfolgen durchschaut werden können.

Aus diesen Begründungen leitet sich die Forderung ab, die im eingeengten, negativen Sinn verstandene ‚Lernschule' so auszuweiten, daß der Eigentätigkeit von Schülern Spielraum gegeben wird. Diese Vorstellung von Unterricht ist gefaßt im Begriff der *Handlungsorientierung*.

Handlungsorientierung deckt damit ein breites Feld von Zielsetzungen ab. Sie lassen sich – analog zu den genannten Leitvorstellungen – so zusammenfassen:

- Schüler sollen nicht gezwungen sein, im Unterricht grundsätzlich still zu sitzen und die Dinge bloß im Kopf zu ‚bewegen'. Sie dürfen auch mit den Händen, dem ganzen Körper etwas tun.
- Aber auch Denken kann als ‚gedankliches Handeln', als Operieren mit Begriffen verstanden werden, das durch konkrete Operationen, durch Tun im Unterricht zu unterstützen ist.
- Schüler sollen selbständig an Aufgaben arbeiten, Beobachtungen festhalten, Versuche durchführen, Material zusammenstellen. Sie erwerben methodische Fähigkeiten.

— Unterricht soll die Schüler auf das Handeln in außerschulischen Situationen vorbereiten oder ihnen solche Situationen durchschaubarer machen.

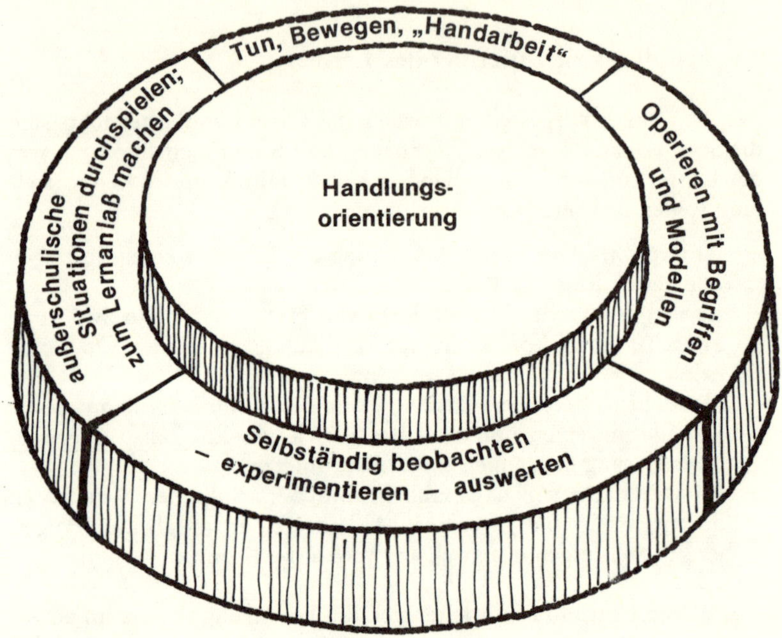

Abb. 17: Ziele des handlungsorientierten Unterrichts

Handlungsorientierung contra Wissensvermittlung

Handlungsorientierter Unterricht wird häufig in Gegensatz gesehen zu wissensvermittelndem oder, noch krasser ausgedrückt, zu Unterricht, der Wissen nur ‚eintrichtert'. Ein solcher Unterricht beläßt den Schüler passiv. Der Lernende kann kaum Bezüge zum aufgezwungenen Wissen herstellen. Er eignet es sich nur an, um es bei entsprechenden äußeren Anlässen – meist bei Prüfungen – wieder abliefern zu können. Unterricht in diesem Sinn ist eine einseitige Veranstaltung des Lehrers, bei der die Schüler kaum Raum zur Mitgestaltung haben und ihr Interesse für den Unterrichtsstoff nicht geweckt wird.

Über die ‚methodische Spannbreite' dieser Unterrichtsform hat auch ein Karikaturist nachgedacht (Abb. 18).

Man sollte sich bei der Betrachtung beider Unterrichtskonzeptionen – Handlungsorientierung wie Wissensvermittlung – eines bewußtmachen: Ausschließlich vertreten, stellen sie Extrempositionen dar. So

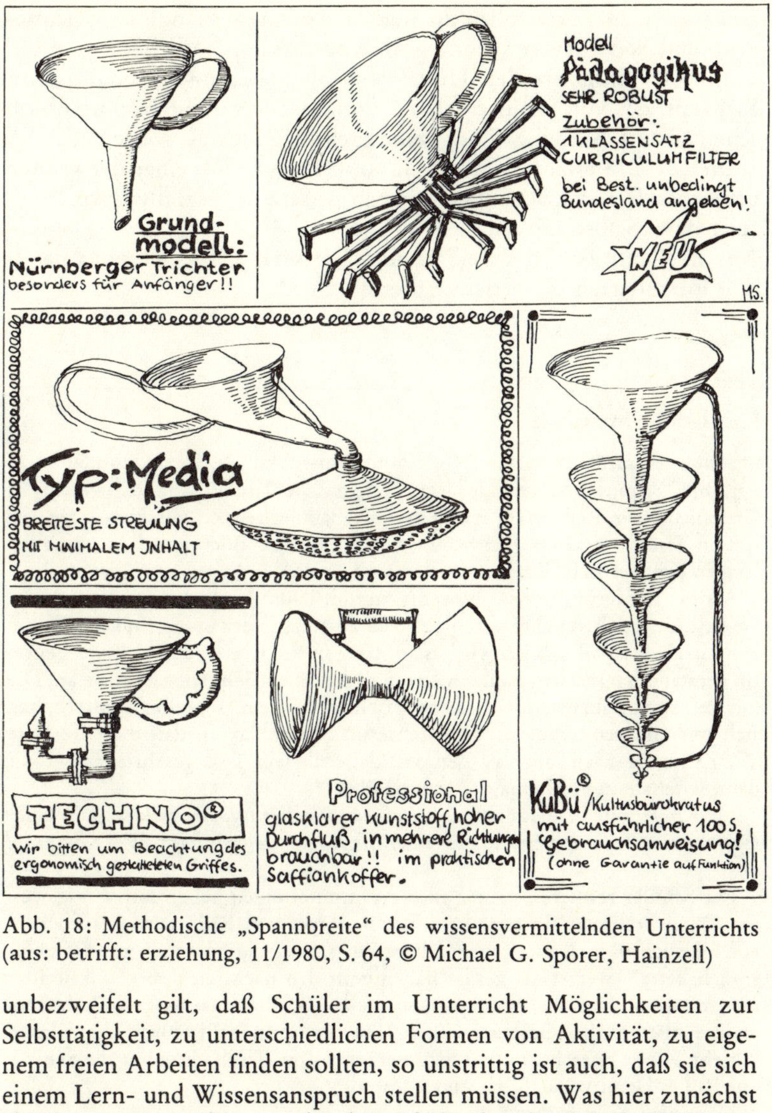

Abb. 18: Methodische „Spannbreite" des wissensvermittelnden Unterrichts (aus: betrifft: erziehung, 11/1980, S. 64, © Michael G. Sporer, Hainzell)

unbezweifelt gilt, daß Schüler im Unterricht Möglichkeiten zur Selbsttätigkeit, zu unterschiedlichen Formen von Aktivität, zu eigenem freien Arbeiten finden sollten, so unstrittig ist auch, daß sie sich einem Lern- und Wissensanspruch stellen müssen. Was hier zunächst als Gegensatz erschien, verbindet sich in der durchdachten Unterrichtsplanung zu Bestandteilen eines Gesamtkonzepts: Handlungsorientierung ohne solide Wissensgrundlage und Vertiefung von Wissen bleibt bloßer Aktionismus; Wissensvermittlung ohne Formen der Selbsttätigkeit verkommt zur ‚Eintrichterung'.

Die folgenden Texte sollen die beiden Aspekte – Handlungsorientierung und Wissensvermittlung – im Kontrast verdeutlichen.

Text 3/7 skizziert den Unterrichtsablauf bei einem didaktischen Konzept, das von Schülern als Leistung passives Hinhören und bloß schematische Aktivität (Lesen eines Schulbuchtextes) fordert.

Im Text 3/8 erläutert Hugo Gaudig (1860–1923), einer der großen deutschen Reformpädagogen*, seinen Ansatz der Handlungsorientierung bzw. Selbsttätigkeit.
Anschließend äußern Beteiligte und Betroffene, was sie vom handlungsorientierten Unterricht halten (Text 3/9).

Text 3/7

Eine Geschichtsstunde

Orientierungsstufe, 5. Klasse, Welt- und Umweltkunde, Di. 2. Stunde:

Kahler Raum: Betonwände, leere Tafeln. Die Tische: wahllos einzeln, in Gruppe oder in Reihem im Raum verteilt. Schüler rennen durcheinander, sitzen an Tischen und machen Schularbeiten, räumen Büchertaschen aus, zwei Jungen prügeln sich. Krach.

Als die Lehrerin die Klasse betritt, nimmt kaum jemand sie zur Kenntnis. Sie läßt Geschichtsbücher verteilen: weil zu wenig vorhanden sind, kommt es zum Streit. Erst allmählich wird es so ruhig in der Klasse, daß sich die Lehrerin verständlich machen kann. Allerdings: kaum ein Schüler schaut sie an. Die meisten sitzen abgewandt an ihren Tischen, kritzeln, schreiben, unterhalten sich mit anderen Schülern. Die Lehrerin spricht davon, daß dies die erste WUK-Stunde nach längerer Zeit sei, daß bald ein Test geschrieben werde, dann leitet sie zum Thema der Stunde über:

„Wir haben uns zuletzt mit den Römern beschäftigt. Ihr sollt jetzt in einer Gesprächskette berichten, was ihr über die Römer gelernt habt. Wer fängt mal an?“

Die Schüler reagieren kaum, auch Aufmunterungen helfen nur wenig weiter. Dann kommen ein paar bemühte Beiträge: von Rom wird gesprochen, von Sklaven usw. Kaum jemand hört zu, schaut die Sprecher an: die „Gesprächskette“ (wer etwas gesagt hat, nimmt den nächsten dran) funktioniert nur mühsam. Unruhe in der Klasse: einige Schüler machen Schularbeiten, andere blättern im Geschichtsbuch. Die Lehrerin geht durch die Klasse, schiebt Tische zurecht, nimmt Schmierzettel vom Tisch, ermahnt die Schüler zur Ruhe. Dann versucht sie einen Impuls:

„Wie hieß Köln früher?“

Einige Schüler blättern in ihrem Buch. Die Lehrerin beantwortet ihre Frage selber und verweist auf das römische Imperium ...

„Was gabs eigentlich noch, was man wissen müßte, wenn man über einen Staat sprechen wollte im Gegensatz zu heute?“

Schweigen.

Lehrerin (gequält): „Was müßte man wissen, wenn man über so einen Staat spricht?"

Hilflose Reaktionen auf seiten der Schüler ...

„Gab es denn im alten Rom so etwas wie einen Bundeskanzler?"

Gelangweiltes Schweigen. Die Lehrerin verweist auf den römischen Kaiser, fragt nach dessen Aufgaben. Belanglose Antworten. Die Lehrerin beschließt, dieser mühsamen Fragerei ein Ende zu bereiten.

„Habt ihr sonst noch irgendwelche Vorstellungen über diesen Kaiser in Rom? ...

Dann schlagt bitte im Buch auf Seite 107!"

Die Schüler suchen im Buch die Seite. Nach und nach haben die meisten die angegebene Stelle gefunden. Die Lehrerin fordert einen Schüler auf vorzulesen. Das geschieht dann stockend: offensichtlich versteht der Schüler nicht immer, was er liest. Als die Schüler auch jetzt keine Antworten wissen, die den Erwartungen der Lehrerin entsprechen, läßt diese aus einem anderen Buch – „Geschichtliche Weltkunde" eine Beschreibung des Kaisers vorlesen. Während eine Schülerin leise, streckenweise unverständlich, liest, unterbricht die Lehrerin mehrmals, um die übrigen Schüler zur Ruhe zu ermahnen.

„Wie oft lest ihr eigentlich noch nicht mit. Das ist schlimm ..."

Die Lehrerin läßt einige schwierige Begriffe erklären: „Währung", „Zölle" ...

„Habt ihr noch irgendwelche Fragen? Zu diesem Text bekommt ihr ein Arbeitsblatt!"

Die Arbeitsblätter werden verteilt. Unruhe und Protest!

(aus: Ingo Scheller, Erfahrungsbezogener Unterricht, Scriptor Verlag, Königstein/Ts. 1981, S. 30–32)

Text 3/8

Die Schule der Selbsttätigkeit

(...) Bei dieser Schule kann das letzte Ziel nicht sein, daß dem Schüler eine gewisse Wissensmenge, ein gewisses Bildungsmaß ‚beigebracht' wird; in diesem Sinne ist die Arbeitsschule allerdings keine ‚Lernschule'; aber insofern, als der Schüler in ihr arbeiten lernt, insofern er die Kunst lernt, planmäßig auf ein Ziel hin geistig tätig zu sein, ist die Arbeitsschule in vollem Sinne Lernschule. Haftete dem Wort ‚lernen' nicht das Gefühl der Enge an, so könnte man sagen, in der Arbeitsschule lerne der Schüler zu lernen. (...)

Was für eine Art von Arbeitsvorgängen sind nun das Ideal, das Leitbild der Arbeitsschule? Der Wert der Arbeitsvorgänge bestimmt sich nicht nach dem Produkt der Arbeit an sich, obwohl dessen Wert der Arbeitsschule schon um ihres Grundprinzips willen nicht gleichgültig ist, denn ohne wertvolle Arbeitsergebnisse erschlafft der Arbeitstrieb. Die erste Forderung lautet: *Selbsttätigkeit;* denn nur dann, wenn selbsttätig gearbeitet wird, ist Arbeit Arbeit. Selbsttätig muß also der Arbeitende sich das Ziel stecken (die Aufgabe formulieren, die Frage aufwerfen, das Problem entwickeln); selbsttätig muß er den Arbeitsgang ordnen, selbsttätig das Ziel festhalten, selbsttätig Zwischen- und Endergebnisse prüfen usw. Soll aber diese Selbsttätigkeit sich entwickeln und erhalten, so bedarf der Wille des Schülers einer planmäßigen Schulung für die Arbeit. (...)

Bei diesem Bilde der freitätigen Arbeit und des freitätigen jugendlichen Arbeiters muß dem Freunde der Jugend und unseres Volkes das Herz lachen. Unser freitätiger Schüler ist nicht ein Arbeiter, der in einem Arbeitsvorgang, dessen Plan er nicht kennt und dessen Zweck und Ende er nicht absieht, ab und an zu einer kurzfristigen Leistung aufgefordert oder befohlen wird; er selbst kennt Zweck und Ziel der Arbeit, er selbst entwirft den Plan, er kommandiert sich selbst, aus eigenem Vermögen hilft er sich über Schwierigkeiten hinweg; er ist ein ‚Wesen, welches will‘; und sein Tun ist nicht gefühlsarm, sondern von all dem Gefühlsreichtum getragen, der nur dem Arbeiter in eigener Sache zuströmt; in seiner Arbeit gibt er von dem Seinen, ist er er selbst. Weil er aber freitätig schafft, weil er namentlich die Methode der Arbeit hat, darum ist sein Arbeiten auch nicht an die Schule gebunden. Ohne Verlegenheit arbeitet er zu Hause; die Hausarbeit bedeutet ihm nur einen unwesentlichen Ortswechsel. ‚Studiertage‘ im Hause sind dem reifen Arbeiter schöne Tage des Übergangs zu völliger Arbeitsfreiheit. Ebenso ist er von seiner Arbeitskunst nicht verlassen, wenn er ‚aus der Schule‘ ist; die Schulkunst der Arbeit begleitet ihn in das Leben, zunächst auf den Arbeitsgebieten der Schule (d. h. besonders des freien Bildungserwerbs). Sie wird ihm aber auch als allgemeine Arbeitskunst bei andersartiger (bei der Berufs-) Arbeit nütze sein. Er ist ja seiner gesamten Natur nach Arbeiter geworden.

(aus: Hugo Gaudig, Die Schule der Selbsttätigkeit. Herausgegeben von L. Müller. Klinkhardt Verlag, Bad Heilbrunn 1963, S. 11 und 12)

Text 3/9

Handlungsorientierter Unterricht: Äußerungen von Schülern, Eltern und Lehrern

Schüler:
„Wenn wir was machen können, ist das viel interessanter."
„Man schläft dann nicht ein."
„Aber mein Vater sagt, wir lernen nichts dabei."
„Ich finde, es ist dann immer so laut, die Kinder sitzen nicht still auf den Stühlen, und der M. macht immer Blödsinn."

„In der letzten Woche haben wir eine Geschichte aus dem Lesebuch umgewandelt, in ein Hörspiel, wir haben selbst gesprochen, auf einen Rekorder, und Herr L. hat immer so Geräusche dabei gemacht, vor dem Mikrophon."

Eltern:
„Unsere B. ist ganz begeistert, wenn sie was in der Stunde machen, aber vor kurzem war der Lehrer mit der Klasse in den Supermarkt gegangen. Die Kin-

der sollten da so allerhand machen. Ich glaube, sie haben sogar photographiert. Ich weiß ja nicht, ob sie da was gelernt haben."

„Ich kann da nichts zu sagen. Handlungsorientierung sagen Sie – das hab' ich noch nicht gehört. Zu unserer Schulzeit gab's so was nicht. Da mußten wir lernen."

„Unser Junge ist ja ziemlich begeistert, er macht neuerdings sogar Hausaufgaben. Aber mein Mann und ich begreifen Ihren Deutschunterricht nicht. Ich meine, die Rechtschreibung wäre doch so wichtig, später für die Lehrstelle."

Lehrer:
„Ja, das hört sich alles gut an. Was glauben Sie, was hier los ist, bei 28 Schülern, wenn ich mit denen Kollagen machen würde, und jeder kommt mit einer Schere bewaffnet hier an."

„Die Kinder machen sehr gut mit, sie sind endlich mal begeistert. Auch für mich ist die Erarbeitung eines Hörspiels interessanter als bloß immer nur Texte aus dem Schulbuch lesen zu lassen."

Handlungsorientierung nach der Freinet-Pädagogik

Eine didaktisch hochwertige Umsetzung hat das Prinzip der Handlungsorientierung in der Freinet-Pädagogik erfahren: Célestin FREINET (1896–1966), ein französischer Grundschullehrer, hat in den 20er Jahren damit begonnen, dem offiziellen Unterricht ein eigenes Konzept gegenüberzustellen – die Arbeitserziehung.

Ausgangspunkt seiner Überlegungen waren seine Erfahrungen mit ‚Wanderklassen': Schulklassen erhielten durch Wanderungen, Erkundungen und Kurzausflüge in die nähere Umgebung Gelegenheit, ihre Lebenswelt unmittelbar zu beobachten: z. B. Natur, Berufsstruktur und Verkehr. Um so ernüchternder war nach diesen anregenden Unterrichtsstunden außerhalb der Schule die folgende übliche Arbeit mit dem Schulbuch im Klassenzimmer.

Aus dem Erlebnis und der Analyse dieser Situation kam Freinet auf den Gedanken, die Schüler ihre Schulbücher und Fibeln selbst verfassen zu lassen. Sie sollten Ereignisse ihres täglichen Lebens festhalten, berichten, was sie beschäftigte und was sie als mitteilenswert erachteten.

Freinet selbst besorgte einen alten Druckstock und richtete im Klassenzimmer für die Schüler eine Druckerecke ein. Die Schüler druckten nun ihre eigenen freien Texte. Sie wurden zur Klassenzeitung zusammengefaßt und später im Austausch an andere Schulen verschickt, die sich dieser Methode angeschlossen hatten. Die ersten Texte der Grundschüler wimmelten von Rechtschreib- und Grammatikfehlern – oft so sehr, daß sie nicht mehr verständlich waren. Aber dieser Umstand war pädagogisch fruchtbar, da die Schüler die Funktion der geschriebenen Sprache als Instrument der Mitteilung anschaulich erfuhren.

Darüber hinaus waren die Schüler zum Lesen angeregt, da die Texte von ihren eigenen Erlebnissen, von nachvollziehbaren Ereignissen handelten. Da das Drucken von mehreren Schülern gemeinsam durchgeführt wurde, entwickelten sich zunehmend Formen der Schülerselbsthilfe und -korrektur. Man fragte und kontrollierte sich gegenseitig, ob ein Wort richtig geschrieben wäre.

Freinet blieb mit seiner Methode nicht beim Lesenlernen und der Arbeit mit der Druckerpresse stehen. Er weitete seinen Ansatz auch auf andere Lebensbereiche aus und richtete zunächst weitere Arbeitsecken im Klassenzimmer ein: Töpferecken, Webecken mit einfachen selbstgebauten Webstühlen oder Möglichkeiten zum Flechten.

Freinet strebte mit diesen Maßnahmen folgende Ziele an: Die Kinder sollten ihre Interessen entdecken, in ihren Interessen gefördert werden und dabei Fähigkeiten entwickeln, die sie später beim Eintritt in die Berufswelt benötigen würden. Seine Schüler sollten mehr lernen als nur Rechtschreibung und einfaches Rechnen. Sie sollten etwas herstellen können, drucken, Texte verfassen, erkunden, beobachten, prüfen.

In der Bundesrepublik ist die Freinet-Pädagogik erst in den 70er Jahren auf breiterer Basis aufgenommen und in Unterricht umgesetzt worden. Elemente dieser Methode hatten in Deutschland aber schon seit der Reformpädagogik* und Arbeitsschulbewegung der 20er Jahre Eingang in den schulischen Unterricht gefunden.

Dieser Hinweis verdeutlicht, daß die ‚neue Grundschule' so neu wiederum auch nicht ist. Die meisten hier vorgestellten Prinzipien der Didaktik sind mindestens schon 60 Jahre alt, manche sind so alt wie die Pädagogik selbst. Und im ‚alten' Grundschulunterricht haben gute Lehrer ihren Schülern immer auch Raum gegeben zur Bewegung, zum Tun, zum gemeinsamen Lernen mit andern in der Gruppe.

Im folgenden Auszug aus einem Buch umreißt C. Freinet, warum er andere Wege einschlug und welche Ziele seine Pädagogik anstrebt.

Text 3/10

Erst die Flüsse studieren, dann die blauen Linien auf der Karte

Für das Studium des lokalen Milieus müssen wir das wirkliche Leben des Kindes untersuchen, am Beginn seiner Sinnesentwicklung, seiner Erfahrungen und seiner Entdeckungen. Das sind nämlich die einzigen soliden, endgültigen und wesentlichen Elemente und Grundlagen seiner Ausbildung, seines Wissenserwerbs und seiner Erziehung.

Als Reaktion auf die Schulbücher, die in Paris redigiert und herausgegeben werden und die uns, den Lehrern in ganz Frankreich, ständig angeben wollen, auf welche Punkte des Programms wir das Interesse unserer Schüler lenken oder welche Interessenschwerpunkte wir ihrer Neugier anbieten sollten, haben wir gezeigt, daß unsere Ausbildung normalerweise in der Umwelt des Kindes wurzeln sollte, dort, wo wir leben, und zwar durch die tatsächliche Arbeit, die unseren funktionellen Bedürfnissen entspricht; daß unsere Kinder die Geographie ihrer Heimat kennen müssen, bevor sie auf der Karte blaue Linien studieren, von denen man ihnen sagt, es seien Flüsse, und die schokoladenbraunen Kleckse, die für sie Berge sind; daß die Geschichte weder mit den Galliern noch mit Ludwig XIV beginnt, sondern mit dem packenden Studium der Spuren, die die Vergangenheit um uns herum hinterlassen hat; daß wir, bevor wir uns gut unterrichtet mit den abstrakten Wissenschaften unserer Bücher befassen, die Möglichkeiten und Forderungen unserer Umwelt erkunden sollten; daß, bevor wir die Standardaufgaben unserer Bücher lösen, wir alles untersucht, überschlagen und berechnet haben müssen, was in unserer Umgebung gemessen und berechnet sein will. Daß selbst die französische Sprache nicht mit kalten methodischen Übungen erlernt wird, sondern zuerst durch den Aufsatz und die Lektüre, die unser tägliches Zusammenleben anregt.

Das verstehen wir unter dem Studium des lokalen Milieus. Es ist kein lernschulhaftes Aufeinanderstapeln von uns bekannten Dingen auf Kosten all des Unbekannten, mit dem sich das Kind mit großem Wagemut befassen will und muß, um zu wachsen und emporzusteigen. Wir können sagen, daß wir durch das tatkräftige Tun und den freien Ausdruck mit beiden Füßen fest auf dem soliden Boden unserer heimischen Umwelt stehen und vorsichtig die Fundamente errichten, die für immer alle weiteren Konstruktionen tragen werden. Aber durch unsere Dokumentensammlung, durch Film und Radio stark motiviert und durch schulischen Korrespondenzaustausch orientiert, schweifen unsere Augen und unser Geist dauernd über das begrenzte Milieu hinaus und gewinnen neue Erkenntnisse, die ständig den elementaren Unterricht des Milieus bereichern.

(aus: Schule ohne Zwang. Célestin Freinet und seine Pädagogik. In: betrifft: erziehung 2/1981, S. 57)

Text 3/11

Drucken macht Spaß

Lernen soll Spaß machen! Dieser pädagogischen Forderung kommt die Schuldruckerei in besonderem Maße entgegen. Schon allein das Vorhandensein einer eigenen Schuldruckerei wirkt sich psychologisch ganz allgemein auf die Arbeitsfreude und den Lerneifer jedes einzelnen Schülers aus, sofern es pädagogisch genutzt wird. Darüber hinaus muß der Schuldruckerei eine Reihe pädagogischer Werte zugesprochen werden.

Die Verantwortung für das Gemeinschaftswerk zwingt alle zu einer sauberen, exakten, kontrollierten und vollständigen Arbeit. Man kann nicht einfach nach Belieben aufhören, sondern der begonnene Auftrag muß zu Ende geführt werden.

Die Schuldruckerei regt die Schüler in starkem Maße an, sich schriftlich und zeichnerisch auszudrücken. Das verständliche Verlangen von Kindern, in ihren Leistungen anerkannt zu werden, erfüllt etwa die Schülerzeitung dadurch, daß sie Eltern, Verwandten und Bekannten gezeigt werden kann. Weil das Werk der Beurteilung des gesamten Leserkreises standhalten muß, erzwingt es Arbeitseifer und persönliche Bestleistungen auf dem Gebiet des Aufsatzunterrichts und in bildnerischen Techniken.

Die Schuldruckerei verlangt vom Schüler orthographisch richtige Gestaltung der von ihm verfaßten Texte. Welche Druckerei kann es sich leisten, in ihren Erzeugnissen Fehler stehenzulassen? Auch in einer Schuldruckerei fängt der Kampf gegen die Fehler schon beim schriftlichen Entwurf an. Durch das mehrmalige Überprüfen der Texte beim Setzen, beim Lesen der Korrekturfahne und beim Ablegen des Drucksatzes (Einordnen in die Setzkästen) wird die Rechtschreibung der Schüler gefördert.

(. . .)

So ist es nur allzu verständlich, daß gerade lernschwache Sonderschüler und Legastheniker* beim Drucken in der Schule besondere Erfolge zu verbuchen haben. Hinzu kommt, daß hinter der ganzen Arbeit ein durchaus nützlicher Zweck und ein festes Ziel steht: den gesetzten Text zu drucken und als Eigenleistung schwarz (oder auch farbig) auf weiß(em Papier) zu sehen. Daraus ergibt sich für die Kinder ein besonders starkes Erfolgserlebnis, das zu einem wirklichen Ansporn, einer spürbaren Entkrampfung und zu einem „aufgeschlossenen" weiteren Bemühen führt.

Die Schuldruckerei erzieht aber auch zu manueller Geschicklichkeit, Handfertigkeit und Sauberkeit. (. . .) Das Prinzip der Arbeitslehre erfährt hier – eingebettet in pädagogisch wertvolles Tun – eine Verwirklichung.

Durch die Schuldruckerei wird letztlich die Schule in vielerlei Hinsicht ein soziales Übungsfeld. Sie macht den Unterricht lebensbezogen, spricht den Gemeinschaftssinn an und gibt die Möglichkeit, soziales Verhalten zu üben.

(aus: Peter Treitz, Drucken macht Spaß. In: betrifft: erziehung, 1979, Heft 12, S. 41)

Auch wenn das Bild der ‚neuen Grundschule' in der Hauptsache durch die dargestellten unterrichtlich-didaktischen Maßnahmen geprägt ist, sind die Bemühungen um Verbesserung auch organisatorisch umgesetzt worden.

3.7 Organisation und Aufbau der Grundschule

Mit der Auflösung der alten Volksschule, der Einrichtung der Hauptschule für die Klassen 5–9 bzw. 10, hat sich die Grundschule mit den Klassen 1–4 als eigenständige Schulart entwickelt. In ihrer heutigen Organisationsform sind in den meisten Bundesländern die ersten vier Klassen zu zwei größeren Einheiten zusammengefaßt: 1. und 2. Schuljahr sowie 3. und 4. Schuljahr.

In den Klassen 1 und 2 wird nicht benotet (keine Ziffernote von 1–6), es findet auch keine Versetzung von der ersten in die zweite Klasse statt, sondern es werden Wortgutachten über die Lernleistung, die Arbeitshaltung und das soziale Verhalten erstellt. Die Gutachten sollen die Eltern über die Leistungsmöglichkeiten des Kindes in diesen Bereichen informieren.

Fächer der Grundschule

Unterrichtsinhalte sind Sprache, Mathematik, Kunst, Sport sowie Sachkunde und Religion. Die Sachkunde hat die frühere Heimatkunde abgelöst und ist in zwei große Lernbereiche gegliedert: den naturwissenschaftlich-technisch-geographischen und den sozialen-ökonomisch-politischen.

Der Unterricht in Sachkunde geht von einem ganzheitlichen Konzept aus. Die behandelten Themen (z. B. Straßen der Stadt, Müllbeseitigung, Einkaufen, das Wetter) werden nicht in fachwissenschaftlich spezialisierte Teilaspekte zerstückelt und nacheinander abgehandelt. Statt dessen bemüht sich der Lehrer, die ursprüngliche, ungegliederte Zugangsweise des Kindes zum Thema im Unterricht aufzunehmen, organisch dem Schülerinteresse anzupassen, einzelne wichtige Sachaspekte besonders herauszustellen und zu vertiefen.

Der Unterricht enthält ein hohes Maß an spielerischen Elementen, um das Kind nicht allzu abrupt Formen harter Arbeit auszusetzen.

Der Unterricht in den Klassen 1 und 2 soll, insgesamt gesehen, unmittelbar an die kindliche Lebenswelt anknüpfen und Möglichkeiten kindlicher Auseinandersetzung mit der Welt berücksichtigen.

Die Klassen 3 und 4 versuchen zunehmend, das Kind zu systematischem Arbeiten hinzuführen und den Unterricht verstärkt unter Berücksichtigung jener Anforderungen zu gestalten, denen sich der Schüler in den weiterführenden allgemeinbildenden Schulen wird stellen müssen.

Vor Einführung der Förderstufe im Jahr 1964 und der Orientierungsstufe im Jahr 1974 litt der Unterricht in diesen Klassen besonders stark unter der Forderung nach Auslese. Grundschulunterricht und Grundschulzeugnisse waren beeinflußt von der Aufgabe, nach dem 4. Schuljahr über die Zugangsmöglichkeiten zu Realschule und Gymnasium zu entscheiden, oft zusammen mit einer dort abzulegenden Aufnahmeprüfung. Damit geriet der Unterricht unter Inhalts- und Zensurendruck, der ein kindorientiertes Arbeiten behinderte. Diese Belastung von der Grundschule zu nehmen, die Entscheidung für den Besuch einer der weiterführenden Schulen später anzusetzen und auf eine breitere Beurteilungsgrundlage zu stellen – das ist Sinn der Förder- bzw. Orientierungsstufe. (Einzelheiten dazu finden Sie in Kapitel 4.1.)

Der Unterricht in den Klassen 3 und 4 kann seit dieser Änderung grundschuleigene Überlegungen zumindest stärker berücksichtigen. Vor allem ist es leichter möglich, an unmittelbare Erfahrungen und Kenntnisse aus der Lebenswelt der Schüler anzuknüpfen. Dabei wird allerdings zunehmend eine fachlich fundierte Behandlung des Themas beachtet.

4. Übergänge und Formen im allgemeinbildenden Schulwesen

4.1 Die Orientierungsstufe (Helmut Peifer)

Schwierige Übergangsentscheidung

Gegen Ende der Grundschule müssen die Eltern der Viertkläßler eine schwierige Entscheidung treffen: Sollen sie ihr Kind für fünf Jahre zur Hauptschule, für sechs Jahre zur Realschule oder gar für neun Jahre zum Gymnasium schicken? Mit einer solchen Entscheidung ist für das meist erst zehnjährige Kind oft eine Weichenstellung für das ganze spätere Leben verbunden. Wechselt das Kind zur *Hauptschule*, so wird es im Alter von 15 oder 16 Jahren mit einiger Wahrscheinlichkeit eine Berufsausbildung beginnen und in die Lehre gehen. Ein späterer Wechsel zur Realschule oder zum Gymnasium ist zwar noch möglich, aber mit einigen Mühen verbunden. – Geht das Kind zum *Gymnasium*, so hoffen die Eltern, daß es voraussichtlich im Alter von 19 Jahren das Abitur machen und danach eine Hochschule besuchen wird, bis es dann endgültig im Alter von vielleicht 25 Jahren sein Berufsleben beginnen kann. – Geht das Kind zur *Realschule*, so ist – im Vergleich zur Hauptschule – die Wahrscheinlichkeit hoch, daß es mit 16 Jahren keinen handwerklichen, sondern eher einen Büroberuf in Wirtschaft oder Verwaltung ergreifen wird. Auch ein Wechsel zum Gymnasium ist dann eher möglich.

Eignung des Kindes

In der Regel ist den Eltern durchaus bewußt, daß mit der Entscheidung für eine der drei weiterführenden Schulen unterschiedliche Berufs- und Lebenschancen verknüpft sind. Sie wollen ja ‚das Beste' für ihr Kind. Was jedoch ‚das Beste' ist, hängt nicht nur vom Willen der Eltern, sondern insbesondere auch von der *Eignung des Kindes* ab. Die jedoch ist im Alter von 10 Jahren nicht immer klar erkennbar. In einigen Fällen können sich die Eltern und Lehrer einigermaßen sicher sein. Wenn das Kind bisher beständig herausragende Schulleistungen zeigte, werden die Eltern kaum zögern, es zum Gymnasium oder wenigstens zur Realschule zu schicken. Waren die Leistungen dagegen in einigen wichtigen Fächern dauerhaft schlecht, werden sie sich wahrscheinlich für die Hauptschule entscheiden. In vielen anderen Fällen ist es jedoch außerordentlich schwierig, eine Entscheidung zu treffen – vor allem dann, wenn sich die bisherigen Schulleistungen eher in einem Mittelbereich bewegten, wenn sie in den verschiedenen Fächern sehr unterschiedlich waren oder wenn sich im zeitlichen Ablauf bisher starke Schwankungen zeigten.

Schwierige Vorhersage des Schulerfolgs

In solchen Zweifelsfällen ist manchmal auch der Grundschullehrer, der die Schulentwicklung des Kindes über vier Jahre hinweg verfolgen konnte, ratlos. Auch er kann nicht mit Sicherheit vorhersagen, wie sich das Kind weiterentwickeln wird. Insbesondere kann er kaum beurteilen, inwieweit das Kind neuen Anforderungen, die bisher an der Grundschule gar nicht gestellt worden sind (z. B. in fremdsprachlichen Fächern), gewachsen sein wird. Auch Intelligenz- und Schulleistungstests, die der Schulpsychologe oder der Erziehungsberater anwenden, können bestehende Unsicherheiten nicht ganz ausräumen. Dafür ist die Genauigkeit der Vorhersage nicht ausreichend.

Mögliche Fehlentscheidungen

Weil sich die Schuleignung in solchen Fällen nur schwer beurteilen läßt, sind *Fehlentscheidungen* nicht zu vermeiden. Zum einen kann es vorkommen, daß einem an sich befähigten Kind, dessen Begabung bisher noch nicht deutlich genug in Erscheinung trat, die Schullaufbahn des Gymnasiums oder der Realschule verwehrt bleibt. Eine solche Fehlentscheidung ist vor allem dann zu erwarten, wenn das Kind aus eher unteren Sozialschichten stammt, z. B. dann, wenn aufgrund der Herkunft Mängel im sprachlichen Ausdrucksvermögen bestehen (vgl. Kap. 1.3 zu schichtspezifischem Erziehungsverhalten).

Umgekehrt kann jedoch auch die Begabung des zehnjährigen Kindes – speziell wegen seiner sprachlichen Möglichkeiten – überschätzt werden, was im allgemeinen eher bei Kindern aus mittleren oder oberen Sozialschichten vorkommt. Das Kind wechselt dann zwar zum Gymnasium oder zur Realschule über, kommt jedoch nicht mit den dort gestellten Anforderungen zurecht. Eine solche Entwicklung kann mit schwerwiegenden emotionalen Problemen verbunden sein. Ein solcher Schüler kann sich z. B. infolge der Häufung von Mißerfolgserlebnissen allmählich selbst als ‚Versager' einschätzen und das Vertrauen in die eigenen Fähigkeiten verlieren (vgl. Kap. 5.2.1 zum ‚Entmutigungskreis').

Es ist daher außerordentlich problematisch, wenn bereits bei Zehnjährigen die folgenreiche und später nur noch unter Schwierigkeiten korrigierbare Entscheidung über die Zuweisung zu einer der drei Schularten getroffen werden muß. Auf diesem Hintergrund kamen im Jahre 1974 die Kultusminister der einzelnen Bundesländer überein, das 5. und 6. Schuljahr zu einer zweijährigen Schulstufe zusammenzufassen, der sie den Namen *Orientierungsstufe* gaben.

In Hessen und Niedersachsen wurden bereits vor dieser Zeit Versuche mit einer zweijährigen Übergangsstufe unternommen. In Hessen trägt sie den Namen ‚Förderstufe'. In West-Berlin erübrigte sich die Einführung einer Orientierungsstufe, da dort eine sechsjährige Grundschule besteht.

Der Sinn dieser Übergangsstufe sollte vor allem darin bestehen, die allzu frühe Entscheidung über die weitere Bildungslaufbahn des Schülers um zwei Jahre aufzuschieben. Die einzelnen Zielsetzungen der Orientierungsstufe können den folgenden drei miteinander zusammenhängenden Bereichen zugeordnet werden:

Ziele der Orientierungsstufe

a) *Förderung:* Es soll versucht werden, das Kind in der Entfaltung seiner Fähigkeiten optimal zu fördern und individuelle Lernschwächen, die durch die soziale und regionale Herkunft der Schüler bedingt sind, soweit wie möglich zu beheben.
b) *Orientierung:* Die Schüler und Eltern sollen über die Ziele und Anforderungen der weiterführenden Schulen informiert werden. Die Schüler sollen Gelegenheit erhalten, ihre Fähigkeiten an unterschiedlich hohen Anforderungen zu erproben. Dadurch sollen sie zugleich über ihre Eignung für eine der drei weiterführenden Schulen orientiert werden.
c) *Schullaufbahnlenkung:* Die Lehrer sollen die Lernfortschritte der einzelnen Schüler eingehend beobachten, die Eltern über die schulische Entwicklung ihrer Kinder informieren und ihnen Entscheidungshilfen für die endgültige Wahl der weiterführenden Schule geben. Die Eltern sollen dadurch in die Lage versetzt werden, sich für jene Schullaufbahn zu entscheiden, die am ehesten der Befähigung bzw. Eignung ihres Kindes entspricht.

Zwei Grundformen der Orientierungsstufe

Ursprünglich hatten die Bundesländer die Absicht, die Orientierungsstufe bis zum Jahre 1976 für alle Schüler der entsprechenden Altersjahrgänge einzurichten. Dies ist allerdings bis heute noch nicht in allen Bundesländern in gleicher Weise geschehen. Über die organisatorische Form der Orientierungsstufe konnten sich die Bildungspolitiker nicht einigen, als es 1973 zu einer Abstimmung kam. Zwei Grundformen standen zur Debatte: Die sogenannte *schulformunabhängige* und die *schulformabhängige* Orientierungsstufe. Bei der *schulformunabhängigen* Orientierungsstufe wird im 5. und 6. Schuljahr die Trennung in drei Schulformen aufgehoben. Alle Fünft- und Sechstkläßler werden an der gleichen Schule unterrichtet. Bei der *schulformabhängigen* Orientierungsstufe bleibt dagegen auch im 5. und 6. Schuljahr die Trennung in die drei Schulformen bestehen. Nach wie vor muß nach Ende der Grundschule eine Entscheidung über die Zuweisung zu einer der drei Schulformen getroffen werden. Aufgrund bestimmter organisatorischer Vorkehrungen, die im folgenden noch näher dargestellt werden, ist eine solche Entscheidung am Ende des sechsten Schuljahrs jedoch leichter korrigierbar als vor der Einführung der Orientierungsstufe.

Unterschiede zwischen den Bundesländern

Die sechs damals von der SPD regierten Bundesländer stimmten für die Einführung einer schulformunabhängigen Orientierungsstufe. Die damals von der CDU bzw. CSU geführten fünf Bundesländer sprachen sich dafür aus, daß die Orientierungsstufe sowohl in der einen als auch in der anderen Form organisiert werden könne. In der Folge bevorzugten die meisten CDU-Länder die schulformabhängige Orientierungsstufe, richteten jedoch auch Versuche mit der schulformunabhängigen Organisationsform ein.

Die beiden Grundformen sollen nun am Beispiel der Länder Niedersachsen und Rheinland-Pfalz etwas näher beschrieben werden.

Leistungsdifferenzierung bei der schulformunabhängigen Orientierungsstufe

In Niedersachsen wurde die *schulformunabhängige* Orientierungsstufe eingerichtet. Lehrer aller drei Schularten erteilen dabei den Unterricht. Im 5. Schuljahr werden zunächst alle Schüler unabhängig von ihrem Leistungsstand in allen Fächern gemeinsam unterrichtet. Danach findet in den Fächern Englisch und Mathematik eine erste Differenzierung statt: In der Mitte des 2. Halbjahrs der Klasse 5 werden in diesen beiden Fächern die Schüler je nach ihrer Leistungsfähigkeit auf zwei verschiedene Kurse mit unterschiedlich hohen Anforderungen aufgeteilt. Nach dieser ‚Grobdifferenzierung' in zwei Leistungskurse findet dann mit Beginn des 6. Schuljahrs eine ‚Feindifferenzierung' in drei oder vier Leistungskurse statt. Am Ende des 1. Halbjahrs der Klasse 6 kann, je nach der Entwicklung des Schülers, nochmals eine Umstufung in einen höheren oder niedrigeren Leistungskurs stattfinden.

Bei einer derartigen Leistungsdifferenzierung wird der Klassenverband in den betreffenden Schulfächern aufgelöst. Aus mehreren Parallelklassen faßt man Schüler etwa gleicher Leistungsfähigkeit zu den verschiedenen Leistungskursen zusammen. (Von daher setzt eine Leistungsdifferenzierung immer das Bestehen mehrerer Parallelklassen voraus. Andernfalls könnten die verschiedenen Leistungskurse ja nicht ‚aufgefüllt' werden. In Niedersachsen soll die Orientierungsstufe aus diesem Grund mindestens sechszügig geführt werden.) Außerhalb der Fächer Englisch und Mathematik bleibt der Klassenverband im sogenannten ‚Kernunterricht' erhalten, in dem es keine Leistungsdifferenzierung gibt.

Vorteile der schulformunabhängigen Orientierungsstufe

Der Hauptvorteil einer solchen schulformunabhängigen Orientierungsstufe besteht darin, daß die folgenreiche Entscheidung über die Zuweisung zu einer der drei weiterführenden Schulen bis zu zwei Jahre aufgeschoben werden kann. Ein solcher Aufschub erfolgt allerdings meist nicht über den vollen Zeitraum der Orientierungsstufe, da bereits bei der Einstufung in die Leistungskurse eine wichtige Vorentscheidung getroffen wird. In diesem Zeitabschnitt lassen sich

Lernschwächen bei entsprechender Förderung eventuell noch ausgleichen, so daß aufgrund des verbesserten Leistungsstands vielleicht doch noch der Übergang zur Realschule oder zum Gymnasium möglich ist. In den beiden Leistungskursfächern Englisch und Mathematik können die Lehrer beobachten, inwieweit der Schüler unterschiedlich hohen Anforderungen gewachsen ist. Insgesamt kann die Eignung für eine der drei weiterführenden Schulen im Alter von 12 Jahren mit größerer Sicherheit bestimmt werden als im Alter von 10 Jahren.

Andererseits weisen Kritiker der schulformunabhängigen Orientierungsstufe auf eine Reihe von Problemen hin, die ihrer Meinung nach insbesondere mit dem System der Leistungsdifferenzierung verknüpft sind. Vor allem folgende Einwände tauchen immer wieder auf:

Kritik an der schulformunabhängigen Orientierungsstufe

- Der Wechsel zwischen dem Klassenverband im Kernunterricht und den Leistungskursen in den Fächern Englisch und Mathematik überfordert möglicherweise den Schüler, der sich ja auf jeweils neue Mitschüler und (bei Umstufung) auch auf neue Lehrer einstellen muß. Der ständige Wechsel bringt leicht Unruhe in den laufenden Schulbetrieb.
- Entgegen der Zielsetzung der Orientierungsstufe kann vor allem der lernschwache Schüler unter erheblichen Leistungsdruck geraten. Diese Gefahr besteht insbesondere dann, wenn die Eltern unter allen Umständen eine Schullaufbahnempfehlung für die Realschule oder das Gymnasium erreichen wollen und alles daran setzen, eine Einstufung in den jeweils anspruchsvollsten Leistungskurs zu sichern.
- Die Organisation von Kursunterricht ist in der Regel kompliziert, erfordert hohen Planungsaufwand und ist auch störanfällig, z. B. dann, wenn ein Fachlehrer wegen Erkrankung ausfällt.
- Die Überprüfung des Lernerfolgs erhält oft ein zu großes Gewicht, und zwar wegen der Notwendigkeit, die erforderlichen Umstufungen auf möglichst objektiver Grundlage vorzunehmen. Außerdem muß die Überprüfung des Lernerfolgs in den verschiedenen Parallelklassen vergleichbar sein. Die Folge: Die Anforderungen in den Parallelklassen werden gleichgehalten, der Unterricht wird in den Parallelklassen einheitlich organisiert. Die Lehrer orientieren sich manchmal eher an der Vergleichbarkeit als an der individuellen Förderung des einzelnen Schülers.
- Wegen der Notwendigkeit, eine größere Anzahl Parallelklassen verfügbar zu haben, besteht die Tendenz zur Bildung von Mammutsystemen. Hier fühlen sich dann weder die Schüler noch die

Lehrer wohl. Wegen des entsprechend großen Einzugsbereichs müssen die Schüler dann oft weite Schulwege mit zusätzlichen Belastungen auf sich nehmen.

- Weil nur in den Fächern Englisch und Mathematik differenziert wird, erhalten diese beiden Fächer in der Wahrnehmung der Lehrer und Schüler leicht ein Übergewicht, das ihnen von der Sache her nicht zukommt.
- Im Kernunterricht hat es der Lehrer mit Schülern sehr unterschiedlicher Leistungsfähigkeit zu tun. Dadurch besteht die Gefahr, leistungsschwache Schüler zu *über*fordern, leistungsstarke dagegen zu *unter*fordern.

Gegen diese Einwände läßt sich allerdings vermerken: Die verschiedenen Probleme treten keineswegs immer und überall auf. Es ist auch nicht anzunehmen, daß solche Schwierigkeiten gewissermaßen automatisch mit der Einrichtung der schulformunabhängigen Orientierungsstufe verbunden sind. Eher ist zu vermuten, daß die bestehende Organisationsform in einigen Punkten, z. B. in der Art der Differenzierung, noch verbesserungsbedürftig ist. Auf Fragen, die damit zusammenhängen, kann die vorliegende Darstellung jedoch nicht weiter eingehen.

Schulformabhängige Orientierungsstufe

In Rheinland-Pfalz wurde im Gegensatz zu Niedersachsen in der weitaus überwiegenden Mehrzahl der Fälle die *schulformabhängige* Variante der Orientierungsstufe eingerichtet. Sie besteht dort als Eingangsstufe an den beiden ersten Klassen der Hauptschule, der Realschule und des Gymnasiums. Die Schüler wechseln also nach dem Ende der Grundschule zu einer dieser drei Schulformen über. Organisatorische Änderungen gegenüber dem Zustand vor Einführung der Orientierungsstufe beziehen sich im wesentlichen auf zwei Punkte:

- Die Schüler können zwischen dem 5. und 6. Schuljahr nicht sitzenbleiben. Damit entfällt der Leistungsdruck, der von der drohenden Nichtversetzung ausgeht. Die Schüler können sich ohne Angst vor einer Rückstufung auf die Anforderungen der Schule einlassen.
- Die Lehrpläne zwischen den drei Schularten sind inhaltlich und in ihren Anforderungen aufeinander abgestimmt. Dadurch kann z. B. ein leistungsstarker Hauptschüler auch nach dem 6. Schuljahr ohne größere Schwierigkeiten zur Realschule oder zum Gymnasium überwechseln.

Im Vergleich zur schulformunabhängigen Orientierungsstufe weist diese Form also jene Probleme nicht auf, die mit der Organisation von Leistungskursen zu tun haben. Dafür hat sie jedoch einen anderen schwerwiegenden Mangel: Nach wie vor muß die Entscheidung für eine der drei weiterführenden Schulformen bereits im Alter von 10 Jahren getroffen werden. Eine Reihe von Kritikern ist daher der Auffassung, diese Organisationsform verdiene den Namen ‚Orientierungsstufe' gar nicht, da sich ja gegenüber dem früheren Zustand kaum etwas geändert habe. Bei einer derartigen Kritik wird allerdings leicht übersehen, daß aufgrund der Abstimmung der Lehrpläne eine nach der Grundschule getroffene Übergangsentscheidung zwei Jahre später immerhin leichter korrigierbar ist als vor Einführung der Orientierungsstufe. Auch ein psychologisches Moment spielt eine gewisse Rolle: Wenn eine Korrektur der Schullaufbahn ausdrücklich vorgesehen ist, wird sie von Schülern, Lehrern und Eltern auch eher als ‚normaler' Vorgang wahrgenommen. Wird z. B. am Ende der Orientierungsstufe die ‚Rückstufung' vom Gymnasium zur Realschule oder von der Realschule zur Hauptschule empfohlen, so dürfte der Schüler wie auch seine Eltern dies wahrscheinlich eher als sinnvolle Maßnahme statt als persönliches Versagen erleben. Umgekehrt ziehen Lehrer und Eltern die ‚Höherstufung' eines befähigten Hauptschülers wohl auch eher in Betracht.

Kritik an der schulformabhängigen Orientierungsstufe

Dabei ist allerdings zu bedenken, daß sich die Hauptschule vielerorts zu einer Art ‚Restschule' leistungsschwacher Schüler entwickelt hat. Der Lehrer muß sich dann auf das vergleichsweise niedrige Leistungsniveau der überwiegenden Mehrheit der Klasse einstellen. Dies hat oft zur Folge, daß die fähigsten Schüler nicht mehr genügend gefördert werden können. Ihnen fehlt ja auch die Anregung durch die leistungsstarken Schüler, die am Ende der Grundschule bereits zum Gymnasium oder zur Realschule übergewechselt sind.

Insgesamt weisen also beide Formen der Orientierungsstufe Vorteile, aber auch erhebliche Mängel auf. Von daher ist es nicht verwunderlich, daß – je nach Gewichtung der unterschiedlichen Probleme – sowohl die schulformunabhängige als auch die schulformabhängige Orientierungsstufe Gegner und Befürworter hat. Bei aller Kritik im einzelnen wird man jedoch anerkennen müssen, daß in beiden Formen die Problematik des Übergangs von der Grundschule zur Sekundarstufe zwar nicht aufgehoben, aber doch wenigstens entschärft wurde.

Unterschiedliche Beurteilung der Orientierungsstufe

Im folgenden werden einige Fragen zur Orientierungsstufe zusammengestellt. Die Beantwortung dieser Fragen kann Eltern, deren Kind vor dem Übergang von der Grundschule zur Sekundarstufe steht, eine Orientierungshilfe geben.

Fragen zur Orientierungsstufe

- Hat die in Frage kommende Schule eine schulformabhängige oder eine schulformunabhängige Orientierungsstufe?
- Wie sieht dort die Stundenverteilung aus?
- Welche Belastung kommt auf Ihr Kind durch den Schulweg zu?
- Welche anderen Belastungen (z. B. durch die Anforderungen der Schule) sind zu erwarten?
- Welche Beratungsmöglichkeiten bietet die Schule an? (z. B. Elternsprechtage, Elternabende, Elternsprechstunden).
- Ist es für Sie im Zweifelsfalle möglich, sich nicht an die Schullaufbahnempfehlung der Schule zu halten? Welches Verfahren ist dann zu beachten?

Falls es sich um eine *schulformunabhängige* Orientierungsstufe handelt:

- Umfaßt die Orientierungsstufe alle drei Schularten oder – wie z. B. teilweise in Rheinland-Pfalz – nur die Realschule und das Gymnasium?
- Ist die Orientierungsstufe verwaltungsmäßig eine selbständige Einheit, oder ist sie einer bestimmten Schulart zugeordnet, z. B. einer Hauptschule?
- Wie sieht das Differenzierungsmodell aus?
  - a) In welchen Fächern bestehen Leistungskurse mit unterschiedlich hohen Anforderungen?
  - b) Auf wieviel Niveaustufen (zwei, drei oder vier) werden Leistungskurse geführt?
  - c) Wann setzt die Differenzierung in den Kursfächern ein? (zeitliche Abfolge)
- Nach welchen Kriterien wird eine Einstufung vorgenommen?
- Wie oft sind Umstufungen möglich?
- In welchem Umfang wird der Unterricht von Hauptschul-, Realschul- und Gymnasiallehrern erteilt?
- Wieviel Parallelklassen gibt es pro Jahrgang?

Falls eine *schulformabhängige* Orientierungsstufe besteht:

- Welche Probleme könnten möglicherweise entstehen, wenn Sie Ihr Kind zunächst zur Hauptschule schicken, aber einen späteren Wechsel zur Realschule oder zum Gymnasium ins Auge fassen?

Der folgende Auszug enthält Empfehlungen des Deutschen Bildungsrates zur Ausgestaltung der Orientierungsstufe aus dem Jahre 1970.

Text 4/1

Empfehlungen des Deutschen Bildungsrates zur Orientierungsstufe

„Orientierung" heißt zunächst das Erkennen der eigenen Lernmöglichkeiten und Interessengebiete zur Vorbereitung auf die spätere Wahl eines geeigneten Ausbildungsschwerpunktes. Ferner ist die Orientierung auf die neuen Anforderungen des Sekundarbereichs gerichtet, die dem Schüler erst einsichtig gemacht werden müssen. Zu diesem Zweck sind in der Orientierungsstufe eine Reihe von Bedingungen zu erfüllen: Innerhalb des gemeinsamen Unterrichts sollten vermehrt individuelle Aufgaben gestellt sowie Gruppenbildungen zur gemeinsamen Aufgabenerledigung gefördert werden. Das Curriculum (lat. Lehrplan, H. P.) muß so organisiert sein, daß es für den Schüler eine bestimmte Anzahl von Wahlmöglichkeiten bietet, wobei sich diese Wahlmöglichkeiten auch in ihrem Schwierigkeitsgrad unterscheiden sollten, so daß er seine Fähigkeiten an ihnen erproben kann.

(...) Darüber hinaus ist es notwendig, daß während der gesamten Dauer der Orientierungsstufe eine von äußerem Druck weitgehend freie Lernatmosphäre herrscht, weil die Vermehrung der Erprobungssituationen, die von den Schülern bewußt erlebt und mitgetragen werden, von sich aus schon genug Belastungen erzeugt. (...) Beurteilungen der Schülerleistungen müssen in dieser Zeit mehr denn je Begründungen aufweisen, die darüber Auskunft geben, woran es liegt, daß der Schüler schlecht abgeschnitten hat, und wie er es besser machen könnte; denn der Schüler kann nur zu einem Urteil über sich selbst gelangen, wenn das Lehrerurteil für ihn einsichtig ist. (...)

Die Orientierung auf dieser Stufe soll schließlich auch der Unterrichtung der Eltern dienen. Untersuchungen in der Bundesrepublik haben immer wieder gezeigt, wie wichtig es ist, die Eltern über die Bildungsmöglichkeiten ihrer Kinder aufzuklären. Sie müssen dazu angeregt werden, diese auch zu nutzen. Die Eltern sind in häufigen Besprechungen unmittelbar am Entscheidungsprozeß über den weiteren Ausbildungsgang zu beteiligen.

(aus: Deutscher Bildungsrat. Empfehlungen der Bildungskommission, Strukturplan für das Bildungswesen. Klett Verlag, Stuttgart 1970, S. 142–144)

4.2 Die Hauptschule

Gutachten und Stellungnahmen des Deutschen Ausschusses für das Erziehungs- und Bildungswesen lösten Ende der 50er Jahre die Diskussion um die Hauptschule aus. Das gilt besonders für den ‚Rahmenplan zur Umgestaltung und Vereinheitlichung des allgemeinbildenden öffentlichen Schulwesens' (1959) und die ‚Empfehlungen zum Aufbau der Hauptschule' (1964). Der Deutsche Ausschuß argumentierte:

Kritik an den Leistungen der Volksschule

- Bei der gegenwärtigen Organisation der Volksschule werden die Schüler im Alter von 14 Jahren entlassen (nach dem 8. Schuljahr). Sie sind dann von ihrer Reife und ihrem Bildungsstand her bei weitem noch nicht den Anforderungen des Arbeitslebens im Hinblick auf Verantwortung, Ausdauer, Konzentration und Belastbarkeit gewachsen. Sie werden noch als ‚halbe Kinder‘ aus der Schule entlassen. Daher die Empfehlung zum Ausbau eines 9. und später 10. Schuljahres.
- Die Volksschuloberstufe hat mit ihrem Unterricht keine befriedigende Antwort auf die neue Situation im Beruf, in der Öffentlichkeit und im privaten Bereich gefunden. Im beruflichen Feld werden höhere Anforderungen an technisches Verständnis gestellt. Politische, ökonomische und soziale Abläufe werden immer verwickelter und undurchschaubarer. Im Privatleben sieht sich der einzelne einem massiven Freizeit- und Kulturangebot gegenüber, für das er Maßstäbe zur Auswahl und Nutzung benötigt.

Es sei Aufgabe der (neuen) Hauptschule, diesen gewandelten und vielfältigen Bedingungen durch Unterricht Rechnung zu tragen und für jene Schüler ein gut entwickeltes Bildungsangebot bereitzuhalten, die frühzeitig in das Arbeitsleben eintreten wollen.

Von dieser Hauptschule versprach man sich eine Veränderung der Bildungsvorstellung, die vom Konzept der Volkstümlichkeit abrükken und sich mehr an theoretisch begründeter Bildung orientieren sollte. Die Einführung einer Fremdsprache (Englisch) in den Lehrplan, der Fachunterricht und die Hervorhebung des naturwissenschaftlichen Wissens (Physik und Chemie) sollten die Anziehungskraft des Hauptschulabschlusses steigern. Volksschülern wäre auf diese Weise der Zugang zu Berufen eröffnet, die ihnen bisher verschlossen geblieben waren.

Hier war eine Tendenz zur Höherbewertung des Hauptschulabschlusses, zur Angleichung an den Realschulabschluß spürbar. Diese Tendenz setzte sich fort

— im Bemühen um die Einführung eines 10. Schuljahres,
— in der Vorstellung eines einheitlichen, wissenschaftsorientierten Bildungsziels für den Bereich der Sekundarstufe I und
— im Bestreben, die Entscheidung für eine Schullaufbahn offen und korrigierbar zu halten, also auch Übergänge von der Hauptschule in die höheren Schulformen zu ermöglichen.

Mit dem Hamburger Abkommen von 1964 ist aus Kritik und Plänen bildungspolitische Wirklichkeit geworden: Die Hauptschule (das sind die Klassen 5–9 der alten Volksschule) zählt zusammen mit Realschule und Gymnasium zu den weiterführenden allgemeinbildenden Schulen. Um diesem Anspruch genügen zu können, sollte die Hauptschule den anderen Schulformen angeglichen werden, ohne jedoch ihr Eigenprofil zu verlieren. Der Strukturplan von 1970 hat diese Angleichung der drei Schulformen noch einen Schritt weiter vorangetrieben. Demnach bilden Hauptschule, Realschule und Gymnasium gemeinsam den Sekundarbereich I, innerhalb dessen die Übergänge zwischen den Schulformen offen zu halten und zu erleichtern sind.

4.2.1 Organisation der Hauptschule

Die Hauptschule umfaßt die Klassen 5–9, bei schulformunabhängiger Orientierungsstufe die Klassen 7–9 oder 10, je nach der Stellung des 10. Schuljahres als Pflicht- oder freiwilliges Schuljahr.

Fächer der Hauptschule

Neben den üblichen Fächern wie Deutsch, Religion, Englisch, Geschichte, Sozialkunde, Erdkunde, Mathematik, Physik, Chemie, Biologie, Sport, Bildende Kunst, Musik besteht in der Hauptschule ein besonderer Lernschwerpunkt in der Arbeitslehre. Damit sind Betriebspraktika und Erkundungen verbunden. Die Arbeitslehre wird wöchentlich mit zwei bis drei, manchmal auch mit vier Stunden (in Rheinland-Pfalz) unterrichtet.

In den Fächern Englisch und Mathematik wird der Unterricht *leistungsdifferenziert*. Daneben gibt es auch Kurse speziell zur Förderung lernschwacher Schüler.

Hauptschulabschlüsse

Nach erfolgreicher Beendigung der Klasse 9 wird der Hauptschul*abschluß* erteilt. Er ermöglicht den Besuch von Berufsschule, Berufsaufbauschule und Berufsfachschule. Schüler, die den Anforderungen nicht genügen, erhalten das Hauptschul*abgangs*zeugnis und haben damit einen denkbar schlechten Berufsstart. In manchen Bundesländern besteht allerdings die Möglichkeit, durch eine Verlängerung des Schulbesuchs doch noch das Abschlußzeugnis zu erlangen. Der erfolgreiche Abschluß des 10. Schuljahres gilt als ‚Erweiterter Hauptschulabschluß' (Hessen) oder als ‚Qualifizierter Sekundarabschluß I' (Rheinland-Pfalz). Er berechtigt – je nach Länderregelung – zum Besuch des beruflichen Gymnasiums, der Fachschule oder der Fachoberschule.

Für Schüler und Eltern ist es wichtig, sich am Ort über die speziellen Voraussetzungen für diesen Ausbildungsgang zu erkundigen. So kann beispielsweise eine parallel laufende oder auch abgeschlossene

Berufsausbildung gefordert sein. – Aus Platzgründen und wegen der ständigen Änderungen ist es hier nicht sinnvoll, einen Überblick über die Fülle der Regelungen zu geben. Übersichtliche und vor allem aktuelle Informationen erhalten Sie bei der Berufsberatung oder der Pressestelle Ihres Kultusministeriums.

Bei überdurchschnittlichen Leistungen wird eine Empfehlung für den Übergang in die Klasse 11 des Gymnasiums ausgesprochen.

4.2.2 Unterricht: Lehrplan und Didaktik*

Der Unterricht der Hauptschule weist schulformspezifische Besonderheiten in folgenden Punkten auf:

a) Betonung praktisch-tätiger Arbeitsmethoden; Berücksichtigung des Bezugs zur Lebenswelt des Schülers. In engem Zusammenhang damit steht die
b) Betonung des Projektunterrichts und die
c) Einführung des Faches Arbeitslehre.

a) Betonung praktisch-tätiger Arbeitsmethoden:

Reform der Hauptschule

Damit ist der dritte und vorläufig letzte Schritt bei Überlegungen zur Umgestaltung der Hauptschule genannt. Die Entwicklung dieses Gedankens hat nämlich einen Zick-Zack-Kurs hinter sich. Einige Seiten vorher wurde auf den Reformentwurf des Deutschen Ausschusses von 1964 verwiesen. Er wollte die volkstümliche, praktisch-ausgerichtete Bildung abgelöst sehen zugunsten einer mehr gedanklich-abstrakten Bildungsvorstellung. Der *Strukturplan* des Deutschen Bildungsrates (1970) und der *Bildungsgesamtplan* (1973) verstärkten diese Absicht und forderten die wissenschaftsorientierte Bildung für alle Schüler des Sekundarbereichs I. Es kam auch zu entsprechenden Lehrplanveränderungen.

Kritik an der Reform

In dieser Zeit begann sich jedoch in der Wirklichkeit der Hauptschule eine bis heute andauernde folgenschwere Erscheinung bemerkbar zu machen, die als *Demotivierung** und *Überforderung* bezeichnet wird. Kritiker der neuen Konzeption brachten dafür folgende Erklärung vor: Hauptschüler sind an abstraktem Lernen uninteressiert, fühlen sich von Wissenschaftsorientierung überfordert, werden nicht auf ihr eigentliches Ziel, die Berufsreife, vorbereitet. Dem Hauptschüler liege – so argumentierte man nun – in der Mehrzahl der Fälle eher an tätiger als an abstrakt-theoretischer Auseinandersetzung mit der Umwelt. Diese Ausrichtung werde auch verstärkt durch die eingeschränkten Sprachmöglichkeiten des Hauptschülers: Demnach verfügt er nicht über jene differenzierte, abstrakt-logische Ausdrucksweise, die an der Realschule und mehr noch am Gymnasium weithin das Kennzeichen der Unterrichtssprache und außerdem Voraussetzung für theoretische Arbeit ist.

Solchen sozialen Gegebenheiten – so lautet die Argumentation – muß Schule Rechnung tragen. Es war demzufolge eine Fehlentscheidung, das Prinzip der Wissenschaftsorientierung für alle Schulformen gleichermaßen anzusetzen, also auch für die Hauptschule. Vielmehr sei Wissenschaftsorientierung im Grunde ein Prinzip der höheren Bildung, für das in der Hauptschule die Sozialisations-* und Bildungsgrundlagen fehlten. Sie führe zu einer ‚Kopflastigkeit' des Unterrichts, der deshalb an den Hauptschülern vorbeigehe.

Diese Einwände mündeten in die Forderung, Unterricht in der Hauptschule müsse wieder den Anschluß an die Möglichkeiten des Hauptschülers gewinnen und von dessen Fähigkeiten zum tätigen Umgang mit Welt ausgehen. Schließlich richte sich die Haltung des Hauptschülers gegenüber der Welt auf das Unmittelbare, das Gegebene, das Lebensnahe, das ihm aus seinem Lebensumfeld vertraut sei, kurz: auf das *Konkrete* im Gegensatz zu einer *abstrakten* Beschreibung und Erklärung von Welt. Der Unterricht müsse diesen Voraussetzungen Rechnung tragen durch einen starken Anteil an

— tätig ausübenden Elementen und
— inhaltlich konkreten Bezügen zur Umwelt des Hauptschülers.

Wissenschaftsorientierung an der Hauptschule

Wie steht es nun angesichts dieser Argumente mit der Wissenschaftsorientierung des Hauptschulunterrichts? Ist sie kurzerhand mit dem Argument abzulehnen, es bestehe die Gefahr einer Verwissenschaftlichung?

Vielleicht erinnern Sie sich an die Informationen in Kapitel 3.4 zum wissenschaftsorientierten Unterricht: ‚Verwissenschaftlichung' und ‚Kopflastigkeit' sind nicht Merkmale, sondern *Fehlformen* von wissenschaftsorientiertem Unterricht. Wissenschaftsorientierter Unterricht sollte jedem Schüler, also auch dem an der Hauptschule, einen rationalen Zugang zur Welt ermöglichen, der auf solidem Wissen beruht. Dies ist eine wesentliche Voraussetzung für seine Urteilsfähigkeit, seine Chance, die Meinungen anderer selbständig zu überdenken. Es kann also nicht darum gehen, praktisch-tätige Formen des Unterrichts gegen Wissenschaftsorientierung auszuspielen, sondern beide sind gleichermaßen unverzichtbar. Ebenso selbstverständlich sollte die Einsicht sein, daß sich die Art und Weise wissenschaftsorientierten Unterrichts nach den Lernvoraussetzungen der jeweiligen Schülergruppe richtet. Die Umsetzung dieses Prinzips sieht in der 9. Klasse eines Gymnasiums methodisch anders aus als in der entsprechenden Hauptschulklasse. Beispielsweise kann man die sozialen Auswirkungen der industriellen Revolution zum einen an Hand von erzählten Lebensläufen oder einer anschaulichen Schilderung über Wohn-, Arbeits- und Gesundheitsverhältnisse verdeutlichen. Dasselbe Ziel ist aber auch durch die Analyse von Dokumenten der Frühsozialisten* zu erreichen. Beide Verfahrenswege führen zum gleichen, wissenschaftlich haltbaren Sachverhalt. Nur ist der Weg dahin im ersten Fall anschaulicher, die Ergebnisse bleiben konkreter. Dies allerdings ist kein Grund, Hauptschüler von dieser Art des Unterrichts prinzipiell auszuschließen.

Schließlich sollten alle Beteiligten erkennen, daß im Reformeifer weit über das Ziel hinausgeschossen wurde. Im Kapitel 3.4 finden Sie bereits Hinweise auf die Gefahren, die eine Überbetonung des Prinzips enthält. Insofern ist die Kritik an der ‚neuen' Hauptschule berechtigt. Daraus darf jedoch nicht die Forderung nach Rückkehr zu einem volkstümlichen, wissenschaftsfeindlichen Unterricht abgeleitet werden.

Positiv zu beurteilen ist die Erweiterung des Lehrangebots auf das praktische, wirklichkeitsnahe Feld, etwa im *Projektunterricht.*

b) Projektunterricht:

Eine der zahlreichen Klagen über die Hauptschule zielt auf das *Desinteresse* ihrer Schüler am Lernen und ihre mangelnde *Lernmotivation.* Als ein Ursachenkomplex gilt der fehlende Praxisbezug des Lernens und die Zerstückelung des Schultages durch die zahlreichen Unterrichtsfächer.

Ziele des Projektunterrichts

Die Einbeziehung von *Projekten* in den Hauptschulunterricht soll diesen negativen Erscheinungen beim Lernen entgegenwirken. Eine einheitliche Regelung dafür gibt es in den Ländern der Bundesrepublik nicht. Bei dieser Methode werden Unterrichtsthemen aufgearbeitet, die sich auf Gegenstände, Sachverhalte, Abläufe aus der unmittelbaren Lebenswelt des Hauptschülers beziehen (‚Praxisbezug des Lernens'). Sie sollen den ganzheitlichen Charakter von Lernen wahren und dabei die Fächergrenzen des Lehrplans überschreiten. (Näheres zu diesem Prinzip finden Sie im Kapitel 3.3.)

Hinweise zu einem Projekt mit dem Thema ‚Moped' können verdeutlichen, worum es in der Hauptschule bei dieser Methode geht:

Die Schüler bringen ihr eigenes Moped zum Unterricht mit. Sie basteln, reparieren, verbessern. Ziel soll sein, am konkreten Gegenstand physikalische und technische Einsichten zu gewinnen, und zwar nicht abstrakt etwa durch Tafelanschrift, sondern anschaulich durch Zerlegen und Montieren. Über den direkten, z. B. technischen und physikalischen Zugriff hinaus ermöglichen Projekte auch fachübergreifenden Unterricht. Beim Projekt ‚Moped' können etwa Fragen des Umweltschutzes und der Verkehrssicherheit, Rechtsfragen oder wirtschaftliche Gesichtspunkte behandelt werden.

Zwar ist das Prinzip des Projektunterrichts wie die anderen didaktischen* Prinzipien auch (z. B. Wissenschaftsorientierung oder Handlungsorientierung) nicht auf eine Schulform beschränkt und wegen ihrer grundsätzlichen Bedeutung für Unterricht schon in Kapitel 3 behandelt worden. Über das dort Gesagte hinaus ist an dieser Stelle aber auf einen besonderen Gesichtspunkt hinzuweisen: Da Projektunterricht häufig die Erstellung eines Produkts beinhaltet, lassen sich in der Hauptschule Verbindungen zur *Arbeitslehre* und damit zu praktisch-tätigen Unterrichtsformen herstellen. Der Projektunterricht kommt deshalb dem Eigenprofil dieser Schulform besonders entgegen.

c) Arbeitslehre:

Die Empfehlung des Deutschen Ausschusses zum ‚Aufbau der Hauptschule' (1964) hebt die Arbeitslehre als Fach hervor, das in dieser Schulform einen besonderen pädagogischen Akzent setzen könnte. Die Arbeitslehre soll den Zugang zur Berufswelt, zu ihren rationalisierten und technisierten Arbeitsverfahren eröffnen.

Ziele der Arbeitslehre

1969 forderte die Kultusministerkonferenz, die Arbeitslehre solle

— über die Wirtschafts- und Arbeitswelt orientieren,
— die Erziehung zum Arbeitsverhalten anstreben und
— Hilfen zur Berufswahl des Schülers bereitstellen.

Zur Arbeitslehre zählt demnach theoretischer Unterricht ebenso wie auch praktisches Tun. Neben dem Schulunterricht sind auch Betriebserkundungen und Praktika vorgesehen.

In diesem Konzept von Arbeitslehre sind zwei unterschiedliche Zwecksetzungen enthalten, die zu entgegengesetzten Auffassungen führten:

Ansätze der Arbeitslehre

- Arbeitslehre wird auf der einen Seite als ,*Werklehre*' verstanden. Sie soll durch den Umgang mit Werkstoffen in technisches Denken einführen und die handwerklich-technischen Fähigkeiten des Hauptschülers ansprechen und fördern.
- Arbeitslehre wird auf der anderen Seite als *politisches Bildungsfach* aufgefaßt. Als ihre Hauptaufgabe gilt dabei die theoretische Erschließung der Berufswelt und ihrer komplizierten politisch-wirtschaftlich-technischen Zusammenhänge.

Kritik der Werklehre

Beide Ansätze haben sich auch Kritik eingehandelt. Der Werklehre wird vorgeworfen, daß sie zwar handwerkliche Fähigkeiten vermittelt, dabei aber berufliche ,Tugenden' wie Ordnung, Sauberkeit und Folgsamkeit ungeprüft an Schüler weitergibt. Diese Haltungen sind sicherlich für den Arbeitsprozeß unverzichtbar. Wenn sie aber nicht eng an ihre Funktion gebunden bleiben, können sie zu einer allgemeinen Einstellung führen, die Folgsamkeit und Unterordnung gegenüber Vorgesetzten als Eigenwert erscheinen läßt. Dann sind sie keine Arbeitstugenden mehr, sondern politische Haltungen, die dem nötigen kritischen Bürgerbewußtsein entgegenstehen. – Zudem läßt der Werklehreansatz die wirtschaftlichen, politischen und technischen Bedingungen außer acht, die bei der Berufsausübung nach wie vor eine Rolle spielen: Man denke z. B. an die Auswirkung von technischen Neuerungen auf das gesamte Berufsgefüge oder an die Unsicherheit des Arbeitsplatzes bei Rationalisierungsmaßnahmen.

Kritik an der ,politischen' Arbeitslehre

Gegen den politischen Ansatz der Arbeitslehre wird vorgebracht, er betreibe Arbeitslehre nur mehr sprachlich und über Kopfarbeit, anstatt Schülern auch die Möglichkeit zu handwerklichem Tun zu geben. Arbeitslehre erhalte dabei zudem eine stark vereinseitigende kritische Note, bei der alles hinterfragt und problematisiert werde. Damit fördere er eher die *Orientierungslosigkeit* des Hauptschülers und leiste kaum einen Beitrag zur Klärung der ihn interessierenden berufsbezogenen Fragen.

In den heutigen Richtlinien der Bundesländer sind die Einseitigkeiten im Verständnis des Faches überwunden. Es wird statt dessen betont, Arbeitslehre müsse dem Schüler die komplizierte Struktur des wirtschaftlichen und politisch-sozialen Bereichs verständlich machen, eine technische Grundbildung ermöglichen und Kriterien zur Berufswahl vermitteln. Dazu gehören auch Betriebspraktika. Das Fach Arbeitslehre ist je nach Bundesland entweder stärker als einheitliches Fach (z. B. in Hessen als Polytechnik*/Arbeitslehre) oder eher als Sammelbezeichnung für mehrere eigenständige Einzelfächer entwickelt (z. B. Schleswig-Holstein).

4.2.3 Probleme der Hauptschule

a) Hauptschule – Restschule?

Die zur Zeit vielleicht größte Belastung erfährt die Hauptschule durch die Gefahr der ‚Auspowerung'. Zum einen sank die Zahl der Hauptschulbesucher nach Einführung der Gesamtschulen in den entsprechenden Einzugsgebieten. Zum anderen zeichnet sich zunehmend die Tendenz ab, daß auch nur halbwegs leistungsfähige Schüler nach der Grundschule Realschulen und Gymnasien besuchen. Auf der Hauptschule verbleiben leistungsschwache Schüler, Kinder aus sozial und kulturell benachteiligtem Milieu, verhaltensschwierige Schüler und Kinder ausländischer Arbeitnehmer (s. auch Kapitel 5.4). Hinzu kommen die ‚Rückläufer', also jene Schüler, die nach der Orientierungsstufe oder einer späteren Klasse von Realschulen oder Gymnasien zur Hauptschule zurückkehren müssen, weil sie den Anforderungen nicht genügten.

‚Auspowerung' der Hauptschule

Diese Kinder und Jugendlichen, die sich häufig selbst als abgeschoben oder als Versager fühlen, stellen Lehrer vor allerschwerste Probleme: Wie kann man sinnvoll mit Schülern arbeiten, die Lernen ablehnen, die sich selbst als (letzten) Rest verstehen, ihre weiteren Lebenschancen negativ einschätzen und voller Resignation sind?

Verschärft wird das Lernproblem noch durch Disziplinschwierigkeiten: Die Schüler reagieren ihre Enttäuschung in aggressivem und zerstörerischem Verhalten ab.

Allerdings läßt sich die Situation der Hauptschule in dieser Hinsicht nicht über einen Kamm scheren. In einzelnen, meist ländlichen Gebieten von Rheinland-Pfalz oder Baden-Württemberg beispielsweise besuchen bis zu 50 % der Kinder eines Jahrgangs die Hauptschule. Sie ist dort für viele Eltern nicht Rest-, sondern Normalschule. So wird sie auch von den Lehrern, den Betrieben und Personalchefs wahrgenommen. Anders dagegen sieht es etwa in Berlin aus: Bezogen auf das gesamte allgemeinbildende Schulwesen (außer der sechsjährigen Grundschule), gehörten dort 1982/83 nur ca. 12 % der Schüler zur Hauptschule. Oder in Heidelberg: Dort gingen 1982 nach dem 4. Schuljahr nur 19 % des Jahrgangs auf die Hauptschule.

Stadt-Land-Unterschied

Erklärungsmöglichkeiten liefern die unterschiedlichen Bedingungen: Städtische Gebiete haben einen höheren Anteil an Beamten und Angestellten mit ausgeprägteren Leistungs- und Bildungsvorstellungen. Das Angebot an weiterführenden Schulformen jeder Art ist dicht, der Verdrängungswettbewerb zwischen Hauptschülern und Absolventen anderer Schulformen ausgeprägt.

Für Berlin bietet das gut ausgebaute Gesamtschulnetz als weiteres Schulformangebot sowie die freie Wahl der weiterführenden Schule durch die Eltern eine weitere Erklärung. In ländlichen Gebieten des Hunsrücks, der Eifel oder des Schwarzwaldes dagegen ist immer noch eine Einbindung der Hauptschule in das soziale Umfeld feststellbar. Dieser Schultyp erfährt dort auch eine völlig andere Bewertung. Daneben sind z. B. in diesen beiden Bundesländern die Übergänge zu Realschule und Gymnasium an eine entsprechende Grundschulempfehlung bzw. eine Aufnahmeprüfung gebunden. Die Erklärungen zur städtischen Situation gelten hier mit umgekehrten Vorzeichen.

In den ‚Krisengebieten' der Hauptschule versuchen die Bildungspolitiker, mit entsprechenden Maßnahmen die mißliche Lage zu verbessern. So sieht beispielsweise ein Plan der Senatorin für das Schulwesen in Berlin vor, die Klassen 7 und 8 der Hauptschule zusammenzufassen. Dazwischen soll es keine Versetzung geben. Die Klassen sollen auf höchstens 18 Schüler begrenzt, und der Lehrerwechsel soll gegenüber den früheren Jahren verringert werden. Neben den organisatorischen Maßnahmen gibt es in verschiedenen Bundesländern Bemühungen, durch Projektwochen, stärkeren Berufsfeldbezug sowie eine deutliche Akzentsetzung im handwerklich-tätigen Bereich Interesse und Motivation der Hauptschüler wieder zu wecken.

b) Hauptschulunterricht und Leistungsdifferenzierung

Der Hauptschulunterricht ist, wie an den meisten anderen Schulformen der Sekundarstufe I auch, nach dem *Klassenprinzip* strukturiert: Die Schüler eines Jahrgangs sind in Klassen zusammengefaßt und werden gemeinsam unterrichtet. Allerdings finden in den Fächern Englisch und Mathematik Differenzierungen in einen *A-Kurs* mit leistungsstarken und einen *B-Kurs* mit leistungsschwachen Schülern statt. Dahinter steht der Gedanke, daß Unterricht für Gruppen mit einigermaßen leistungsgleichen Schülern vorteilhafter ist (man spricht hier von *homogenen* Lerngruppen*). Homogene Lerngruppen bedeuten für den Lehrer weniger Aufwand bei seiner Vorplanung und damit eine übersichtliche Methodenorganisation: Alle Schüler können gleichmäßiger gefordert und gefördert werden. Die Zahl der unter- oder überforderten Schüler sinkt, damit auch die Gefahr von Disziplinschwierigkeiten aufgrund von Langeweile oder Versagungsängsten.

Andererseits zeigen sich auch Nachteile dieses Systems – erst recht, wenn man es überstrapaziert. Das ist dann der Fall, wenn es z. B. auf mehrere Fächer ausgeweitet oder die Zahl der Leistungsniveaus vermehrt wird. Die Schüler haben dann in dauernd wechselnden Gruppen Unterricht. Zeichen *sozialer Isolierung* und *Bezugslosigkeit* machen sich bemerkbar. Bei stark differenziertem Leistungsniveau (neben A- und B- auch noch C-Kurse), fühlen sich nur die Schüler der leistungsstärkeren Kurse zum Lernen angeregt. Die Schüler des C-Kurses werden entmutigt: Sie sehen kaum noch Chancen, in leistungsstärkere Kurse aufzusteigen, und sind zudem als ‚Doofenkurs' abgestempelt. Ihnen haftet der Makel von ‚Leistungsaußenseitern' an.

Nachteile der Leistungsdifferenzierung

In diesen Kursen können die Schüler nur noch wenig voneinander lernen, da sie kaum leistungsstarke Schüler zum Vorbild haben und auf ihre Unterstützung bei Lernschwierigkeiten (etwa in der Partnerarbeit) verzichten müssen.

Mit der Leistungsdifferenzierung steckt die Hauptschule in der Zwickmühle: Einerseits sind die Folgen der Differenzierung gerade auf unterem Kursniveau verheerend. Sie äußern sich in Desinteresse, Aggression und Resignation bei den leistungsschwachen Schülern. Andererseits muß der Hauptschulunterricht entsprechend begabten Schülern die reelle Chance zum Besuch weiterführender allgemeinbildender oder berufsbezogener Schulen bieten. Das läßt sich nur verwirklichen, wenn die Schüler eine ihrem Leistungsvermögen entsprechende Förderung erfahren.

Hauptschultypen

Nicht zuletzt diese Spannungslage hat beispielsweise in Nordrhein-Westfalen schon seit längerer Zeit zu zwei ‚Hauptschultypen' geführt, dem Typ A und Typ B. Alle Schüler erhalten mit erfolgreichem Abschluß der 9. Klasse das Hauptschulabschlußzeugnis. Es berechtigt zum Eintritt in die Klasse 10 des Typs A: Unterrichtsschwerpunkte sind dort Naturwissenschaften und Arbeitslehre mit Berücksichtigung auch praktisch-tätiger Unterrichtsformen.

Wer im Hauptschulabschlußzeugnis besonders gute Leistungen nachgewiesen hat, kann in Klasse 10 des Typs B eintreten. Der Unterricht konzentriert sich dort auf Deutsch, Englisch, Mathematik. Mit einem besonderen Qualifikationsvermerk können die Schüler nach der 10. Klasse dieses Typs auch die gymnasiale Oberstufe besuchen.

c) Das 10. Hauptschuljahr

Die Situation des 10. Schuljahres an der Hauptschule ist zur Zeit in den verschiedenen Bundesländern noch sehr uneinheitlich geregelt. Zum Teil ist der Besuch eines 10. Schuljahres verpflichtend (etwa in Nordrhein-Westfalen, wo dies allerdings auch an einer ‚beruflichen Vollzeitschule' möglich ist), zum Teil freiwillig: Entweder geschieht das in einem allgemeinbildenden Schuljahr oder in einem Berufsgrundbildungsjahr. Aus arbeitsmarktpolitischer Sicht spricht ganz allgemein für das 10. Hauptschuljahr, daß ein ganzer Schülerjahrgang ein Jahr länger in der Schule bleibt und damit den Arbeitsmarkt speziell für Jugendliche entlastet.

Inhaltliche Diskussionen bewegen sich vor allem um die Alternative: *berufsbezogener* oder *allgemeinbildender* Unterricht im 10. Schuljahr. Die Argumente von Befürwortern eines 10. Hauptschuljahres als *berufsbezogenes Bildungsjahr* lauten:

Vorteile des berufsbezogenen Bildungsjahres

- Der Schüler erhält noch auf der Schule eine Berufsorientierung, weshalb er seine Berufswahl als bewußte Entscheidung auf der Grundlage wirklicher Kenntnisse treffen kann.
- Hauptschüler sind weniger auf *abstrakt-gedankliche Fähigkeiten*, sondern auf *praktisch-tätige Fertigkeiten* ausgerichtet. Das 10. Schuljahr muß daher zum Berufsbezug des Hauptschulunterrichts beitragen.
- Werden im 10. Hauptschuljahr Inhalte vermittelt, die für einen Grundberuf (eine Berufsgruppe) bedeutsam sind, dann kann der Hauptschüler bei seiner Berufswahl innerhalb dieses Bereichs je nach Arbeitsmarktlage flexibel reagieren.

Vorteile des allgemeinbildenden 10. Hauptschuljahres

Die Vertreter des *allgemeinbildenden 10. Hauptschuljahres* dagegen argumentieren:

- Wenn tatsächlich nach der 10. Klasse Übergangsmöglichkeiten zum Gymnasium (Sekundarstufe II) bestehen sollen, dann muß die Hauptschule im 10. Schuljahr konsequent hierauf vorbereiten. Die Einengung des Lernangebots auf beruflich wichtige Themen verhindert dies ebenso wie eine zu große Konkretheit und Anschaulichkeit des Unterrichts. Denn gerade für den erfolgreichen Besuch der gymnasialen Oberstufe sind *gedankliche* Fähigkeiten und Fertigkeiten erforderlich.
- Sollen Hauptschüler in der weiterführenden Berufsausbildung, wo sie vor allem mit Realschülern konkurrieren, nicht benachteiligt werden, so muß das 10. Schuljahr als allgemeinbildendes Jahr

angelegt und mit dem Realschulabschluß vergleichbar sein. Nur so kann die Hauptschule allgemeinbildende Schule bleiben; nur so läuft sie nicht Gefahr, sich aufgrund berufsbezogenen Unterrichts allmählich von Realschule und Gymnasium zu lösen.

Disziplin- und Lernschwierigkeiten an vielen Hauptschulen belasten die pädagogische Arbeit sehr stark. Der Text 4/2 schildert diese Situation aus der Sicht eines unmittelbar betroffenen Lehrers.

Text 4/2

Bericht eines Hauptschullehrers

Ich mache häufig ein trauriges Gesicht, als habe mich ein tiefes Leid befallen oder als habe ich an einer unmenschlichen Last zu tragen. In der ersten Zeit an der Schule habe ich kaum gelacht.

Ich verfolgte nicht die harte Linie. Anfangs hatte ich mich zu weit von dem Erziehungsstil entfernt, den die Schüler von zu Hause gewohnt waren. Das würde ich heute anders machen, allmähliche Lockerung.

Ich appelliere an die Vernunft und werde wütend, wenn die Schüler nicht vernünftig werden. Manchmal schreie ich. Dann tritt Ruhe ein, mehr aus Überraschung als aus Angst. Dann sage ich mitunter: „Seht ihr, jetzt, wo ich schreie, seid ihr ruhig! Wenn ich aber ruhig mit euch spreche, schreit ihr. Das finde ich schlecht. Ihr seid wie die Sklaven, die einen Herrn brauchen. Werdet ihr freigelassen, lockert man nur etwas die Zügel, so werdet ihr sogleich zügellos. Ihr zwingt mich geradezu, den wilden Mann zu spielen. Das ist nicht menschlich. Solange es so ist, ist es schlecht. Solange wir so miteinander umgehen, verkehren wir nicht menschlich miteinander." (...)

Wenn ich zornig werde, dann zuerst auf meine Schüler, dann auf die Eltern, die sie manchmal drakonisch streng oder gar nicht mehr erziehen. Da ich aber sehe, daß die Schüler wie ihre Eltern werden, beinahe zwangsläufig, und langsam verstehe, wie die Eltern geworden sind, werde ich schließlich zornig auf die Verhältnisse, die Schüler und Eltern so haben werden lassen und die ich auszubaden habe. (...)

Es deprimiert mich, daß meine Schüler so wenig lernen. Viel Zeit muß ich darauf verwenden, sie überhaupt zum Lernen zu bewegen. Es ist wie mit Kindern, denen man eine widerwärtige Medizin einflößen soll. Sie sperren sich. (...)

(aus: Peter Struck, Pädagogik des Schullebens. Verlag Urban und Schwarzenberg, München 1980, S. 34)

4.3 Die Realschule

Geschichte der Realschule

Die Realschule hat ihre Wurzeln in der Ständegesellschaft des 17. und 18. Jahrhunderts, als die wirtschaftlich-technische Entwicklung neue berufliche Qualifikationen erforderte. Vorläufer dieser Schulform, etwa die von Johann Julis Hecker bereits 1747 in Berlin gegründete ökonomisch-mathematische Realschule, waren speziell für Kinder aus bürgerlichen Kreisen eingerichtet worden. Diese Schulen bildeten für mittlere und anspruchsvollere Aufgaben, z. B. in Handel, Verwaltung und handwerklich-technischen Berufen aus. Da in diesen Bereichen ein hohes Maß an beruflicher Sachkenntnis nötig war und der Aufschwung in Wissenschaft und Technik zudem den Umfang des Wissens und seiner Anwendungsmöglichkeiten beständig ausweitete, wurde es Mitte bis Ende des 19. Jahrhunderts immer wichtiger, diese Schulform weiterzuentwickeln.

Die neuen beruflichen Anforderungen verlangten Schulen, die die wirklichkeitsbezogenen Fächer in den Mittelpunkt stellten, also die sogenannten *Realien* betonten (*realitas* = lateinisch: Wirklichkeit). Dazu zählen besonders lebende Fremdsprachen, Naturwissenschaften, Technik, Mathematik, wirtschaftliche und geographische Fächer.

Heute kann man allein von diesen Überlegungen her die Realschule nicht mehr rechtfertigen. Wir leben nicht mehr in jener starren Ständegesellschaft, in der diese Schulform entstanden ist. Auch steht heute nicht allein die Realschule in einem engen Unterrichtsbezug zu Wissenschaft, Verwaltung und Technik. Die anderen allgemeinbildenden Schulformen beanspruchen mittlerweile ebenfalls, Wirklichkeitsbezug herzustellen. Sie haben daher auch in etwa den gleichen Fächerkanon und arbeiten nach denselben Prinzipien (z. B. Wissenschaftsorientierung, Handlungsorientierung, Projektunterricht).

Wer jedoch daraus folgert, die Realschule sei im Grunde überflüssig, übersieht zunächst einmal die schlichte Tatsache, daß die Realschule eine von Eltern bzw. Schülern sehr *stark nachgefragte Schulform* ist. Die Zahlenübersicht auf S. 135 veranschaulicht den Aufstieg dieser Schulform.

Gründe für die Wahl der Realschule

Für die anhaltende Beliebtheit der Realschule sind durchaus plausible Gründe anzuführen. An die Stelle der Einteilung nach Ständen ist in der Bundesrepublik die soziale Schichtung getreten. Trotz relativer Offenheit der Schichten und fließender Übergänge zueinander lassen sich Unterscheidungsmerkmale feststellen (s. Kap. 1.3). Nach wie vor besteht auch eine grobe Zuordnung von Schulform und sozialer Schicht (vgl. Kap. 2.4). In diesem Rahmen nimmt die Realschule für

Entwicklung der Realschule in der Bundesrepublik (1960 – 1981)		
	Zahl der Realschulen	Zahl der Realschüler
1960	1.125	430.700
1970	2.116	863.500
1975	2.348	1.179.900
1981	2.633	1.323.400

breite Bevölkerungsgruppen eine *akzeptable Mittelstellung* ein: Sie gilt als realistische Aufstiegsmöglichkeit für bildungsfernere Schichten und als noch akzeptierte Schullaufbahn in Schichten mit höherem Bildungsabschluß der Eltern.

Weitere Attraktivität gewinnt sie
a) durch ihre Stellung im Berechtigungswesen des bundesdeutschen Schulsystems, denn der Realschulabschluß ermöglicht viele Weiterbildungswege,
b) durch ihre Unterrichtsorganisation und Lehrplangestaltung, die beide ein hohes Maß an individualisiertem Lernen gewährleisten.

Bedeutung des Realschulabschlusses

Zu a) *Der Realschulabschluß* erlaubt die Weiterführung der Schullaufbahn in der Sekundarstufe II des Gymnasiums. Bei Erfüllung der Notenanforderungen, die die Bundesländer jeweils festgelegt haben, berechtigt das Abschlußzeugnis zum Eintritt in Klasse 11 der reformierten gymnasialen Oberstufe und qualifiziert ebenso zum Besuch der Fachoberschule. Tatsächlich hat der Realschüler auch eine reelle Chance, am Gymnasium den Anschluß in Klasse 11 zu schaffen. Er ist oft in zwei Fremdsprachen unterrichtet. Durch Wahlpflichtunterricht – auf den noch eingegangen wird – hat er schon einen Arbeitsschwerpunkt herausgebildet. Er wird meistens als Leistungsfach in der gymnasialen Oberstufe fortgeführt. Die Schulbuchauswahl ist häufig zwischen Realschule und Gymnasium abgesprochen, was ebenfalls Umstellungsschwierigkeiten mildert. Im Vergleich dazu ist die Chance für den Hauptschüler, nach Klasse 10 problemlos zum Gymnasium überzuwechseln, stark eingeschränkt. Hier verdeutlicht sich die Stellung der Realschule zwischen Gymnasium und Hauptschule: Neben der Übergangsmöglichkeit zur Sekundarstufe II stehen berufsbezogene Möglichkeiten offen.

Realschulabschluß und Berufsausbildung

Der Realschulweg führt nämlich keineswegs in die Sackgasse, wenn man nicht den Wechsel in die gymnasiale Oberstufe plant. Vielmehr ist der Realschulabschluß als abgerundete Schullaufbahn angelegt und anerkannt. Im Gegensatz dazu gilt die ‚Mittlere Reife' des Gymnasiums (Abschlußklasse 10) immer noch eher als Unterbrechung eines Weges, der eigentlich bis zum Abitur führen sollte.

Die folgende Übersicht gibt das breite Spektrum weiterführender Möglichkeiten nach erfolgreichem Realschulbesuch wieder (Abb. 19).

Neben der Vielseitigkeit des Abschlusses hat die Realschule noch einen weiteren, wichtigen Pluspunkt aufzuweisen: ihre Unterrichts- und Lehrplanstruktur.

Leistung des Wahlpflichtunterrichts

Zu b) *Unterrichtsorganisation und Lehrplangestaltung:* Besonderes Kennzeichen des Realschulunterrichts ist der mittlerweile in allen Bundesländern eingeführte *Wahlpflichtunterricht*: Jeder Schüler wählt in der Realschuloberstufe (Klasse 9 und 10, in manchen Bundesländern auch schon vorbereitend ab Klasse 7) einen seiner Neigung entsprechenden Schwerpunktbereich, in dem er sich vertieft mit Themen seines Interesses auseinandersetzen kann. Das Stundenangebot in ‚ungeliebten' Fächern ist eingeschränkt. In Nordrhein-Westfalen beispielsweise kann er wählen zwischen fremdsprachlichem, mathematisch-naturwissenschaftlichem, sozialwissenschaftlichem, technischem oder künstlerisch/musischem Kurs – in Ausnahmefällen wird auch Sport angeboten. Im Saarland gibt es daneben auch stärker berufsbezogene Wahlpflichtangebote wie Technik/Technisches Zeichnen oder Kurzschrift und Maschinenschreiben. Der Unterricht im Wahlpflichtfach erfolgt häufig nach dem Kern-Kurs-Modell, das im 1. Abschnitt dieses Kapitels (‚Orientierungsstufe') und in Kapitel 4.5 (‚Gesamtschule') dargestellt ist.

In den Pflichtfächern sind die Schüler im alten Klassenverband zusammen (Kernunterricht). Im Wahlpflichtfach werden sie je nach ihrer Wahl zu einer neuen Gruppe (dem Kurs) zusammengefaßt, die aus Schülern aller Parallelklassen besteht.

Zur Darstellung der *Organisation* muß hier nur wenig gesagt werden: Der Aufbau der Realschule ist in den Bundesländern stark angeglichen. Neben der sechsklassigen besteht häufig auch eine vierklassige Realschule (z. B. im Saarland als Realschule in Aufbauform mit Eintritt nach Klasse 6 der Hauptschule). Gelegentlich wird schon ab Klasse 7 ein Wahlpflichtbereich als Vorbereitung eingerichtet, wobei das Angebot an Fächern in Klasse 9 und 10 meist erweitert ist.

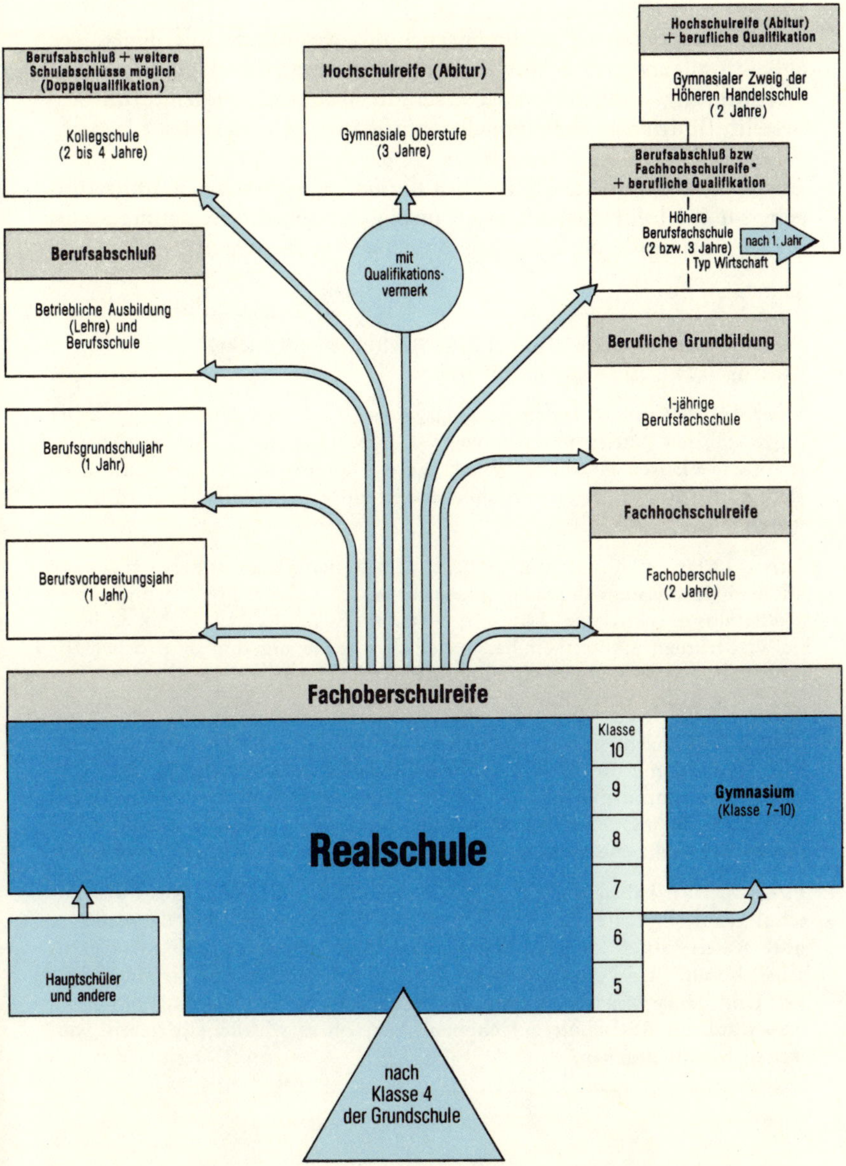

Abb. 19: Weiterführende Möglichkeiten nach erfolgreichem Realschulabschluß (aus: Bildungswege in Nordrhein-Westfalen, Sekundarstufe I. Herausgegeben vom Kultusminister des Landes Nordrhein-Westfalen. Düsseldorf 1983, S. 7)

Im Pflichtbereich sind die Fächer der Realschule mit denen der anderen allgemeinbildenden Schulformen weitgehend gleich. – Zur Orientierungsstufe, die selbstverständlich auch an dieser Schulform besteht, finden Sie umfangreiche Informationen in Kapitel 4.1.

An die Realschule knüpfen Eltern die unterschiedlichsten Erwartungen, wie die folgenden Interviewauszüge zeigen. Es sei dahingestellt, ob die Realschule diesen Erwartungen voll gerecht wird.

Text 4/3

„Warum haben Sie Ihr Kind auf die Realschule geschickt?"
(Auszüge aus Gesprächen mit Eltern)

Vater A: Das kann ich Ihnen ganz klar sagen. Wir haben eine Metzgerei. Der Junge soll den Betrieb übernehmen. Da muß er schon was wissen. Aber er soll keine Flausen in den Kopf bekommen. Gymnasium und Abitur ist da nicht gut. Und nur die Hauptschule, das ist zu wenig für die Meisterprüfung später.

Eltern W: Unser Sohn lernt nicht besonders gerne. Warum sollte er sich dann mit dem Gymnasium abquälen? Vielleicht bessert sich das noch, dann kann er problemlos in die Klasse 11 aufs Gymnasium. Es macht auch nichts, wenn er sie wiederholen müßte. Wir haben das alles genau mit ihm besprochen. Er fühlt sich, glaube ich, ganz wohl auf der Realschule.

Mutter D: Ich weiß, daß unsere Beatrix nicht besonders gut ist. Man kann nicht gerade sagen, sie ist dumm. Aber sie hat schon Mühe mitzukommen. Wir üben viel mit ihr, mein Mann macht beinahe jeden Abend Mathematikaufgaben mit ihr, damit sie nicht auf die Hauptschule muß. Da lernt sie nichts außer Unsinn und Frechheiten machen. Und eine Lehrstelle bekommt sie damit auch nicht. Sie muß da jetzt durch. Später ist sie uns mal dankbar.

Eltern M: Wir haben ziemlich Sorge gehabt, als der Michael aus der Grundschule kam. Er hatte die Empfehlung fürs Gymnasium. Aber da mußte er noch weiter fahren als jetzt. Wir hatten Angst, daß er in schlechte Gesellschaft kommt. Und die Großen auf dem Gymnasium sind oft so rücksichtslos. Und dann: was man immer mit den Drogen hört. Wir dachten, er sei besser auf der Realschule aufgehoben. Aber ob es wirklich so richtig war, wissen wir nicht genau.

4.4 Das Gymnasium

4.4.1 Organisatorische Struktur

Aufbau des Gymnasiums

Das heutige Gymnasium umfaßt zwei große organisatorische Teilbereiche, die *Sekundarstufe I* und die *Sekundarstufe II*. Zur Sekundarstufe I des Gymnasiums gehören – wie zu Haupt- und Realschule auch – die schulformabhängige Orientierungsstufe (Klasse 5 und 6) und die Mittelstufe (Klasse 7–10). Die Klassen 11–13 bilden die reformierte Sekundarstufe II, wobei die Klasse 11 wegen ihrer Übergangsfunktion eigens hervorzuheben ist.

Die schulformabhängige *Orientierungsstufe* bietet die Möglichkeit, nach der Grundschule Eignung und Neigung des Schülers für die

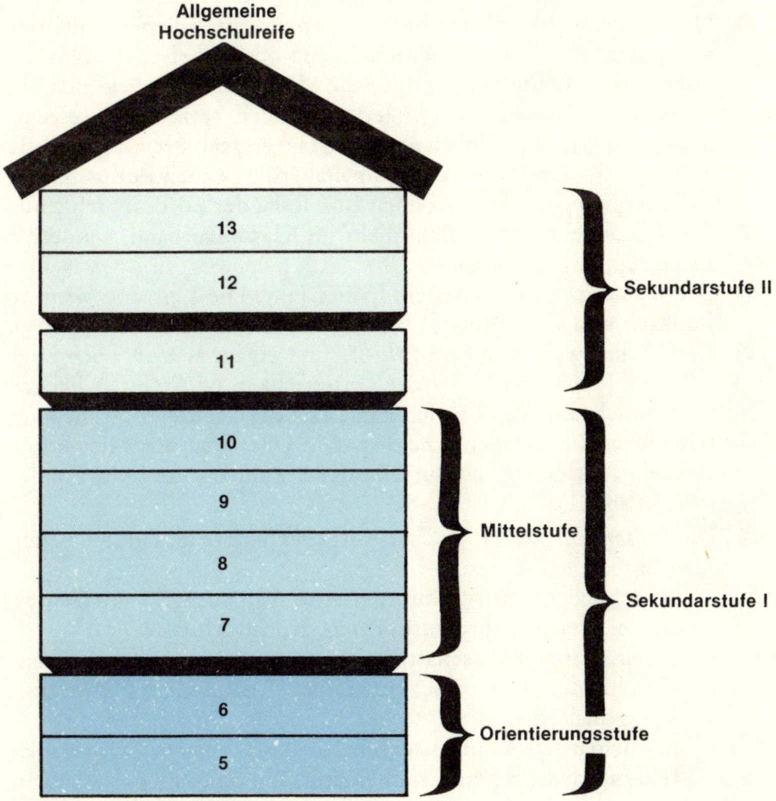

Abb. 20: Der Aufbau des Gymnasiums

betreffende Schulform zu erproben (s. Kapitel 4.1). Die *Mittelstufe* des Gymnasiums soll die inhaltlichen und methodischen Grundlagen für die Arbeit auf der Oberstufe schaffen. Das didaktische* Konzept der Mittelstufe kann unter dem Stichwort ‚Wissenschaftsorientierung' zusammengefaßt werden (s. Kapitel 3.4). Mit erfolgreichem Abschluß der Klasse 10 hat der Schüler den Sekundarabschluß I erlangt. Er berechtigt zum Eintritt in berufsbezogene Bildungsgänge sowie in die Sekundarstufe II (11. Klasse) des Gymnasiums. (Abb. 19 auf S. 137 kann deshalb auch als Information über weiterführende Möglichkeiten nach erfolgreichem Abschluß der 10. Klasse des Gymnasiums gelesen werden.)

Merkmale der Sekundarstufe II

Die *Sekundarstufe II* ist in vieler Hinsicht anders gestaltet als die frühere Oberstufe des Gymnasiums (Obersekunda bis Oberprima):

- Unterschiedliche Formen bzw. Typen wie vor allem das alt- oder neusprachliche, naturwissenschaftliche oder Wirtschaftsgymnasium bestehen heute nur noch für die Mittelstufe. Die Sekundarstufe II ist *typenunabhängig:* Jeder Schüler setzt seine eigenen Schwerpunkte. Er wählt Unterrichtsfächer nach Neigung und Begabungsschwerpunkten aus, wobei allerdings auch kultusministerielle Regelungen der einzelnen Bundesländer zu beachten sind.
- Der Unterricht erfolgt nicht mehr im Klassenverband, sondern in Fachgruppen, in *Kursen.*
- Die Kurse dauern jeweils ein halbes Jahr. Die Leistung wird mit Punkten von 0 (= Note 6) bis 15 (= Note 1) bewertet.
- Die Fächer werden einem *Pflicht-* und einem *Wahlbereich* zugeteilt. Im Pflichtbereich ist der Unterricht in bestimmten Fächern verbindlich, im Wahlbereich kann sich der Schüler zwischen verschiedenen Fächern entscheiden. Die Übersicht aus Niedersachsen zeigt, welche Pflichtkurse in der Sekundarstufe II verbindlich sind (Abb. 21).

Aufgabenfelder und Fächerzuordnung

- Die *Unterrichtsfächer* sind zu *Aufgabenfeldern* zusammengefaßt. Man unterscheidet das
  - sprachlich-literarisch-künstlerische Aufgabenfeld mit den Fächern: Deutsch, Fremdsprachen, Kunst, Musik
  - gesellschaftswissenschaftliche Aufgabenfeld mit den Fächern: Geschichte, Gemeinschaftskunde, Erdkunde, Philosophie, Religionslehren
  - mathematisch-naturwissenschaftliche-technische Aufgabenfeld mit den Fächern: Mathematik, Biologie, Physik, Chemie, Informatik.

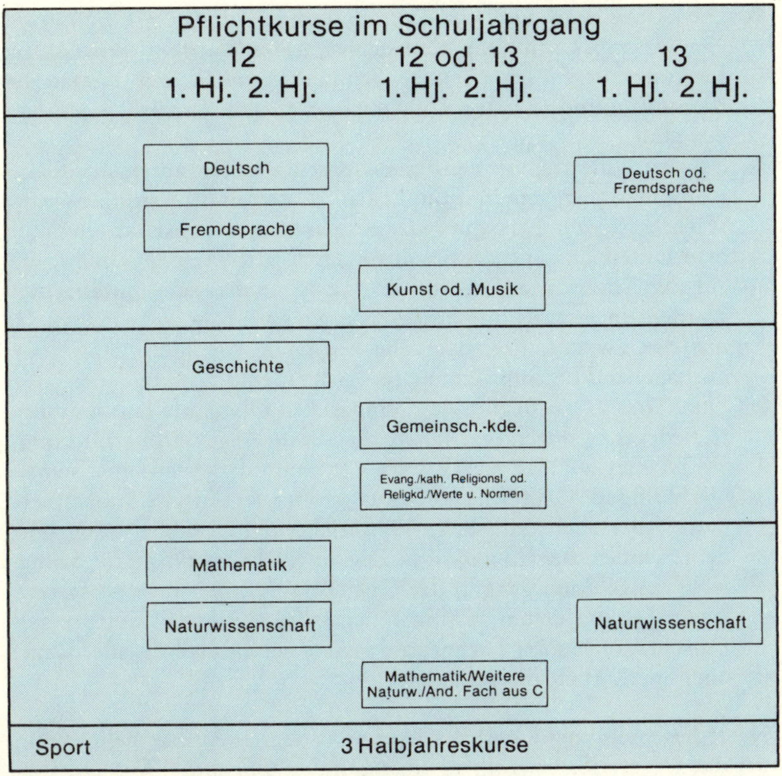

Abb. 21: Pflichtkurse in der Kursstufe
(aus: informationen für eltern und schüler, die gymnasiale Oberstufe. Herausgegeben vom niedersächsischen Kultusminister. Hannover 1982, S. 11)

Das Fach Sport ist keinem Aufgabenfeld zugeordnet.
Die hier aufgezählten Fächer stellen eine Auswahl dar, sind im übrigen aber praktisch im Plan jedes Bundeslandes zu finden.

- Um eine gemeinsame Grundbildung zu sichern und um zu verhüten, daß Schüler sich nur bruchstückhaftes Wissen aneignen, müssen einige Fächer durchgehend bis zur Klasse 13 belegt werden. In Hessen z. B. sind Schüler der Klassen 12 und 13 verpflichtet, in jedem Halbjahr Kurse in folgenden Fächern zu belegen: Deutsch, Gemeinschaftskunde, Religionslehre, einer Naturwissenschaft, Sport, ferner entweder eine Fremdsprache oder Mathematik.

- Die Kurse sind unterschieden in *Grund-* und *Leistungskurse*. Grundkurse vermitteln allgemeines, *grundlegendes Wissen*. In Leistungskursen erwirbt der Schüler *vertiefte und erweiterte Kenntnisse* und übt den *Umgang mit wissenschaftlichen Methoden* ein.
- Für den Unterricht in den Fremdsprachen gelten unterschiedliche Kombinationsregeln im Hinblick auf Dauer und Leistungsniveau. Wichtig ist: Zur Erlangung der Allgemeinen Hochschulreife muß man Unterricht in zwei Fremdsprachen nachweisen. Schüler, die auf der Sekundarstufe I nur in einer Fremdsprache unterrichtet wurden, in erster Linie also Hauptschüler, können in Klasse 11 mit der zweiten Fremdsprache beginnen. Sie muß dann aber durchgehend bis zum Abitur belegt werden.
- Die *Klasse 11* zu Beginn der gymnasialen Oberstufe hat besondere Bedeutung durch ihre *Übergangs- und Vorbereitungsfunktion*. Sie bereitet auf das Kurssystem der Sekundarstufe II mit seinen wechselnden Gruppen vor, was größeren Entscheidungsspielraum, aber auch erhebliche Verunsicherung einschließt. Sie hilft dem Schüler, Begabungs- und Leistungsschwerpunkte für seinen weiteren Bildungsgang in der Oberstufe zu erkennen und festzulegen. Die im ersten Halbjahr der Jahrgangstufe 11 getroffenen Entscheidungen der Fächerwahl lassen sich deshalb in aller Regel noch im 2. Halbjahr verändern.

Nach diesem kurzen Überblick über den äußeren Aufbau geht es nun um das *Unterrichtskonzept der gymnasialen Oberstufe*. Die Darstellung konzentriert sich auf das Prinzip der *Wissenschaftspropädeutik* und die Arbeit in *Kursen*. – Orientierungsstufe und Mittelstufe des Gymnasiums werden an dieser Stelle nicht weiter behandelt. Zur Orientierungsstufe finden Sie Einzelheiten im 1. Abschnitt dieses Kapitels. Die gymnasiale Mittelstufe teilt mit den anderen vorgestellten Schulformen (Hauptschule, Realschule) wesentliche Grundzüge des Lehrplans. Auch die didaktischen Prinzipien gelten durchgängig für die Sekundarstufe I. Dabei nimmt das Gymnasium eine Verschiebung zugunsten der Wissenschaftsorientierung vor (s. Kap. 3.4). – Die Beschränkung der Information auf die gymnasiale Oberstufe erfolgt auch aufgrund der Überlegung, daß diese Schulstufe Ihnen als Eltern wohl am wenigsten vertraut und durchsichtig ist.

4.4.2 Wissenschaftspropädeutik

Was heißt Wissenschaftspropädeutik?

Im Unterschied zur *Wissenschaftsorientierung*, die einen sachlich richtigen Unterricht mit rationalen Zugriffsweisen anstrebt (s. Kap. 3.4), stellt die *Wissenschaftspropädeutik* eine *Vorübung im Umgang mit den Wissenschaften* selbst dar.

Diese Schwerpunktsetzung wurde als so wichtig angesehen, daß die Kultusminister sie bundeseinheitlich festlegten. Die Kultusministerkonferenz (KMK) erarbeitete 1977 Empfehlungen dazu.

Aufgaben der Wissenschaftspropädeutik

Die wichtigsten Aufgaben eines so verstandenen Unterrichts sind:

- Einführung in Wissenschaftsdisziplinen, indem die Schüler mit wichtigen Sachfragen und Methoden der betreffenden Fachwissenschaft vertraut werden.

So kann beispielsweise in einem Leistungskurs zum gesellschaftswissenschaftlichen Aufgabenfeld gefragt werden, auf welche Weise die Soziologie zu ihren Kenntnissen und Ergebnissen gelangt.

- Anwendung theoretischer Erkenntnisse.

Um beim Beispiel des Leistungskurses ‚soziologische Begriffe und Verfahren' zu bleiben: Hier können Schüler ihr Wissen über das Interview oder die Befragung als Methoden der Soziologie in ein Projekt ‚Befragung zur Schulzufriedenheit der Mitschüler' einbringen.

- Nachdenken über Wissenschaft, über die Grenzen wissenschaftlicher Erkenntnismöglichkeiten.

Die allgemeine Ausrichtung der Befragung zur Schulzufriedenheit könnte eingeengt werden. So ist die Einführung des Kursprinzips bis heute in der Einschätzung von Bildungspolitikern wie Betroffenen strittig geblieben. Ein denkbares Befragungsthema könnte daher sein: Ist das Kurssystem ein Fortschritt?

Das Ergebnis – wie immer es aussieht – kann nicht als endgültige Klärung des Problems angesehen werden. Dafür müßte es zunächst möglich sein, die Fragen absolut neutral zu formulieren und Besonderheiten der Schule, an der die Befragung durchgeführt wird, auszuschalten. Eine gute Gesamtatmosphäre verbessert vielleicht auch die Einstellung zum Kurssystem. Zu große, unübersichtliche Schulen führen zu allgemeiner Isolierung, die dann evtl. vorschnell der Einrichtung von Kursen angelastet wird.

Um diese Vorläufigkeit und Veränderbarkeit dessen, was ‚wissenschaftlich erwiesen' ist, muß der Schüler wissen.

- Entwicklung einer verantwortlichen Einstellung im Umgang mit Wissenschaft und der Darstellung ihrer Ergebnisse. Eine solche Einstellung umfaßt Haltungen, die zu wissenschaftlichem Arbeiten gehören: Genauigkeit, Wahrhaftigkeit, Bereitschaft zur Prüfung und Kritik, die Frage nach den Folgen einer wissenschaftlichen Erkenntnis.

In der Sozialforschung z. B. dürfen Interviewfragen nicht so formuliert werden, daß sie bestimmte Antworten nahelegen. Auch dürfen keine falschen Schlußfolgerungen gezogen werden. Wenn etwa auf die Frage „Wo liegen für dich die Vorteile des Kurssystems?" 3/4 aller Interviewten Antworten geben, ist es unzulässig zu behaupten: „75 % aller Schüler sind mit dem Kurssystem zufrieden." Dies wäre eine Verdrehung der Tatsachen. Nach Nachteilen oder nach einer abschließenden Stellungnahme für oder gegen das Kurssystem ist nämlich nicht gefragt worden.

4.4.3 Kursprinzip

Kurssystem: individuelle Fächerwahl

Zentrales *organisatorisches* Prinzip der Sekundarstufe II ist das Kurssystem. Der einzelne Schüler stellt – unter Beachtung der Länderregelungen – ‚seine' Fächer nach Interessen und nach Leistungsgesichtspunkten zusammen. Die Organisationseinheit zur Unterrichtung eines Faches, das von mehreren Schülern unter gleichen Gesichtspunkten (Neigung/Leistung) gewählt wurde, ist der Kurs.

Mit dem Kurssystem ist ein Hauptziel der Reform von 1972 umgesetzt worden: *Individualisierung und Konzentration des Lernens*. Individualisierung zielt auf die freie Wahl von Fächern und Fachkombinationen aufgrund von Neigung und Begabung. Die Konzentration auf diesen Bereich – bei eher überblickartigen Grundkenntnissen in den übrigen Lerngebieten – ermöglicht dem Schüler die vertiefte, intensivere Arbeit in ‚seinen' Fächern.

Verhältnis von Pflicht- und Wahlbereich

Wie schon erwähnt, gliedert sich das gesamte Unterrichtsangebot in einen *Pflicht-* und einen *Wahlbereich*. Für den ersten gelten bestimmte Auflagen bei der Kurswahl, im zweiten kann der Lernende vorwiegend nach eigenen Interessen und Neigungen wählen. Die durchschnittlich 30 Wochenstunden verteilen sich auf beide Bereiche etwa im Verhältnis zwei (Pflicht) zu eins (Wahl). Innerhalb der Bereiche werden die Kurse nach dem Leistungsniveau und der Lernintensität in *Grund-* und *Leistungskurse* unterschieden. Grundkurse haben die Aufgabe, in Sachgebiete einzuführen, sie am Beispiel grundlegender Themen zu erörtern und Bezüge zu anderen Sachbereichen aufzuzeigen. Etwa bis zu 2/3 des Unterrichts finden in Grundkursen statt. Ein Grundkurs umfaßt in der Regel zwei bis drei Stunden pro Woche. Im Vergleich zum Leistungskurs (vier bis fünf Stunden) ist das Unterrichtsvolumen im Grundkurs geringer, die Gruppenstärke meist größer und das Leistungsvermögen der Gruppe eher heterogen*, d. h. unterschiedlich.

Verhältnis von Grund- und Leistungskurs

Auch im Pflichtbereich kann der Schüler selbst entscheiden, was er in Grundzügen (Grundkurs) und was er vertieft (Leistungskurs) erarbeiten möchte. Verpflichtend sind je nach Länderregelung zwei oder drei Leistungsfächer. Eines davon muß nach der KMK-Vereinbarung entweder eine Fremdsprache oder Mathematik oder eine Naturwissenschaft sein.

Da man individuelle Leistungsunterschiede berücksichtigt, kann selbstverständlich auch die Verweildauer in der Oberstufe nicht für alle gleich lang angesetzt werden. Sie beträgt mindestens zwei Jahre, wenn ein Schüler aufgrund hervorragender Leistungen von Klasse 10 direkt in die Jahrgangsstufe 12 gelangt, also auf den vorbereitenden Unterricht der Stufe 11 verzichten kann (Beispiel: Hessen). Sie dauert höchstens vier Jahre, etwa wenn ein ‚Oberstufenjahr' wiederholt wird.

Nachteile des Kurssystems

Bei der Umsetzung des Kurssystems treten in der Schulwirklichkeit auch Fehlentwicklungen auf:

- Schüler wählen einen Kurs nicht aus inhaltlichem Interesse, sondern weil der Lehrer als angenehm gilt und weniger streng als andere Lehrer benotet; weil der Freund oder die Freundin an dem Kurs teilnehmen; weil er zeitlich in eine Lücke paßt.
- Schüler bauen keinen intensiven Kontakt zueinander auf, da sie in wechselnden Gruppen (Kursen) arbeiten. Für manchen Jugendlichen entsteht daraus ein Gefühl der Isolierung.
- Durch regelgerechtes ‚Abhaken' von Kursen genügt der Jugendliche zwar den *formalen* Vorschriften, die Kurse selbst aber stehen für ihn in keinerlei *inhaltlicher* Beziehung zueinander.

Korrektur des Kurssystems

Solche Schwierigkeiten des Kurssystems gaben Anlaß zu weiteren bildungspolitischen Maßnahmen. Die wichtigsten Entscheidungen:

- Durchsetzung des ‚Folgekursprinzips': Kurse in bestimmten Fächern müssen durchgehend belegt werden (s. Punkt 4.4.1).
- Damit bilden sich über längere Zeit hinweg wieder feste Lerngruppen (‚Klassen'). Verschiedentlich wird die Jahrgangsstufe 11 ganz oder überwiegend im Klassenverband unterrichtet (in Baden-Württemberg ausschließlich, in Niedersachsen überwiegend und in Hessen ‚je nach örtlichen Gegebenheiten').
- In einigen Bundesländern sind bestimmte Fächer verbindlich zu belegen und bis zum Abitur beizubehalten. Dazu gehören insbesondere Deutsch und Geschichte.

4.4.4 Studierfähigkeit und Abitur

Konzept der allgemeinen Hochschulreife

Die gegenwärtige Abiturregelung sieht entsprechend der ‚Bonner Vereinbarung' (KMK) eine Bindung an Fächer nicht oder nur abgeschwächt vor. Der Schüler legt seine Abiturprüfung in jenen Leistungsfächern ab, die sein individuelles ‚Lernprofil' auf der Sekundarstufe II wiedergeben. Trotz dieser Individualisierung und Schwerpunktbildung hat man am Konzept der allgemeinen Hochschulreife festgehalten. Denkbar wäre ja auch eine Regelung gewesen, bei der man je nach Leistungs- (Abitur)fächern die Studienberechtigung nur für die entsprechende Wissenschaft oder Wissenschaftsgruppe ausgesprochen hätte. Wer beispielsweise Chemie und Physik als Leistungsfach gewählt hätte, erhielte demnach lediglich die Studienberechtigung für die naturwissenschaftliche Fakultät im allgemeinen und für die beiden Fächer im besonderen. Dagegen sprachen einige Gründe:

- Mit dieser Zuordnung wäre die Studien- und Berufswahl des Jugendlichen schon sehr frühzeitig festgelegt.
- Die Oberstufe hätte sich inhaltlich immer weiter in einzelne Fachschwerpunkte aufgelöst.
- Die Zuordnung von Schulfach und Universitätsfach bzw. Wissenschaftsgruppe an der Universität ist nicht immer eindeutig festzulegen. Beispielsweise ist das Fach Chemie oder Physik sowohl für Mediziner als auch für Naturwissenschaftler oder Landwirtschaftler, aber auch für einzelne Studiengänge in der Philosophischen Fakultät (z. B. Geographie) wichtig.

Studienberechtigung und Allgemeinbildung

Diese Einwände, aber auch das Bestreben, am Ziel der Allgemeinbildung festzuhalten, führten dazu, das Abitur uneingeschränkt als Studienberechtigung für alle Fächer gelten zu lassen. Das Abitur weist also die *allgemeine* Hochschulreife und Studierfähigkeit des Betreffenden nach. Für diese Regelung sprechen bedenkenswerte Gründe. Man kann die Studierfähigkeit nicht von bestimmten Fachinhalten abhängig machen. Sie müßten dann ganz gezielt auf entsprechende Fachwissenschaften hinführen. Damit jedoch wäre das Gymnasium überfordert. Es hätte beispielsweise spezielle Kurse für Jura, Volkswirtschaftslehre, Medizin, Mikrophysik, Vergleichende Völkerkunde und anderes mehr anzubieten. – Statt dessen soll das Abitur nach der ‚Bonner Vereinbarung' nur noch eine gemeinsame *methodische* Grundbildung der Gymnasiasten, nicht aber einen gemeinsamen *inhaltlichen* Wissensbestand sichern.

Eine Vereinseitigung dieser Bildungsvorstellung führt allerdings zu deutlichen Nachteilen. So wichtig Methodenkenntnis und -anwendung sein mögen, so unverzichtbar ist aber auch eine allgemeine inhaltliche Bildung des Abiturienten. Das Gymnasium ist ja nicht in erster Linie Spezialschule zur Vorbereitung auf ein bestimmtes Studium, sondern eine Form der allgemeinbildenden Schule. Wenn man unter Bildung beispielsweise eine umfassende Urteils- und Entscheidungsfähigkeit des Menschen versteht (s. Kap. 2.3), verlangt das notwendig auch gediegene inhaltliche Kenntnisse und Einsichten in Naturabläufe, soziale und geistige Zusammenhänge. Andernfalls beherrscht der Abiturient zwar Methoden, versteht aber nichts von der Sache.

An mehreren Stellen wurde schon erwähnt, daß das Kurssystem auch zu sozialer Isolierung der Jugendlichen führen kann. Ein ganz anderes Problem des Kurssystems spricht der folgende Diskussionstext an: den kalkulierten Lern- und Arbeitseinsatz der Schüler, der sich am Noten- bzw. Punktestand orientiert.

Text 4/4

Warum ein Schüler sich weigert, eine Arbeit zu schreiben
Den Lehrern vergeht bisweilen der Humor

In der ersten Nacht nach der letzten Klassenarbeit vor Weihnachten hat Lehrer H. nicht schlafen können. (...)

Niedergeschlagen ist der Mathematiklehrer, ein erfahrener Studiendirektor, wegen eines Briefes, den ihm einer der Schüler statt einer Arbeit abgegeben hat. Darin heißt es, „von den hier zu behandelnden Aufgaben“ habe er, der kurz vor dem Abitur stehende Schüler, „nicht die geringste Ahnung“. Aber damit möchte er seinen Lehrer, den er offenbar schätzt, nicht kränken. Er fährt daher in seinem Brief fort (die Fehler im ersten Satz stammen von dem Schüler):

„Das ich mich weigere, diese Arbeit zu schreiben, hat nichts mit möglichen persönlichen Beleidigungen, die gegen sie gerichtet wären, zu tun. Mein Problem ist es aber leider, daß mich Mathematik nicht im geringsten interessiert (was wiederum nicht gegen Sie geht!). Zur Zeit gibt es jedenfalls viele Dinge, die mich wesentlich mehr beschäftigen als dieses Fach. Ich bin mir völlig bewußt, daß ich mit diesem Verhalten gegen gewisse Spielregeln verstoße (nämlich die der Leistungsgesellschaft), aber das ist schließlich mein Problem. Ich hoffe, Sie werden meine Beweggründe verstehen. In diesem Sinne wünscht Ihnen und Ihrer Familie schöne Ferien, Ihr ...“

Auf die Unterschrift folgt der Hinweis: „Note bitte hier eintragen“; dann ein Pfeil und ein Kästchen, in das der Lehrer die Note setzen soll. (...)

Der Verweigerer, der den Brief geschrieben hat, gibt in seiner Zutraulichkeit nur ein Beispiel, wie leidenschaftslos die Oberstufenschüler an vielen Gymnasien „punkten“. Er hatte in der ersten Mathematikarbeit sieben Punkte erreicht (von 15 möglichen): Einen Punkt im Durchschnitt braucht er nur, damit er den Grundkurs nicht wiederholen muß; also kann er sich diesmal eine Null leisten. Ohne Aggression gegen den Lehrer sitzt er in der Klasse, und sein halb verschämtes, halb kumpelhaftes Lächeln will sagen: „Das sehen Sie doch wohl ein; Sie kennen ja die Spielregeln.“ *Kurt Reumann*

(aus: Frankfurter Allgemeine Zeitung vom 29. 12. 1982)

4.5 Die integrierte Gesamtschule

4.5.1 Organisatorischer Aufbau der Gesamtschule

In der Bundesrepublik sind die ersten integrierten Gesamtschulen 1968 in Berlin (Walter-Gropius-Schule) und 1969 in Hessen (Gesamtschule Nordweststadt) eingeführt worden. Eine *integrierte* Gesamtschule faßt alle bisher getrennten Schulformen im Bereich der Sekundarstufe I (5. bzw. 7.–10. Klasse von Hauptschule, Realschule und Gymnasium) zu einer einzigen Schulform zusammen.
Wenn die traditionellen Schulformen gemeinsam verwaltet werden, ansonsten aber im Rahmen eines Schulzentrums fortbestehen, spricht man von einer *additiven** Gesamtschule. Diese Bezeichnung ist insofern irreführend, als keine inhaltliche *Gesamt*planung erfolgt. Wenn hier von der Gesamtschule gesprochen wird, ist grundsätzlich die integrierte Form gemeint.

Kern- und Kursunterricht

Ein Teil der Unterrichtsfächer – so Gesellschaftslehre, Sport und Kunst – wird im Klassenverband als Kernunterricht erteilt. Schüler unterschiedlicher Herkunft, Begabung und Leistung lernen miteinander und voneinander. Der Unterricht soll damit bewußt einen Beitrag zur sozialen Integration* der Kinder aus unterschiedlichen Schichten leisten. In anderen Fächern – beispielsweise in Deutsch, Mathematik, Englisch – lernen die Schüler in Leistungsgruppen (Kursunterricht). Hier wird dem unterschiedlichen Leistungsstand der Schüler Rechnung getragen: Diese Differenzierung ermöglicht Förderung der Leistungsstarken durch einen hohen Lernanspruch, Ermutigung und Unterstützung der Lernschwächeren durch weniger schwierige Aufgabenstellungen.

1982 traf die Kultusministerkonferenz (KMK) die wichtige Entscheidung, Abschlüsse der integrierten Gesamtschule bundesweit anzuerkennen. Sie legte auch Rahmenvorgaben für die Leistungsdifferenzierung fest: Der Unterricht in differenzierter Form erfolgt ab

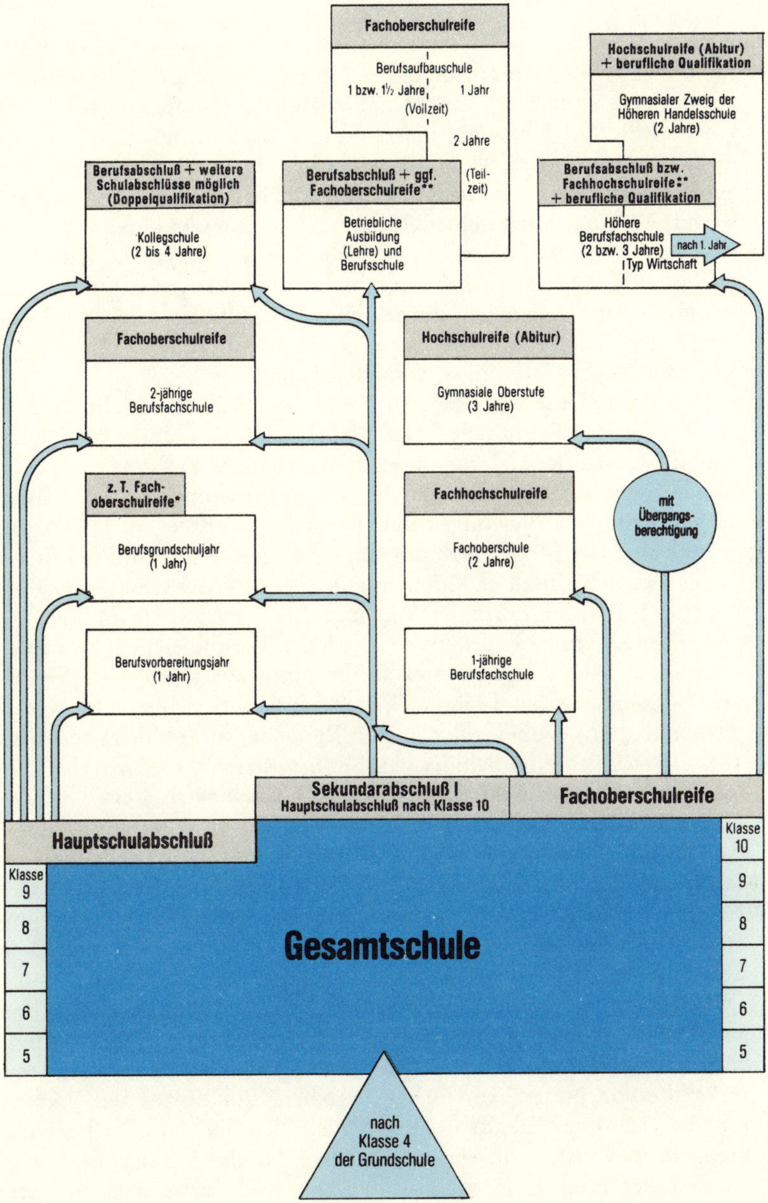

Abb. 22: Die integrierte Gesamtschule – Zusammenfassung der bisher getrennten Schulformen (aus: Bildungswege in Nordrhein-Westfalen. Herausgegeben vom Kultusminister des Landes Nordrhein-Westfalen. Düsseldorf 1983, S. 13)

Jahrgangsstufe 7 in Mathematik und der 1. Fremdsprache, spätestens ab Jahrgangsstufe 8 in Deutsch und spätestens ab Jahrgangsstufe 9 in Chemie/Physik. Leistungskurse sind nach diesem Beschluß auf mindestens zwei Anspruchsebenen einzurichten. In Nordrhein-Westfalen besteht diese Regelung schon länger. Hier sind Grund- und Erweiterungskurse eingerichtet. In anderen Bundesländern (z. B. Hessen) gibt es das ABC-System, also drei Kursebenen: Im A-Kurs sind die besonders, im B-Kurs die durchschnittlich leistungsstarken Schüler, im C-Kurs diejenigen, die gezielter Lernhilfe bedürfen. In Berlin gibt es gar ein vierstufiges, das sogenannte FEGA-System (*F*ortgeschrittenen-, *E*rweiterungs-, *G*rund-, *A*ufbaukurs).

Pflicht-, Wahlpflicht- und Wahlbereich

Neben der Unterscheidung in Kern- und Kursunterricht ist auch die in *Pflicht-, Wahlpflicht- und Wahlbereich* hervorzuheben. Während die Kursdifferenzierung die unterschiedliche Leistungsstärke der Schüler berücksichtigt, kommt die zuletzt genannte Einteilung ihren unterschiedlichen Neigungen und Begabungen entgegen. Im *Pflichtbereich* sind die Fächer verbindlich zu belegen. Dazu gehören in der Regel Deutsch, Englisch, Mathematik, Naturwissenschaft, Religion, Sport. – Im *Wahlpflichtbereich* kann der Schüler aus einem Angebot an Einzelfächern bzw. unter verschiedenen Lernbereichen auswählen – in Nordrhein-Westfalen etwa ab der Jahrgangsstufe 7 zwischen einer 2. Fremdsprache, Technik/Wirtschaft (Arbeitslehre) und Naturwissenschaften, wobei einer dieser Bereiche verbindlich ist. – Im *Wahlbereich* kann der Schüler darüber hinaus Fächer oder Arbeitsgemeinschaften ausschließlich nach seinen Wünschen als freiwillige Zusatzveranstaltung wählen.

Gegenüber den traditionellen Schulformen verzeichnete die Gesamtschule im Zeitraum von 1975 bis 1981 einen überproportionalen Anstieg an Schülern, und zwar von 165 800 auf 225 700, also um 36 %. Auch die Zahl der Gesamtschulen nahm in dieser Zeit deutlich zu.

Statt Versetzung: Auf- und Abstufung

Die Gesamtschule spricht keine Versetzung im herkömmlichen Sinne aus. Das ist zum einen durch das Kurssystem bedingt. Zum andern entspricht dies dem Ziel der Gesamtschule, Schüler zu fördern, statt mit Hilfe von Noten Auslese zu betreiben. Ein Vorteil des Verfahrens ist sicher festzuhalten: Im traditionellen Schulsystem bedeutet mangelhafte Leistung in einigen Fächern, daß der Schüler die Klasse wiederholen muß. Er wiederholt den Unterricht dabei auch in jenen Fächern, in denen er ausreichende und bessere Leistungen zeigte. Anstelle dieser globalen Nichtversetzung gibt es in der Gesamtschule nur Auf- und Abstufungen im jeweiligen leistungsdifferenzierten Fach: Ein Schüler wird nur dort abgestuft, wo er Leistungsschwä-

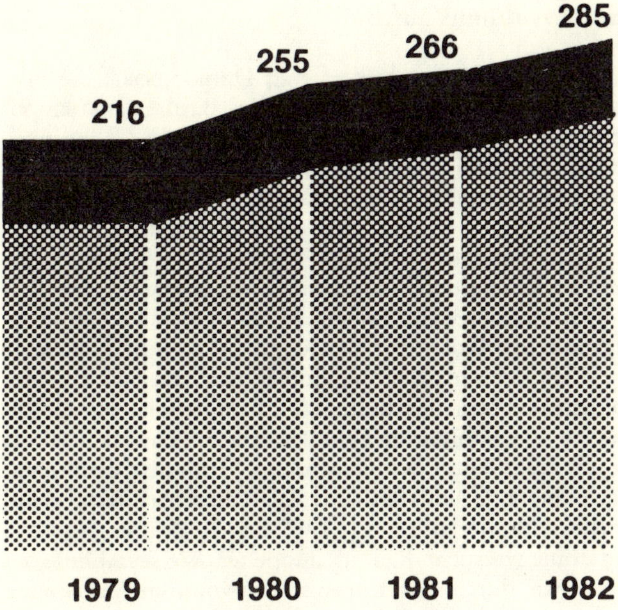

Abb. 23: Anstieg der Gesamtschulen von 1979–1982

chen hat. In den anderen Fächern bleibt er weiter auf seinem Kursniveau. Auf diese Weise kann ein Schüler in Mathematik beispielsweise im C-Kurs sein oder in diesen Kurs abgestuft werden, aber in Englisch und Deutsch dem A-Kurs angehören.

Die Art des Leistungskurses und die Noten entscheiden am Ende der Sekundarstufe I über den entsprechenden Abschluß.

4.5.2 Begründung und Zielsetzung der Gesamtschule

Die Diskussion um die Gesamtschule und das verstärkte Eintreten von Politikern, Wissenschaftlern, Lehrern und Eltern für diese Schulform ist zunächst vor dem Hintergrund der Demokratisierungsbewegung Ende der 60er, Anfang der 70er Jahre zu sehen. Die Befürworter dieser Neuerung beriefen sich vor allem auf politische und bildungspolitische Argumente. Erst an zweiter Stelle spielten in der Gesamtschuldebatte auch pädagogische Argumente eine Rolle.

a) Recht des Individuums auf Bildung

Chancenungleichheit

Untersuchungen des Bildungspolitikers Ralf DAHRENDORF, die Forschungen des englischen Sprachwissenschaftlers Basil BERNSTEIN sowie die Ergebnisse der Begabungsforschung belegten die Chancenungleichheit von Kindern und Jugendlichen eines Jahrgangs und unterschiedlicher sozialer Herkunft. Zumindest ein Teil der Begabung ist nicht erblich bedingt, sondern auf Umwelteinflüsse zurückzuführen (Familie, Wohnort, Berufssituation des Vaters). Kinder aus Unterschichtfamilien, so lautete der Befund, sind vom Besuch weiterführender Bildungseinrichtungen in hohem Maße ausgeschlossen. Dies geschieht aufgrund von Noten für Leistungen, die zu erbringen sie keine Chance haben. Sie verfügen nun einmal nicht über die entsprechenden Sprachmuster oder den kulturellen Familienhintergrund als Voraussetzung für die geforderten Schulleistungen. Zudem wird die Entscheidung über die weitere Schullaufbahn zu früh getroffen, nämlich bereits nach dem 4. Grundschuljahr. Auch die Orientierungsstufe hilft dem nicht wirksam ab.

Möglichkeiten der Abhilfe

Die Gesamtschule versucht hier in doppelter Weise Abhilfe zu schaffen: zum einen durch das Kurssystem, wodurch Versetzung bzw. Sitzenbleiben entfällt. Die Schüler müssen nicht die unangenehmen Folgen jener schulisch bescheinigten Leistungsmängel tragen, für die sie aufgrund ihrer familialen und sozialen Situation nicht verantwortlich sind.

Zum anderen begreift sich die Gesamtschule nicht nur als ‚Sprachschule' mit dem entsprechend hohen Stellenwert der Fächer Deutsch und Fremdsprachen. Vielmehr werden andere wichtige Lernbereiche wie Arbeitslehre/Technik oder Naturwissenschaften gleichwertig neben die Sprachfächer gesetzt. Schüler mit Stärken eher auf technischem oder naturwissenschaftlichem Gebiet sollen die gleichen Chancen auf Schulerfolg haben wie diejenigen mit einem besonders gut ausgeprägtem Sprachvermögen.

b) Mitbestimmung der Beteiligten (Lehrer, Eltern, Schüler)

Mitbestimmung in der Schule

Die Gesamtschule versteht sich als demokratische Schule in dem Sinne, daß sie Mitbestimmung nicht nur als Thema im politischen Unterricht behandelt, sondern auch in der Schulwirklichkeit umsetzt. Sie strebt danach, Schülern Mitsprachemöglichkeiten bei Unterrichtsvorbereitung und -durchführung zu eröffnen, Eltern als gleichberechtigte Gesprächspartner in den schulischen Entscheidungsprozeß einzubeziehen. Die Lehrer haben einen weitgehend selbstbestimmten Handlungsspielraum im Hinblick auf Lehrplanfragen, Unterrichtsthemen, -methoden und Organisationsformen.

c) Individualisierung des Lernens

Lernen nach Neigung und Begabung

Auf der Gesamtschule soll jeder einzelne Schüler seine individuelle Neigung und Begabung entfalten können, wobei seine Lernschwierigkeiten zu berücksichtigen sind. Dem entspricht organisatorisch das Prinzip der Wahlfreiheit von Fächern, das am Anfang dieses Abschnitts (s. Punkt 4.5.1) erläutert wurde, sowie die Differenzierung nach Leistungsniveau (homogene* Gruppe).

Das Differenzierungssystem versucht, dem unterschiedlichen Leistungsvermögen des Schülers in den einzelnen Fächern entgegenzukommen. Ein Schüler, der zwar in Mathematik, aber nicht in Deutsch gute Leistungen erbringt, wird in dem einen Fach einen A-Kurs oder Fortgeschrittenenkurs, in dem anderen einen B- oder C-Kurs bzw. einen Grundkurs besuchen.

d) Soziale Integration

Soziale Integration als Ziel

Eine demokratische Gesellschaft sichert ihren Bestand auch dadurch, daß zwischen den verschiedenen sozialen Schichten der Gesellschaft keine unüberbrückbaren Gegensätze und Gräben bestehen, Übergänge von einer Schicht zur anderen möglich sind und die Gesellschaft in ihrer Gesamtheit in einer *gemeinsamen* Kultur lebt.

Hierzu hat auch das Bildungssystem seinen Beitrag zu leisten, wozu es jedoch – nach Ansicht von Gesamtschulvertretern – in seiner traditionellen Form nicht oder nur sehr ungenügend in der Lage ist. Vielmehr trenne es die sozialen Schichten voneinander: Die Hauptschule wird als Einrichtung vor allem für Arbeiterkinder angesehen, während Realschule und Gymnasium demnach für den Nachwuchs von Beamten, höheren Angestellten und Akademikern reserviert bleiben. Das traditionelle Schulsystem erschwert mithin Übergänge zwischen den Schichten und verstärkt die Tendenz zur Aufspaltung in zwei Kulturen (vgl. auch Kap. 1.3 und 2.4). Die Gesamtschule dagegen setzt sich soziale Integration bewußt zum Ziel. Hier sollen Kinder aus allen sozialen Schichten gemeinsam lernen und einander mit den unterschiedlichen Lebenswelten vertraut machen. Organisatorisch versucht der Kernunterricht in den wichtigen Fächern Gesellschaftslehre, Geschichte und Kunst, diesem Ziel gerecht zu werden.

e) Einführung neuer Unterrichtsinhalte, Methoden und Medien

Neue Unterrichtsverfahren

Häufig wird als ein weiteres Ziel der Gesamtschule der mehr pädagogisch begründete Hinweis auf zeitgemäßeren Unterricht gegeben. Da die Gesamtschule nicht mit alten Stofftraditionen und Unterrichtsmethoden belastet war, konnte sie neue, für die Gegenwart bedeutsame Inhalte in den Lehrplan aufnehmen: Technologie, Informatik*, Ökologie*. Zudem rückt die Gesamtschule – gerade im Interesse an verstärkter Eigenaktivität des Schülers – von ‚Trichtermethoden' ab, die nur darauf angelegt sind, dem Schüler Wissen einzuflößen. Statt dessen strebt sie vorrangig Handlungsorientierung und vor allem Projektunterricht an (s. Kapitel 3.3 und 3.6) Diesem Unterrichtskonzept entspricht auch die Ausrüstung besonders im Medienbereich mit Filmanlagen, Mehrzweckräumen, Videoanlagen und Sprachlabors.

Die hochgesteckten Ziele einer Reform lassen sich kaum ohne Bruch in die Wirklichkeit umsetzen. Zahlreiche Schwierigkeiten bremsen die Erwartungen, machen die Ziele manchmal auch unerreichbar. Auf solche Problemzusammenhänge bei der Gesamtschulentwicklung gehen die folgenden Informationen kurz ein.

4.5.3 Probleme der Gesamtschule

a) Politisierung der Gesamtschuldiskussion

Gesamtschule im Streit der Politik

Die Gesamtschuldebatte war von Anfang an über die pädagogischen Fragen hinaus als politische Diskussion angelegt. Die Begründungen und Ziele der Gesamtschule machten dies auch klar: Die Befürworter verstanden diese Schulform politisch. Sie sollte politisch-gesellschaftlich bedingte Ungleichheit ausgleichen und sogar auf die Ursachen zurückwirken. Man kann, in bewußter Vereinfachung dieses Zusammenhangs, vier Positionen herausstellen.

- Die Gesamtschule soll als Institution den **konkreten** Anspruch auf Chancengleichheit und das Recht auf Bildung verwirklichen. Bei Vertretern dieser Position spielten z. T. sozialliberale Motive mit: Das grundgesetzlich verankerte Recht auf gleiche Bildungschancen soll im Staat und vor allem im gesellschaftlichen Bereich auch umgesetzt werden.
- Eine Einengung erfuhr diese Position durch Gesamtschulbefürworter, die den Anspruch auf Chancengleichheit nur auf Arbeiter

bezogen. Dies ist für sie die eigentlich benachteiligte Schicht, weil ihr der Zugang zu den ‚Mittelschichtschulen' Realschule und vor allem Gymnasium erschwert wird. Und da man nicht nur an Symptomen kurieren, sondern an den Ursachen ansetzen möchte, soll Gesamtschule zumindest das Bewußtsein für die Notwendigkeit sozialer Veränderungen bei den Angehörigen der Arbeiterschicht wecken. Die Vertreter dieser Position bekennen sich in diesem Sinn zur Parteilichkeit ihres Handelns, zur Parteinahme für die Arbeiterschicht. Schule ist Übungs- und Vorbereitungsfeld für die später in Angriff zu nehmende Veränderung der Gesellschaft. ‚Konflikt, Interesse, Mitbestimmung, Solidarität' sind dafür Leitvorstellungen. An ihnen hat sich die Handlungsfähigkeit der Schüler zu messen.

- Eine Radikalisierung erfuhr die Debatte durch neomarxistische* Denker, die in der Gesamtschule nur ein noch besseres Instrument zur Ausbeutung der Arbeitskraft sahen. Gesamtschule erzeuge bloß den Schein von Chancengleichheit und Gerechtigkeit, der Schüler erlebe sein Versagen – z. B. die Zurückstufung in einen niedrigeren Kurs – noch stärker als persönlich verschuldet, da ja angeblich alles Denkbare für seine Förderung getan werde. Die Auslese erfolge letztendlich doch nach dem alten Schema: Mittelschichtkinder im A-Kurs, Unterschichtschüler im B- und – wo es ihn gibt – im C-Kurs. Nur werde jetzt nicht mehr weiter danach gefragt, wie es zu dieser Verteilung der sozialen Schichten auf die verschiedenen Kursebenen kommt. Da alle Entscheidungen zur Auf- oder Abstufung in einen Kurs demokratisch abgelaufen und ‚objektiv' durchgeführt sind, kann die Schuld beispielsweise für die Einstufung in einen leistungsniedrigen Kurs nur beim Schüler selbst liegen. Eine kritische Betrachtung anderer als persönlicher Ursachen, d. h. ein kritischer Blick auf schichtspezifische und damit gesellschaftliche Bedingungen unterbleibe. Damit seien die ungleichen gesellschaftlichen Voraussetzungen für Schulerfolg der Kritik entzogen.
- Genau entgegengesetzt wird von konservativer Seite her argumentiert. Die Gesamtschule sei Ergebnis marxistischer Gleichmacherei. Mit ihr versuche man sich ein Instrument zu schaffen, um die Gesellschaft zu verändern und die eigenen Lehren in den Köpfen der Schüler zu verankern. Politisierung stehe im Vordergrund, und zwar auf Kosten von solider Leistung. Die Gesamtschule sei daher nicht nur aus den genannten politischen Gründen, sondern auch unter Leistungsgesichtspunkten abzulehnen. Die Schülerleistungen blieben hinter denen vergleichbarer tradi-

tioneller Schulformen, speziell hinter denen des Gymnasiums zurück.

Inzwischen hat sich die Diskussion soweit versachlicht, daß – zumindest versuchsweise – in allen Bundesländern Gesamtschulen bestehen. Die pädagogischen Fragen nach Förderung der Schüler durch Individualisierung und Differenzierung des Unterrichts haben die politischen Streitigkeiten etwas in den Hintergrund treten lassen. An den Gesamtschulen ist der pädagogische Alltag eingekehrt. Auch die besondere Zuwendung von Sachmitteln und Lehrerstellen läßt nach. Erste Gesamtschulen sind sogar schon geschlossen worden.

b) Differenzierung und Auslese

Leistungsniveau und Schichtzugehörigkeit

Die Differenzierung war ein Problem, mit dem sich die Gesamtschule entgegen ihren eigenen Absichten konfrontiert sah. Es stellte sich nämlich heraus, daß die Schüler in den Kursen nach ihrer sozialen Herkunft – ähnlich wie im traditionellen Schulsystem – verteilt waren: die Kinder aus Mittelschichten in leistungshohen, die Kinder der Unterschicht in den leistungsschwächeren Kursen. Allerdings trifft der Vergleich mit dem dreigliedrigen Schulsystem die Situation an der Gesamtschule nicht genau. Die Eltern der Gut- und Bestbegabten sowie die Eltern der oberen Mittel- und Oberschicht schicken ihre Kinder eher auf das Gymnasium. Daher meinen manche Beobachter der Gesamtschule, sie sei in Wirklichkeit eine ‚integrierte Hauptschule'. Wie immer man auch zu solchen Einschätzungen steht – auf jeden Fall widersprechen die Auswirkungen der Leistungsdifferenzierung den Gesamtschulzielen. Schüler, die durchgängig auf niedrigem Kursniveau stehen, empfinden ihre Situation – ganz wie im traditionellen Schulsystem – als Versagen. Ebenso erzeugt die Möglichkeit der Tieferstufung ähnlich wie das Wiederholen einer Klasse Angst. Schließlich sind die Chancen zum Aufstieg in höhere Kurse erfahrungsgemäß gering.

c) Gesamtschule im Leistungsvergleich

Gesamtschule contra Gymnasium

Im bildungspolitischen Streit zwischen den von SPD und von CDU regierten Ländern ging es auch um die Vergleichbarkeit der Gesamtschulabschlüsse mit denen des dreigliedrigen Schulsystems. Die CDU-Vertreter behaupteten, daß die in der Gesamtschule erbrachten Leistungen hinter denen der traditionellen Schulformen zurückstün-

Abb. 24: Auslese an der Gesamtschule (aus: betrifft: erziehung Heft 1/1981, S. 71, © Michael Unterleitner, Wien)

den. Die wissenschaftlichen Untersuchungen, mit denen man diese Behauptung hätte abstützen können, widersprachen sich in ihren Ergebnissen. 1980 erstellte J. Hitpass eine vergleichende Studie über die Leistungen von Abiturienten an Gesamtschulen und an traditionellen Gymnasien. Er kommt zu dem vorsichtig abwägenden Schluß: Die Gymnasiasten weisen bessere Leistungen in den Fremdsprachen und in mathematischen Teilbereichen auf.

Untersuchungen an Gesamtschulen im Raum Wetzlar (Hessen) weisen in einigen Punkten Leistungsvorteile dieser Schulform nach, so in Mathematik. Weiter wird hervorgehoben, daß in der Gesamtschule sehr begabte Schüler eher bessere Leistungen in Mathematik und Physik erbringen als im traditionellen Schulsystem. Tatsächlich aber ist der Vergleich so schwierig, daß eigentlich nur noch Spezialisten sachkompetent über die Untersuchungen diskutieren. Ansonsten verlaufen Streitgespräche über diese Frage meist so, daß jeder sich jenes Ergebnis aus einer Untersuchung herauspickt, das zu seiner feststehenden Meinung paßt.

Text 4/5

Ein Vater nimmt zur Gesamtschule Stellung

Vater C: Ich will noch mal dazu sagen, daß unsere Kinder einem wesentlich stärkeren Schulstreß ausgesetzt sind als die Kinder, die zum Gymnasium gehen. Sie können ja auf dem Gymnasium vom ersten bis zum letzten Schuljahr, bis vor dem Abitur, sich mit 4 oder 5 in den Nebenfächern durchschlängeln. Das ist unseren Kindern überhaupt nicht möglich. Denn sie müssen diese Leistung in den Kursen erbringen. Wenn sie die Leistung in der Schule nicht erbringen, kommen sie erst gar nicht in den Kurs. Wer mit einer 4 Abitur macht, der braucht an und für sich überhaupt kein Abitur zu machen.

Interviewer: Sie meinen, durch das Kurssystem ist im Grunde der Leistungsdruck eher gewachsen?

Vater C: Wesentlich stärker, als wenn man normal ein Gymnasium durchläuft, ja.

Interviewer: Trifft das in der Mehrheit zu, würden Sie das bestätigen?

(Allgemeine Zustimmung.)

(...)

Vater C: Es ist auch heute immer noch so, daß die Gesamtschüler von den Arbeitgebern oder einstellenden Betrieben unterschätzt werden. Es ist aber meiner Erfahrung nach eine Sache, daß die Gesamtschule zuwenig an die Öffentlichkeit geht, sich zuwenig bekannt macht, zuwenig Werbung macht. Die Realschule, das Gymnasium, das sind alteingeführte Schulen, da weiß jeder, wie es da zugeht. Die Gesamtschule ist eine neu eingeführte Schulform, die relativ unbekannt ist in der großen Masse. Noch dazu spielt dabei eine starke Rolle die Politik. Ich kann das an einem Beispiel sagen. Ich habe ganz am Anfang den politischen Unterricht moniert. Ich habe dem Lehrer gesagt, daß er nicht fähig wäre, einen neutralen politischen Unterricht zu erteilen, da sie politisch alle einseitig ausgerichtet sind. Dann hat man mir zur Antwort gegeben, die Gesamtschule wäre nun mal eine Einrichtung der SPD, und an der Gesamtschule würde in diesem Sinne erzogen.

(aus: M. Ertel/H. W. Kilz/J. Mettke, Gesamtschule – Modell oder Reformruine? Spiegel-Buch. Rowohlt Verlag, Hamburg 1980, S. 45, 52–54)

4.6 Schulprobleme und Sonderschule (Heinz Bach)

4.6.1 Erscheinungsformen

Im Laufe seiner Schulzeit hat nahezu jedes Kind irgendwann einmal mehr oder minder große Schwierigkeiten in der Schule: Neben Spannungen mit Lehrern und Mitschülern sind es vor allem Lern- und

Leistungsprobleme, die nicht zuletzt auch die Eltern beunruhigen.

Sie zeigen sich teils in schwachen, in ungleichmäßigen oder in abfallenden Noten in einem oder mehreren Unterrichtsgebieten, teils in Schulunlust, die sich bis zu ausgesprochener Schulangst und zu körperlichen Abwehrsignalen wie Kopfschmerzen, Fieber, motorischer Unruhe usw. oder zu massivem aggressivem Verhalten steigern kann.

Zumeist geben sich derartige Schwierigkeiten von selbst, ohne daß man viel Aufhebens von ihnen gemacht oder ihre Ursachen erforscht hat.

Mitunter aber bestehen solche Schulprobleme über längere Zeit oder von vornherein und sind so intensiv, daß besondere Maßnahmen erforderlich sind, um dem bedrängten Kinde wirksam zu helfen.

Bloße Unterstellungen wie ‚Begabungsmangel', ‚Faulheit', ‚Konzentrationsschwäche' oder pauschale Vorwürfe gegenüber der Schule oder dem Elternhaus führen hier ebensowenig weiter wie Drohungen, Strafen oder verkrampftes Üben und Drillen.

Sie verschärfen eher die Situation und erhöhen die Belastung des Kindes, indem sie es zwischen zwei Fronten geraten lassen oder es einseitig als Schuldigen ins Abseits stellen.

4.6.2 Hintergründe

Es gilt statt dessen, die wirklichen Gründe für andauernde und schwere Schulprobleme differenziert zu ermitteln. Sie sind mitunter vielfältiger Art, so daß neben den Beobachtungen des Lehrers und der Eltern zusätzliche Untersuchungen vor allem durch Schulpsychologen, Sonderschullehrer und Fachärzte zur Aufklärung erforderlich sind.

Als besonders wichtige Entstehungsbedingungen kommen in Frage:

Ursachen von Schulproblemen

- Materielle Gründe – so z. B. unzureichende Arbeits-, Spiel- und Wohnverhältnisse, die über emotionale* und körperliche Belastungen zu kognitiven* Entwicklungsverzögerungen wie auch zu Verhaltensstörungen führen können.
- Emotionale Gründe – so z. B. Spannungen zu Eltern, Geschwistern, Lehrern, Mitschülern, Verlust von Freunden, Belastung durch Auseinandersetzungen zwischen Bezugspersonen, Mißerfolgserlebnisse, Bedrohungen, Ungerechtigkeiten und Ängste.

Belastungen dieser Art können sowohl in der Schule wie auch im Elternhaus oder im Freizeitbereich entstehen und zu mehr oder minder umfänglichen Lernblockaden und Verhaltensauffälligkeiten führen.

- Kognitive Gründe – so z. B. Kenntnislücken unterschiedlichen Umfangs (etwa bedingt durch Krankheiten, Schulwechsel, mangelnde Lernangebote, -anforderungen, -unterstützung usw.), unzureichende Lerntechniken, geistiger Entwicklungsstand, der nicht genügt, um den Anforderungen der besuchten Schulart oder Klassenstufe zu entsprechen. Beeinträchtigungen dieser Art werden oft erst in der Schule (namentlich im Hinblick auf bestimmte Leistungsbereiche) bemerkt. Sie können durch körperliche und emotionale Belastungen verstärkt oder auch bewirkt werden – und haben neben Leistungsmängeln nicht selten auch Verhaltensstörungen im Gefolge.
- Körperliche Gründe – so z. B. Seh- und Hörbeeinträchtigungen, Bewegungsbeeinträchtigungen, innere Erkrankungen, hirnorganische Schädigungen, Schwächen der körperlichen Verfassung. Z. T. werden derartige Schäden erst bei Schuleintritt oder während der Schulzeit wahrgenommen. Sie beeinträchtigen gewissermaßen das körperliche Instrument des Lernens und Verhaltens.

Nicht selten wirken verschiedene Faktoren im häuslichen und im schulischen Feld, im materiellen, emotionalen, kognitiven und körperlichen Bereich zusammen.

4.6.3 Integrierte Maßnahmen

In der Regel erfolgt eine Abklärung der Entstehungsbedingungen von Schulproblemen und entsprechender Maßnahmen im Gespräch zwischen Lehrern (Klassenleiter und Fachlehrer) und Eltern.

Hilfsmaßnahmen: Förderstunden und -kurse

Neben einer individuellen besonderen Hilfe durch den Lehrer im Unterricht kommen folgende Maßnahmen in erster Linie in Betracht: Teilnahme an speziellen schulischen Förderstunden und Förderkursen, ein begrenzter privater Nachhilfeunterricht oder gezielte Reaktionsweisen im Hinblick auf problematische Verhaltensweisen in Schule und Elternhaus. Gelegentlich kann auch eine Klassenwiederholung zur Behebung von Problemen beitragen, obgleich die Schwierigkeiten der Eingliederung in eine neue Gruppe nicht zu unterschätzen sind.

Wenn diese Hilfen nicht ausreichen, empfiehlt sich die Heranziehung des Beratungslehrers, der in einer Reihe von Schulen zur Verfügung steht, des Schulpsychologischen Dienstes oder der Sonderschullehrer mit entsprechenden fachlichen Schwerpunkten. Dabei geht es um die Ermittlung weitergehender spezieller Hilfsmöglichkeiten, z. B. für eine bestimmte Sprachförderung, die Überwindung von Lese- und Rechtschreibschwächen, von Beeinträchtigungen der Sinneswahrnehmung und des Bewegungsablaufs, von ausgeprägten Verhaltensstörungen usw.

Beratungslehrer und Schulpsychologe

Hier können Maßnahmen eingeleitet werden wie z. B. Schulsonderturnen (bei Haltungsschwächen und -schäden), ambulante Sprachförderung durch Sonderschullehrer für Sprachbehindertenpädagogik (bei Sprachstörungen), Verhaltensförderung durch entsprechende Sonderschullehrer bei bestimmten Verhaltensauffälligkeiten sowie Beratung von Eltern und Lehrern durch Fachpädagogen und Vermittlung spezieller sonderpädagogischer oder ärztlicher Untersuchung und Behandlung.

4.6.4 Sonderschulische Maßnahmen

Die genannten integrierten Maßnahmen sind dann sinnvoll, wenn die vorliegenden Schulprobleme im Rahmen der Regelschule mit den dort zur Verfügung stehenden Kräften und zusätzlicher Assistenz durch Sonderpädagogen und Schulpsychologen bewältigt werden können. In diesen Fällen geht es auch darum, den betroffenen Schülern den Verbleib in der ursprünglichen Lerngruppe zu ermöglichen.

Demgegenüber gibt es jedoch in allen Schularten und Altersstufen Beeinträchtigungen schwerer, umfänglicherer und langfristigerer Art, die mit den genannten Maßnahmen nicht hinreichend zu beantworten sind. Ebenso wie es Krankheiten gibt, die der praktische Arzt zu Hause nicht angemessen behandeln kann, die vielmehr einer speziellen ärztlichen und klinischen Betreuung bedürfen, gibt es auch pädagogische Probleme des Lernens und Verhaltens, die sehr spezieller, umfänglicher und langfristiger fachkundiger Förderung bedürfen.

Hierfür stehen Sonderschulen zur Verfügung, und zwar – gemäß den unterschiedlichen Arten der Beeinträchtigung – Schulen für

— Blinde,
— Sehbehinderte,
— Gehörlose,
— Schwerhörige,
— Körperbehinderte,
— Geistigbehinderte,

— Lernbehinderte,
— Sprachbehinderte und
— Verhaltensbehinderte.

Sonderschulen zeichnen sich durch folgende Merkmale aus:

Kennzeichen von Sonderschulen

- Unterrichtsziele und Unterrichtsmethoden sind auf die spezielle Art der Beeinträchtigung abgestimmt.
- Die Lehrer der Sonderschule verfügen über eine mehrjährige Zusatzausbildung.
- Die Klassenstärke der Sonderschulen ist wesentlich niedriger als die der Regelschulen, so daß eine weitgehende individuelle Förderung der einzelnen Schüler möglich ist.
- Sonderschulen sind in der Regel Ganztagseinrichtungen, die eine umfassende Förderung ermöglichen.
- Sonderschulen sind gemäß der jeweiligen Beeinträchtigungsart mit speziellen Unterrichtsmitteln, Installationen und technischen Einrichtungen ausgestattet.
- Die Kosten für Schulbücher und Lernmittel sowie die Fahrtkosten für den täglichen Schulweg übernimmt im allgemeinen das Land.

Leistungen der Sonderschulen

Sonderschulen sind gewissermaßen die Spezialkliniken des Bildungswesens und ermöglichen eine optimale Förderung von Schülern mit schwerwiegenden, umfänglichen und langfristigen Beeinträchtigungen.

Ihr Ziel ist es, die Schüler zu weitmöglicher Selbständigkeit, Berufsfähigkeit und Eingliederung in die Gesellschaft zu führen.

Sie bieten – abgesehen von der Schule für Geistigbehinderte – den Hauptschulabschluß und in speziellen Formen (z. B. für Körperbehinderte) auch das Abitur an. Zum Teil sind sie ganz auf eine Überführung der Schüler in Regelschulen konzentriert (so z. B. die Schule für Sprachbehinderte).

Neben der Förderung bieten Sonderschulen ihren Schülern und den Familien zugleich eine wesentliche Entlastung von den Sorgen und Überforderungen, die der Besuch einer Regelschule für diese Schüler mit sich bringt.

Der Erfolg sonderschulischer Bemühungen ist umso größer, je früher ein Schüler mit schweren Beeinträchtigungen ihre Hilfe erfährt und je intensiver und vertrauensvoller die Eltern mit den Sonderpädagogen zusammenarbeiten.

Die Überweisung in eine Sonderschule erfolgt auf Veranlassung der Regelschule bzw. der Eltern durch die Schulbehörden aufgrund einer sonderpädagogischen Untersuchung (zu der neben Tests und Beobachtungen auch das ausführliche Gespräch mit den Eltern gehört) und einer ärztlichen Stellungnahme.

4.6.5 Unsicherheiten und Vorurteile

Schulprobleme werden gelegentlich als eine Schande für die Familie angesehen und verdrängt, bis sie sich voll ausgewachsen haben und schwer zu bewältigen sind. Vernünftiger ist es dagegen einzusehen, daß

- Schulprobleme in aller Regel von verschiedenartigen Entstehungsbedingungen abhängen,
- einseitige Schuldzuweisungen demgemäß fehl am Platze sind und
- ein frühzeitiges Gespräch zwischen Schule und Elternhaus über erforderliche Maßnahmen ein besserer Weg ist.

In der Gegenwart sind manche Eltern besonders beunruhigt, wenn eine Überweisung ihres Kindes an eine Sonderschule erwogen wird. Das hat seinen Grund in einseitigen und unbedächtigen Darstellungen der Sonderschule, ihren Aufgaben und Möglichkeiten – und in voreiliger Überschätzung integrierter Maßnahmen bei Schulschwierigkeiten.

Daher bedarf es folgender Klarstellungen:

Zur Klarstellung

- Die Sonderschule ist keine mindere Schule, die ihren Schülern wichtige Inhalte vorenthalten würde. Sie ist vielmehr eine Einrichtung für spezielle, fachkundige Entwicklungsförderung, die jedem Schüler optimal zu helfen versucht.
- Die Sonderschule ist keine Sackgasse, sondern sie bemüht sich, ihre Schüler soweit als irgendmöglich und so früh als irgendmöglich in Regelschulen zu überweisen. Erweist sich dies nicht als sinnvoll,
- vermittelt die Sonderschule in der Regel eine bessere Grundlage für den Eintritt in Berufsausbildung bzw. Berufsleben als eine nicht abgeschlossene andere Schulausbildung.
- Die Sonderschule ist nicht an Absonderung orientiert, sondern an weitmöglicher Zusammenarbeit mit anderen Schulen und an einer Integration ins Umfeld. Dies zeigen vielfältige Schul- und Klassenpartnerschaften, gemeinsame Schulanlagen, Schulfeste usw.
- Die Sonderschule ist nicht Bewahrungsstätte und bloßer Schonraum. Sie bietet ihren Schülern allerdings, soweit erforderlich,

Entlastung von Ansprüchen, denen sie nicht genügen können, und hilft ihnen, weitmöglich die Befähigung zur Bewältigung entsprechender Aufgaben zu erlangen.

- Die Sonderschule vereinnahmt nicht möglichst viele Schüler, sondern sie ist als hoch differenziertes Spezialangebot des Bildungswesens nur jenen Schülern vorbehalten, denen durch integrierte Maßnahmen nicht hinreichend geholfen werden kann. Im Zweifelsfalle wird grundsätzlich zunächst versucht, mit integrierten Hilfsmaßnahmen anzusetzen.
- Sonderschulüberweisungen erfolgen nicht über die Köpfe der Eltern hinweg, sondern setzen ein ausführliches, erläuterndes, beratendes Gespräch voraus, das elterliche Überlegungen einbezieht. Sie werden überhaupt erst nach einer sorgfältigen, ausführlichen fachpädagogischen Untersuchung erwogen. Zudem besteht ein Einspruchsrecht der Eltern, das zu erneuten Überlegungen und Untersuchungen Anlaß geben kann.

Insgesamt gesehen, stellen Sonderschulen ein besonderes, d. h. über das übliche wesentlich hinausgehendes Förderungsangebot dar, das – wie die Erfahrung zeigt – Schüler wie Eltern in der Regel von bedrückenden Schulsorgen entlasten und wirksame Unterstützung bei der Entwicklung geben kann.

4.7 Freie Schulen: Beispiel Waldorfschule (Helmut Peifer)

Die unterschiedliche Kritik an der öffentlichen Schule hat den Gedanken an alternative private Konzepte immer wieder belebt. Als Beispiel für die derzeit in der Bundesrepublik bestehenden alternativen Modelle wird im folgenden die Waldorfschule vorgestellt.

4.7.1 Geschichte und Zielsetzungen

Die erste Waldorfschule wurde im Jahre 1919 in Stuttgart nach den Vorstellungen und unter der Leitung des österreichischen Geisteswissenschaftlers und Philosophen Rudolf Steiner (1861–1925) errichtet.

Steiner ist der Begründer der ‚Anthroposophie', einer Erkenntnis- und Weltanschauungslehre, die eine umfassende Deutung des menschlichen Daseins in Natur und Kosmos beinhaltet. Er vertritt darin u. a. den Gedanken einer Wiedergeburt (Reinkarnation). Nach Steiners Deutung ist der Mensch ein ‚Geistesgeschöpf', das sich über verschiedene Erdenleben hinweg immer freier entfaltet. – Der Zusammenhang einiger Grundgedanken der Waldorfschule mit Steiners Anthroposophie würde den Rahmen des Beitrags sprengen und steht außerdem in keinem direkten Zusammenhang mit der Elternarbeit, für die das Buch Informationsgrundlage sein möchte.

Geschichte

Die erste Schule entstand im Auftrag eines mit Steiner befreundeten Fabrikanten für die Kinder von Arbeitern und Angestellten der Zigarettenfabrik Waldorf Astoria, von der die Schule ihren Namen erhielt. Bis zum Ausbruch des Zweiten Weltkriegs wurden in Deutschland und auch im Ausland eine Reihe weiterer Waldorfschulen gegründet. Während der Nazizeit waren die Waldorfschulen in Deutschland verboten. Nach dem Zusammenbruch von 1945 wurde die in der Bundesrepublik und im westlichen Ausland begonnene Entwicklung weitergeführt. Derzeit bestehen in der Bundesrepublik etwa 80 Waldorfschulen mit mehr als 30 000 Schülern. Die meisten dieser Schulen entstanden aufgrund von Elterninitiativen.

Förderung statt Auslese

Der Waldorfschule geht es wie der Schule überhaupt um die Entwicklung von Selbstbestimmung und Mündigkeit (vgl. Kap. 2). Der Akzent liegt dabei in besonderer Weise auf *Handlungsfähigkeit*, die sich in sozialer Verantwortung realisiert (Steiner verwendet dafür meist den Begriff „Lebenstüchtigkeit"). Dabei sieht die Waldorfschule ihre Aufgabe vor allem in einer umfassenden, individuellen und altersgerechten *Förderung* der im Kind angelegten Fähigkeiten, nicht jedoch in der Auslese begabter Schüler. Leistungsdruck und Schulangst sollen vermieden werden. *Umfassend* und ganzheitlich ist diese Förderung insofern, als es der Waldorfschule auf eine allseitige Entfaltung der Anlagen des Kindes ankommt. Dabei werden insbesondere musisch-künstlerische und handwerkliche Fähigkeiten stärker gefördert, als dies in der Regel im staatlichen Schulwesen der Fall ist. Weiterhin sollen nicht nur die Kräfte des Verstandes, sondern ebenso die des Willens und des Gefühlslebens angeregt werden. Diese Förderung läßt sich deshalb als *individuell* bezeichnen, weil die Waldorfschule in besonderer Weise den Entwicklungsstand des einzelnen Schülers zu berücksichtigen sucht. Um *altersgerechte* Erziehung und Unterrichtsmaßnahmen bemüht sich die Waldorfschule auf dem Hintergrund der von Steiner so genannten ‚Menschenkunde', die die Vorstellung einer im 7-Jahres-Rhythmus ablaufenden Phasenabfolge in der menschlichen Entwicklung beinhaltet (vgl. dazu den am Schluß dieses Kapitels wiedergegebenen Text 4/6 von Steiner).

4.7.2 Organisation

Waldorfschulen sind Privatschulen, die aus Elternbeiträgen, Spenden und Staatszuschüssen finanziert werden. Das Schulgeld bemißt sich

Überblick über die Schulorganisation

nach dem Einkommen der Eltern. Alle Schüler durchlaufen einen einheitlichen 12jährigen Bildungsgang. Im Sekundarbereich besteht also keine Trennung in unterschiedliche Schulformen wie im staatlichen Schulwesen. Insofern könnte man die Waldorfschule auch als eine besondere Form der Gesamtschule bezeichnen. Die Schüler werden in festen Jahrgangsklassen unterrichtet. Eine Differenzierung nach Leistungskursen wie an der Orientierungsstufe und an der Gesamtschule erfolgt hier nicht.

Abschlüsse

Die Schüler können entweder den *Hauptschulabschluß* (Abgangszeugnis der Klasse 10, 11 oder 12) oder den *Realschulabschluß* (Vorbereitung dazu in Klasse 12) erwerben oder nach einem zusätzlichen 13. Schuljahr vor einer staatlichen Prüfungskommission das *Abitur* ablegen. Von der Möglichkeit des Abiturs machen mehr als ein Drittel aller Schüler Gebrauch. Für die verschiedenen Abschlüsse bestehen in den einzelnen Bundesländern unterschiedliche Genehmigungsverfahren. Der Realschulabschluß wird in der Regel von Waldorflehrern unter der Aufsicht der staatlichen Schulbehörde abgenommen. Waldorfschulen lehnen Abschlußprüfungen eigentlich ab, weil sie ihrer Grundvorstellung von einer optimalen Förderung des einzelnen Schülers widersprechen, und betrachten sie als Kompromiß, dem sie sich in unserer Gesellschaft nicht entziehen können.

Organisatorische Besonderheiten

In organisatorischer Hinsicht bestehen ferner die folgenden Besonderheiten:

— Es gibt kein Sitzenbleiben und keine Schulnoten, ebenso keine Zeugnisse im herkömmlichen Sinn.
— Die Schüler haben nach Möglichkeit vom 1. bis 8. Schuljahr den gleichen Klassenlehrer.
— Es besteht eine enge Zusammenarbeit zwischen Schule und Elternhaus.
— Es gibt keinen Direktor und keine Rangunterschiede zwischen den Lehrern. Die Lehrer arbeiten im Rahmen einer ‚kollegialen Selbstverwaltung‘ eng zusammen.

Diese Besonderheiten sollen im folgenden noch etwas näher erläutert werden.

Abschaffung des Sitzenbleibens und der Schulnoten

Die Waldorfschule will für die jungen Menschen eine Umwelt schaffen, in der sie sich wohlfühlen und angstfrei lernen können. Die Schüler sollen sich mit der Sache auseinandersetzen und nicht um der Noten willen arbeiten.

In der öffentlichen Schule wird eine solche freie Entfaltung häufig durch Leistungs- und Konkurrenzdruck beeinträchtigt. Der leistungsschwache Schüler lebt oft mit der Angst, nicht versetzt zu werden. Durch den ständigen Vergleich seiner Schulnoten mit denen seiner Mitschüler wird ihm immer wieder vor Augen geführt, wie wenig er den schulischen Anforderungen gewachsen ist. Dies kann ihn unter Umständen entmutigen und sein Selbstwertgefühl herabsetzen (s. Kap. 5.2). Angst, Mutlosigkeit und eine geringe intellektuelle Selbsteinschätzung sind jedoch außerordentlich ungünstige Lernvoraussetzungen.

Vermeidung von Leistungs- und Konkurrenzdruck

Die Waldorfschule will es zu diesen ungünstigen Lernbedingungen gar nicht erst kommen lassen. Da es kein Sitzenbleiben gibt, braucht der leistungsschwache Schüler nicht zu befürchten, eine Klasse zurückgestuft und aus seiner gewohnten sozialen Umgebung herausgerissen zu werden. Man hilft ihm vielmehr, bestehende Lernrückstände durch zusätzliche Unterstützung auszugleichen, so daß ein Sitzenbleiben überflüssig wird.

Wortzeugnisse

Die Zeugnisse der Waldorfschule, die im übrigen nur einmal im Jahr ausgeteilt werden, enthalten statt der Noten eine inhaltliche Beschreibung des Leistungsstands der Schüler (‚Wortzeugnisse'). Der Lehrer verfaßt zu jedem Fach eine Art Kurzgutachten. Dabei werden in erster Linie die seit dem letzten Zeugnis vom Schüler erbrachten Fortschritte herausgestellt. Der Schüler soll ja Mut fassen. Falls Hinweise auf noch bestehende Lernrückstände erforderlich sind, werden zugleich Ratschläge erteilt, auf welche Weise solche Rückstände behoben werden können. – Bei Verlassen der Schule wird auf Wunsch der Eltern allerdings auch ein Notenzeugnis ausgestellt.

Es werden auch keine Klassenarbeiten im üblichen Sinn geschrieben. Zwar gibt es schriftliche Arbeiten, die dem Schüler und Lehrer Rückmeldung über das erreichte Können geben sollen. Ihr Sinn besteht jedoch nicht darin, dem Lehrer Einzelnoten zu liefern, die später im Zeugnis zu einer Endnote zusammengefaßt werden, da es ja keine Zeugnisnoten gibt. Dementsprechend ersetzt auch bei schriftlichen Einzelleistungen eine inhaltliche Beurteilung die Noten.

Besondere Bedeutung des Klassenlehrers

Stabile Beziehung zwischen Lehrer, Schülern und Eltern

Eine individuelle Förderung, wie sie die Waldorfschule anstrebt, ist nur dann erreichbar, wenn der Lehrer alle seine Schüler in ihren Lernvoraussetzungen und persönlichen Eigenarten genau kennt. Dem Fachlehrer, der an einem Vormittag bis zu sechsmal die Klasse wechselt, ist dies kaum möglich. Die Waldorfschule hat auf dem Hintergrund dieser Problematik eine entschiedene Konsequenz gezogen: Die Schüler einer Klasse bleiben nach Möglichkeit vom 1. bis zum 8. Schuljahr beim gleichen Klassenlehrer, der den Unterricht in der Mehrzahl der Fächer erteilt. Der Lehrer hat also Gelegenheit, das Verhalten seiner Schüler in einem sehr breiten Bereich und über einen langen Zeitraum hinweg zu beobachten. Darüber hinaus lernt er durch engen Kontakt zu den Eltern und jährlich stattfindende Hausbesuche auch den familiären Hintergrund eingehend kennen. Dies gilt umgekehrt auch für die Beziehung der Schüler zu ihrem Klassenlehrer. Auf einer solchen Basis kann sich ein persönliches Vertrauensverhältnis und eine Atmosphäre der Geborgenheit entwickeln.

Das Klassenlehrersystem der Waldorfschule ist vermutlich gerade für lernschwache Schüler von erheblicher Bedeutung. Der Lehrer kann solche Schüler ja nicht durch Sitzenbleiben ‚loswerden'. Er wird also im eigenen Interesse bemüht sein, ihnen gezielte Lernhilfen zu bieten.

Enge Zusammenarbeit zwischen Schule und Elternhaus

Aktive Mitarbeit der Eltern

Waldorfschulen legen großen Wert auf die Zusammenarbeit mit den Eltern. Von ihnen wird erwartet, daß sie die erzieherische Arbeit der Schule aktiv unterstützen und sich dazu mit den Grundvorstellungen der Waldorfpädagogik auseinandersetzen. Diesem Zweck dienen zahlreiche Informationsveranstaltungen, Klassenelternabende, Elternsprechtage, pädagogische Arbeitskreise mit Eltern und Lehrern, praktische und künstlerische Arbeitsgemeinschaften und die bereits erwähnten Hausbesuche des Lehrers. Bei all diesen Gelegenheiten versuchen Eltern und Lehrer immer wieder, sich über die Leitlinien ihrer Erziehung zu verständigen und eine gemeinsame Grundlage zu finden. Außerdem wirken bei vielen Fragen, die die Gestaltung des Schullebens sowie die Organisation und Verwaltung der Schule betreffen, Elternvertreter aktiv mit.

Enge Zusammenarbeit der Lehrer im Rahmen einer ‚kollegialen Selbstverwaltung'

Keine Rang- und Gehaltsunterschiede

Zwischen den einzelnen Lehrern bestehen keine Rang- und Gehaltsunterschiede. Der Lehrer, der die Aufgabe hat, die Schüler zu Selbstverantwortung und innerer Freiheit zu führen, soll selbst über einen möglichst großen pädagogischen Freiraum verfügen und nicht von übergeordneten Autoritäten abhängig sein (vgl. auch Kap. 2.1). Deshalb gibt es auch keinen Direktor. In pädagogischen Fragen wird die Schule gemeinsam vom gesamten Kollegium verwaltet (‚kollegiale

Selbstverwaltung'). Es trifft sich jede Woche zu einer mehrstündigen Konferenz. Im ersten Teil geht es dabei um konkrete Fragen des Lehrplans und der Unterrichtsgestaltung sowie der erzieherischen Arbeit mit einzelnen Schülern. Im weiteren Verlauf werden dann Fragen der Organisation und Schulverwaltung behandelt.

4.7.3 Besonderheiten der Methodik und Didaktik

Epochenunterricht

Vom staatlichen Schulsystem sind wir gewohnt, daß die einzelnen Fächer jede Woche nach einem festen Stundenplan unterrichtet werden. Dies hat zur Folge, daß der Schüler sich immer wieder umstellen und von einem Thema zum andern springen muß. Dieser ständige Wechsel von Fach zu Fach und die damit verbundene ‚Zerstückelung' des Lernstoffs birgt die Gefahr, daß zwar vieles durchgenommen wird, manches davon aber auch nur relativ oberflächlich. Dem Lehrer bleibt innerhalb einer Schulstunde oft gar nicht die Zeit, die Schüler zu einer intensiven Auseinandersetzung mit dem Unterrichtsstoff anzuregen. Viele Schüler sind aus Gründen der Konzentration gar nicht in der Lage, sich Tag für Tag nacheinander in gleicher Weise in fünf oder sechs unter Umständen sehr verschiedenartige Sachbereiche zu vertiefen.

Hauptunterricht contra Zerstückelung des Lernstoffs

An der Waldorfschule ist eine solche Zerstückelung des Lernstoffs durch die Einrichtung des sogenannten ‚Hauptunterrichts' erheblich eingeschränkt. Die betreffenden Fächer – z. B. Deutsch, Mathematik, Geschichte, Erdkunde, Physik, Chemie, Tier- und Pflanzenkunde – werden ‚epochal' unterrichtet. Das heißt, in einem Zeitraum (einer ‚Epoche') von meist drei bis vier Wochen wird jeden Tag in den beiden ersten Schulstunden nur ein einziges Fach angeboten. Der Schüler hat z. B. drei bis vier Wochen lang Deutsch, danach drei bis vier Wochen lang Geschichte usw. Ist eine Epoche beendet, wird das betreffende Fach unter Umständen erst nach etwa einem halben Jahr erneut angeboten. Der Schüler hat also nicht das ganze Jahr über in jeder Woche mehrere Stunden Deutsch, Mathematik, Geschichte usw., sondern je nach Fach eventuell nur zweimal im Jahr für eine Epoche von drei bis vier Wochen, dafür aber jeden Tag zwei Stunden.

Nicht alle Fächer werden epochal unterrichtet. Ausgenommen vom epochal erteilten Hauptunterricht sind jene Fächer, die aus der Sicht der Waldorfpädagogik regelmäßiger Übung bedürfen, z. B. die

Fremdsprachen, Turnen, Handarbeit, Musik und das noch zu erläuternde Fach ‚Eurhythmie'. Es ist bemerkenswert, daß nach Auffassung der Waldorfschule Mathematik nicht zu den Fächern zählt, die im Rahmen einer festen Wochenstundenzahl geübt werden müssen, damit das einmal Erlernte auch behalten wird. Aus der Sicht der Waldorfpädagogik wird der in einer Epoche gelernte Stoff im darauffolgenden halben Jahr nicht einfach vergessen, sondern erfährt lediglich eine innere Umwandlung, eine Art Metamorphose.

Besonderheiten des Lehrplans

Das Kollegium stellt den Lehrplan zusammen

Waldorfschulen sind nicht an staatliche Lehrpläne gebunden. Der Lehrplan einer Schule wird vom Lehrerkollegium selbst zusammengestellt. Es orientiert sich dabei an einem allgemeinen inhaltlichen Rahmen, der sich im Verlauf der mehr als sechzigjährigen Schulgeschichte entwickelt hat und im wesentlichen auf Anregungen Rudolf Steiners zurückgeht. Von daher bestehen im inhaltlichen Angebot beträchtliche Unterschiede gegenüber der staatlichen Schule, aber auch Abweichungen zwischen den verschiedenen Waldorfschulen.

Im folgenden werden zunächst drei Besonderheiten der Waldorfschulen etwas näher beschrieben, die sich vor allem auf das Konzept einer *umfassenden und ganzheitlichen Förderung* zurückführen lassen und auf das damit verbundene Bestreben, eine einseitige intellektuelle Bildung zu vermeiden.

Musisch-künstlerischer Schwerpunkt

- Ein besonderer Schwerpunkt besteht im *musisch-künstlerischen Bereich.* So nehmen Singen, Musizieren, Malen, aber z. B. auch das Rezitieren sprachlicher Kunstwerke oder die Aufführung von Theaterstücken einen breiten Raum ein. In der Regel lernt jeder Schüler mindestens ein Musikinstrument. Jeder Schüler wird angehalten, im Schulorchester mitzuspielen oder sich am Schulchor zu beteiligen. Bei einer Vielzahl regelmäßig veranstalteter Schulfeste und -feiern ergibt sich die Gelegenheit, das im künstlerischen Bereich Gelernte der Schulgemeinschaft vorzuführen. Darüber hinaus soll nach dem Willen Steiners der gesamte Unterricht gleichsam von künstlerischem Leben erfüllt sein. So beginnt beispielsweise der Hauptunterricht jeweils mit gemeinsamem Singen oder Rezitieren.

Handwerklicher Schwerpunkt

- Ein weiterer Schwerpunkt liegt im *handwerklichen Bereich.* So lernen in den unteren Klassen Mädchen wie Jungen im Handarbeitsunterricht Nähen, Stricken, Häkeln, unter Umständen auch Weben und Spinnen. In der Werkstatt der Schule lernen die Schüler die Bearbeitung von Holz und Metallen.

- In der öffentlichen Schule werden nicht selten die *körperlichen Bedürfnisse* der Schüler vernachlässigt. Eine solche Vereinseitigung sucht die Waldorfschule zu vermeiden. Dies ist ein Motiv dafür, daß zusätzlich zum Sportunterricht das Fach *Eurhythmie* eingerichtet wurde. Es handelt sich dabei um eine auf Steiner zurückgehende Art der Bewegungskunst, bei der Sprache und Musik in Bewegung umgesetzt werden. Ziel des Sportunterrichts ist im übrigen nicht die körperliche Höchstleistung, sondern die Förderung harmonischer Bewegungsabläufe. Sportliche Höchstleistungen können ja nur im Vergleich zu den geringeren Leistungen anderer erbracht werden. Der Waldorfpädagogik geht es jedoch auch im Bereich des Sports darum, die Entstehung einer Konkurrenzhaltung zu vermeiden.

Eurhythmie

Das Bemühen um Handlungsfähigkeit und Lebenstüchtigkeit schlägt sich nicht nur in der Betonung handwerklicher Aktivitäten nieder. Auch in vielen anderen Unterrichtsbereichen spielt das Prinzip einer *lebenspraktischen Orientierung* eine wichtige Rolle. So lernen die Schüler z. B. in einer Epoche des dritten Schuljahrs, wie ein Haus entsteht. An der Hibernia-Schule in Herne mauern die Schüler dabei sogar nach einem vorher angefertigten Plan ein kleines Haus aus Bausteinen (Projektmethode, vgl. Kap. 3.3). Bei derartigen Gelegenheiten bieten sich hervorragende Möglichkeiten, theoretische Einsichten mit praktischem Tun zu verbinden. Im sechsten oder siebten Schuljahr lernen die Schüler beispielsweise, wie man Geschäftsbriefe schreibt. Eine Reihe von Waldorfschulen veranstaltet in den oberen Klassen Schulpraktika in der Industrie sowie in der Land- und Forstwirtschaft.

Lebenspraktische Orientierung

Einige Waldorfschulen vermitteln ihren Schülern nicht nur eine Allgemeinbildung, sondern zusätzlich auch eine berufliche Ausbildung. Bei einer solchen ‚Doppelqualifikation' können die Schüler der Hibernia-Schule sowohl eine Gesellenprüfung ablegen (z. B. als Elektroinstallateur oder Maschinenbauer) als auch die allgemeine Hochschulreife erwerben.

Allgemeinbildung und berufliche Ausbildung

Auch das Bemühen um eine *alters- und entwicklungsgerechte Förderung* findet an verschiedenen Stellen des Lehrplans seinen Niederschlag. Ein Beispiel: Alle Schüler lernen bereits im ersten Schuljahr eine *Fremdsprache*. In den ersten drei Jahren geschieht dies auf eher spielerische Weise. Die Kinder üben sich im freien Sprechen und auch im Singen der Fremdsprache. Grammatische Kenntnisse werden dagegen noch nicht vermittelt, wie man zunächst auch auf schriftliche Übungen verzichtet. Die Vermittlung abstrakten grammatischen

Altersgerechte Förderung

Wissens würde die Kinder nach Auffassung der Waldorfschule auf dieser Altersstufe noch überfordern. Sie sind demgegenüber eher auf konkretes Tun angewiesen. Allerdings wäre es falsch, mit dem Erlernen der Fremdsprache zu warten, da die Kinder auf einer spielerisch-handelnden Ebene dazu ja schon in der Lage sind.

Verzicht auf Schulbücher

Eine weitere Besonderheit besteht im weitgehenden *Verzicht auf Schulbücher*. Sie könnten aus der Sicht der Waldorfschule die pädagogische Freiheit des Lehrers einengen und die intensive Auseinandersetzung des Schülers mit den Lerninhalten beeinträchtigen. Die Funktion von Schulbüchern übernehmen die zu jeder Unterrichtsepoche vom Schüler sehr sorgfältig gestalteten Arbeits- bzw. ‚Epochenhefte'.

4.7.4 Probleme der Waldorfschule

Gefahr einer unzureichenden Wissenschaftsorientierung

Bei aller Würdigung der Bemühungen um eine individuelle, ganzheitliche und altersgerechte Förderung des Kindes ist doch zu fragen, ob dieser an sich wünschenswerte schülerorientierte Ansatz nicht auch mit Vereinseitigungen verknüpft ist. Zweifel sind vor allem im Hinblick auf die *Wissenschaftsorientierung* (vgl. Kap. 3.4) der Waldorfpädagogik anzumelden. Das folgende Beispiel verdeutlicht entsprechende Gefahren. In ihrem Buch „Vom Lehrplan der Freien Waldorfschule" (Stuttgart 1978, S. 53) schreibt C. v. HEYDEBRAND zum Biologieunterricht des 12. Schuljahrs u. a.: „Das Tierreich wird (...) als eine Auseinanderfaltung der einzelnen Organsysteme des Menschen zu den einzelnen Organisationen der Tiergruppen verständlich gemacht. Jedes Tier erscheint als ein verselbständigtes Organ oder Organglied des Menschen, die Tierwelt als der in seine Teile zerspaltene Mensch." Eine solche Betrachtungsweise, die aus der Steinerschen Weltdeutung abgeleitet ist, dürfte kaum mit dem Wissenschaftsverständnis der modernen Biologie zu vereinbaren sein. Ähnliche Beispiele finden sich auch für andere Fächer.

Waldorfschule – ein weltfremder Schonraum?

Wesentlich schwieriger ist die Frage zu beantworten, inwieweit der Vorwurf berechtigt ist, der sich aus dem Verzicht der Waldorfschule auf traditionelle Prüfungen und Beurteilungen sowie auf das Sitzenbleiben ergibt. Kritiker argumentieren etwa so: Die öffentliche Schule stellt an ihre Schüler hohe Leistungsanforderungen und setzt sie einem ständigen Leistungsvergleich aus; sie bereitet sie gezielt auf die Lebenswirklichkeit in einer Gesellschaft vor, die ohne Leistungs- und Konkurrenzkampf nicht auskommt. Demgegenüber schafft die Waldorfschule jedoch einen künstlichen und *weltfremden Schonraum*, in dem sich Schüler vielleicht wohlfühlen können, wichtige Lebensorientierungen jedoch nicht erlernen. Gegenüber einer solchen Kritik verweist die Waldorfschule auf ihr grundlegend anderes Verständnis: Der heranwachsende junge Mensch muß zunächst einmal ohne Druck von außen seine Anlagen entfalten und dabei die innere Sicherheit und Festigkeit erlangen, ohne die er den späteren Lebenskampf nicht bestehen kann.

Probleme der Wortzeugnisse

Auch die andersartige Form der *Leistungsbeurteilung* – Wortzeugnisse anstelle von Noten – kann zu Problemen führen. So sehr die damit verbundenen pädagogischen Zielsetzungen zu begrüßen sind, so schwierig ist andererseits die konkrete Umsetzung. Dies ist vor allem dann zu beobachten, wenn der Lehrer beim Schreiben der Zeugnisse die Leistungen seiner Schüler in den verschiedenen Fächern des Hauptunterrichts in wenigen Worten zutreffend darstellen soll. Die Formulierungen geraten dann nicht selten sehr allgemein, weshalb sie wenig Informationswert besitzen. Oder sie enthalten sogar häufig wiederkehrende Floskeln und Leerformeln, mit denen weder die Schüler noch die Eltern etwas anfangen können. Ferner kann das Bemühen, dem Schüler durch Betonung seiner positiven Ansätze Mut zu machen, gelegentlich auch zur Ausbildung einer unrealistisch hohen Selbsteinschätzung beitragen.

Selbständigkeit: zu wenig gefördert?

Eine weitere Gefahr ist möglicherweise mit den Phasenvorstellungen der Waldorfpädagogik verknüpft. Danach ist es für die kindliche Entwicklung im Alter von sieben bis vierzehn Jahren (vom Zahnwechsel bis zur Zeit der Geschlechtsreife) von entscheidender Bedeutung, daß der Erwachsene eine Art liebevoll verehrter Autorität darstellt. Von dieser Autorität übernimmt das Kind sein Wissen und seine Bewertungen. Zu selbständigem Denken und Urteilen ist es nach dieser Auffassung noch nicht in der Lage. Im erzieherischen Alltag können solche Vorstellungen über Entwicklungsphasen Vereinseitigungen zur Folge haben, wenn der Förderung kindlicher *Selbständigkeit* zu wenig Beachtung geschenkt wird. In der Schule kann dies dazu führen, daß Unterrichtsprozesse und die damit verbundenen Lernvorgänge ausschließlich vom Lehrer gesteuert werden, die Eigenaktivität des Schülers dagegen zu wenig gefördert wird. Das geschieht vor allem dann, wenn man Unterrichtsformen vernachlässigt, die der Steuerung des Lernens durch den Schüler Raum geben, so z. B. die weitgehend selbständige Arbeit von Schüler*gruppen*. (Vgl. dazu den weiter unten wiedergegebenen Text 4/7.)

Probleme des Klassenlehrersystems

Nicht ganz unbedenklich erscheint auch die herausragende Bedeutung des *Klassenlehrers*. Durch die Fixierung auf eine zentrale Erwachsenenperson werden dem Schüler möglicherweise wichtige Erfahrungen vorenthalten, die er an anderen Schulen durch den Umgang mit mehreren Lehrern machen kann. Außerdem dürfte das enge und acht Jahre dauernde Zusammenleben von Klassenlehrer und Schülern in Einzelfällen, in denen beide Partner sich trotz aller Bemühungen nicht aufeinander einstellen können, problematische Auswirkungen haben. Anders als im öffentlichen Schulwesen gibt es für den Schüler in solchen Fällen ja nicht die Möglichkeit, durch Hinwendung zu anderen Lehrern einen Ausgleich für erlittene Enttäuschungen zu finden.

Der folgende Auszug aus einem Vortrag gibt einen Eindruck davon, wie sehr es Rudolf Steiner auf eine individuelle und alters- bzw. entwicklungsgerechte Förderung des Kindes ankommt.

Text 4/6

Ein Umschwung im kindlichen Erleben

In der Periode des Zahnwechsels vollzieht sich ein Umschwung im kindlichen Erleben. Es tritt der Trieb ein, das zu tun oder auch zu denken, was ein anderer Mensch, der von dem Kinde als Autorität empfunden wird, tut oder denkt, wenn er dieses Tun oder Denken als richtig bezeichnet. Vor diesem Lebensalter wird nachgeahmt, um das eigene Wesen zum Nachbild der Umgebung zu machen; mit dem Eintritt in dieses Alter wird nicht bloß nachgeahmt, sondern es wird das fremde Wesen mit einem gewissen Grade der Bewußtheit in das eigene Wesen hereingenommen. (...)

Wer in diesem Felde seine Beobachtungen aus der Vorstellungsart heraus anstellt, die für Naturdinge (...) die richtige ist, dem entzieht sich, was das eigentlich Bedeutsame ist. Wer aber auf die für dieses Gebiet sachgemäße Beobachtungsart eingeht, der schärft sein Seelenauge für das Individuelle der Kindeswesenheit. Ihm wird das Kind nicht zum „einzelnen Fall", den er nach einem Allgemeinen beurteilt, sondern zum ganz individuellen Rätsel, das er zu lösen versucht.

(aus: Rudolf Steiner, Die pädagogische Zielsetzung der Waldorfschule in Stuttgart. In: R. Steiner, Aspekte der Waldorf-Pädagogik. Kindler Verlag, München [3]1979, S. 47)

Der folgende Ausschnitt aus einem Beitrag der auf einer einwöchigen Hospitation an einer Waldorfschule beruht, bringt die Gefahr eines zu sehr vom Lehrer gesteuerten Unterrichts zur Sprache. Die Autorin kritisiert zunächst, daß nach ihren Eindrücken vor allem in den ersten acht Schuljahren Bemühungen um die Selbständigkeit des Kindes und damit verbundene Unterrichtsformen wie Gruppenarbeit, Gespräch und Beobachtungsunterricht zu kurz kommen.

Text 4/7

Der Lehrer als Wortkünder

Natürlich ist die Sitzordnung fraglos; alle Kinder schauen den Lehrer als den Wortkünder an. Es geht der Waldorfpädagogik in diesem Schulalter der ersten acht Jahrgänge in erster Linie um Übernahme, um Welterfahrung durch stilles Hinhören und Sich-Versenken mit Hilfe des mitteilenden Lehrerwortes (. . .).

(aus: J. Maschmann, Die Pädagogik der Waldorfschulen. In: Die Deutsche Schule, Band 51/1959, S. 479)

Bei aller Kritik im einzelnen dürfen jedoch die grundlegenden Vorzüge der Waldorfschule nicht übersehen werden. Hellmut Becker, der frühere Leiter des Max-Planck-Instituts für Bildungsforschung in Berlin, bezeichnete sie als „die Schule der Zuwendung zum Kinde, die Schule ohne Bürokratie, die das Vorbild einer menschlichen Schule hat“ (DIE ZEIT vom 27. 2. 1981).

5. Schule: nicht nur Lernort, sondern auch Lebenswelt des Schülers

5.1 Schulleben (Helmut Peifer)

5.1.1 Bedeutung des Begriffs ‚Schulleben'

Zwei Bedeutungen von ‚Schulleben'

Der Begriff ‚Schulleben' kann unterschiedlich weit gefaßt werden. In einer weiten Bedeutung meint er ‚alles Leben an der Schule', also alle Handlungen, die an der Schule stattfinden, insbesondere die von Schülern, Lehrern und Eltern. Diese Handlungen vollziehen sich sowohl innerhalb als auch außerhalb des Unterrichts (z. B. in Pausen oder bei Schulwanderungen). In einer engeren Bedeutung umfaßt der Begriff lediglich *schulische Aktivitäten von Schülern, Lehrern und Eltern außerhalb des Unterrichts*. Im folgenden wird der Begriff in dieser engeren Bedeutung verwendet. Unterricht und Schulleben werden also einander gegenübergestellt, obwohl sich beide Bereiche, wie noch zu zeigen ist, nicht scharf voneinander trennen lassen.

Aktivitäten außerhalb des Unterrichts

In der engeren Bedeutung als *‚außerunterrichtliches Schulleben'* bezieht sich der Begriff vor allem auf folgende Aktivitäten:

- Schulwanderungen, Klassenfahrten im In- und Ausland (eventuell in Verbindung mit einem Schüleraustausch), Aufenthalt in Schullandheimen,
- Feiern und Feste (z. B. Abiturfeier, Sportfest, Schulbasar),
- freiwillige Arbeitsgemeinschaften von Schülern,
- Schulchor, -orchester, -theater,
- von der Schule veranstaltete Besuche von Konzerten, Theateraufführungen oder Ausstellungen,
- Aktivitäten der Schüler im Rahmen der Schülermitverantwortung,
- Herausgabe einer Schul- oder Klassenzeitung,
- Ausgestaltung der Schule, des Schulhofs und des Klassenzimmers,
- Übernahme von Hilfs- und Ordnungsämtern durch die Schüler (z. B. Verwaltung naturwissenschaftlicher Geräte),
- Aktivitäten der Eltern, z. B. im Rahmen des Elternbeirats (vgl. dazu Kap. 6).

5.1.2 Chancen und Möglichkeiten des Schullebens

Zunächst einmal können die Veranstaltungen des Schullebens dazu beitragen, die allgemeinen Ziele der Schule zu verwirklichen. Wie der Unterricht auch können sie dem Schüler Hilfe und Anreiz geben, die Welt, in der er lebt, besser zu verstehen, sich in ihr zu orientieren und sich insgesamt zu einem mündigen, urteils- und handlungsfähigen Bürger zu entwickeln. Die Chance dazu besteht insbesondere unter den folgenden Gesichtspunkten:

Was kann Schulleben leisten?

a) Das Schulleben bietet eine Fülle von Situationen des Zusammenlebens von Lehrern und Schülern und eröffnet dadurch zahlreiche Möglichkeiten des sozialen Lernens bzw. der Sozialerziehung.
b) Es enthält vielfältige Gelegenheiten zu konkretem und lebensnahem Handeln.
c) Dieses Handeln bietet Schülern in breitem Umfang Möglichkeiten zur Eigeninitiative und Selbststeuerung.
d) Die Veranstaltungen des Schullebens können in erheblichem Maße das Schulklima mitbestimmen und dazu beitragen, daß Schüler sich an diesem Ort wohlfühlen.

Zu a) Sozialerziehung und soziales Lernen

Die Schule will, wie wir gesehen haben, einen Beitrag zum Aufbau von Mündigkeit leisten (s. Kap. 2.3). Der heranwachsende junge Mensch soll zunehmend befähigt werden, sein Leben im privaten und öffentlichen Bereich aufgrund *eigener* Urteils- und Entscheidungsfähigkeit zu führen. Er soll dabei allerdings nicht nur imstande sein, die eigenen Interessen und Bedürfnisse zu vertreten, sondern auch die seiner Mitmenschen berücksichtigen. Sozial verantwortliches Handeln in diesem Sinne setzt eine Reihe von Einzelfähigkeiten voraus. Man muß z. B. lernen,

Voraussetzungen für soziales Handeln

— sich in die Situation und das Erleben anderer einzufühlen,
— entstehende Konflikte auf vernünftige Weise zu lösen,
— Regeln und Ordnungen einzuhalten, die das Zusammenleben von Menschen erleichtern sollen, und auch Spielregeln des Zusammenlebens auszuhandeln und aufzustellen,
— Pflichten zu übernehmen, die dem gemeinsamen Handeln einer Gruppe von Menschen zugute kommen.

Schulleben fördert soziale Fähigkeiten

All diese Fähigkeiten können zwar auch im engeren Bereich des Unterrichts gefördert werden, etwa wenn man dort entstehende Konflikte zum Gegenstand des Nachdenkens und Aushandelns vernünftiger Lösungen macht. Aber die sozialen Situationen des Unterrichts sind oft durch eine gewisse Enge und Einseitigkeit gekennzeichnet. Es geht ja immer wieder darum, daß die Schüler etwas lernen und Leistungen erbringen sollen. Im Vergleich dazu bieten Situationen des Schullebens eine Fülle zusätzlicher Gelegenheiten, miteinander zu sprechen, zu arbeiten oder zu spielen. Diese vielfältigen Situationen lassen sich letztlich alle in erzieherischer Hinsicht nutzbar machen.

Klassenfahrten verbessern gegenseitiges Verstehen

Zum Beispiel erfährt der Lehrer im Unterricht sehr viel über die Lern- und Leistungsbereitschaft und über die erforderlichen Fähigkeiten des Schülers, jedoch nur wenig über andere Bereiche der Schülerpersönlichkeit und dessen allgemeine Lebenssituation. Demgegenüber eröffnen sich im Rahmen von *Schulwanderungen* und *Klassenfahrten* zahlreiche Möglichkeiten, den Schüler in sehr verschiedenartigen Situationen zu beobachten und mit ihm in ein persönliches Gespräch zu kommen. Auf diese Weise kann der Lehrer das Bild, das er sich über den Schüler gemacht hat, in vielfältiger Weise ergänzen und vervollständigen. Vielleicht wird er ihn sogar mit ganz anderen Augen sehen als vorher. Umgekehrt gilt natürlich auch für die Schüler, daß sie Lehrer wie auch Mitschüler bei solchen Anlässen genauer kennenlernen. So kann sich eine neue Grundlage gegenseitigen Verstehens und Vertrauens entwickeln. Nicht wenige Lehrer berichten, daß sich nach Klassenfahrten vorher bestandene Spannungen entschärfen, daß sie zu einzelnen Schülern einen neuen Zugang finden und daß sich in der Klasse ein neues Gemeinschaftsgefühl entwickelt.

Zu b) Möglichkeiten eines konkreten und lebenspraktischen Handelns

Mehr Lebensnähe

Die Situationen des Schullebens weisen im Vergleich zum systematisch und planvoll angelegten Unterricht meist eine größere Lebensnähe auf: Hier kommt es zum einen weniger auf Zuhören und Denken an, sondern vor allem auf eigenes *Tun und Handeln*. Zum andern ist dieses Tun und Handeln für den Schüler *unmittelbar bedeutsam*; es enthält seinen Sinn in sich und muß nicht dadurch begründet werden, daß es auf spätere Lebenssituationen vorbereitet.

Wenn Schüler z. B. eine *Schulzeitung* herausgeben, so erwerben sie nebenher zwar Fähigkeiten, die für das spätere Leben nützlich sein können, in erster Linie geht es jedoch darum, anderen Menschen etwas mitzuteilen, das man selbst für bedeutsam hält.

Ernstcharakter

An diesem Beispiel wird ein weiteres wichtiges Merkmal von Veranstaltungen des Schullebens deutlich: Im Vergleich zum Unterricht haben solche Aktivitäten oft einen stärkeren *Ernstcharakter*. Wie auch meist sonst im Leben, z. B. im Beruf, erfährt man die Folgen unzureichender persönlicher Anstrengungen gewissermaßen am eigenen Leibe. So ist den Verfassern der Schulzeitung bereits im voraus klar, daß sie sich bei den Lesern blamieren werden, wenn sie vorher schlampig gearbeitet haben. Im Vergleich dazu nimmt der Schüler die Aktivitäten des Unterrichts oft gar nicht richtig ernst, sondern erlebt sie eher als leeres Ritual und sinnloses Tun, an dem er sich deshalb beteiligt, weil er die Noten fürchtet.

Zu c) Freiraum für selbstgesteuertes Handeln des Schülers

Selbst- und Mitbestimmung

Ein Merkmal von mündigem Verhalten ist die Fähigkeit, sich für das eigene Handeln selbst Ziele zu setzen und Entscheidungen zu treffen. Ein derart selbstbestimmtes bzw. selbstgesteuertes Verhalten muß der junge Mensch in immer neuen Lebensbereichen allmählich lernen. Wenn die Schule dazu einen Beitrag leisten will, muß sie ihm Gelegenheit zur Selbst- und Mitbestimmung geben. Dies sollte soweit wie möglich bereits im Unterricht geschehen. Viele Lehrer versuchen z. B., die Schüler an der Bestimmung der Lernziele und an der Planung einzelner methodischer Schritte zu beteiligen. Die Möglichkeiten dazu sind jedoch durch den Rahmen, den z. B. Stundenplan und Lehrplan vorgeben, sehr begrenzt. So unterscheiden sich die Interessen der Schüler einer Klasse oft beträchtlich, und es kann äußerst zeitaufwendig sein, bei der Planung einer Unterrichtseinheit die unterschiedlichen Bedürfnisse und Interessen der Lerngruppe ‚unter einen Hut' zu bringen.

Mehr Freiraum zur Entscheidung

Im außerunterrichtlichen Schulleben fällt es dagegen meistens leichter, die Schüler an der Steuerung der Aktivitäten zu beteiligen. Hier gibt es vielfach schon deshalb mehr Entscheidungsfreiraum für den Schüler, weil er – anders als im Unterricht – selbst bestimmen kann, ob er teilnimmt oder nicht (z. B. am Schulchor oder an freiwilligen Arbeitsgemeinschaften). Aber auch die Art und Weise, wie die jeweilige Aktivität durchgeführt wird, kann oftmals der Entscheidung der Schüler überlassen bleiben. Beispielsweise können die Schüler in breitem Umfang an der Planung und Gestaltung von Aufenthalten im Schullandheim beteiligt werden.

Zu d) Verbesserung des Schulklimas

Vor allem im Sekundarbereich läuft der Unterricht immer wieder Gefahr, zu ‚kopflastig' zu werden. Das ist besonders dann der Fall, wenn man alltägliche Lernerfahrungen der Schüler vernachlässigt, wenn die Leistungsbeurteilung und Benotung ein übermäßiges Gewicht erhält, wenn also intellektuelle Anforderungen überbetont werden.

Je stärker solche Einseitigkeiten ausgeprägt sind, desto geringer ist die Chance, eine von Pädagogen seit langem erhobene Forderung zu erfüllen und die Schule zu einem *Ort ‚kind- und jugendgemäßen Lebens‘* zu machen – zu einem Ort, der den Bedürfnissen junger Menschen gerecht wird, an dem sie sich wohlfühlen können. Eher ist das Gegenteil der Fall: Schulmüdigkeit und Schulverdrossenheit machen sich breit, und es kommt zu den vielbeklagten Erscheinungen des Desinteresses, der Apathie oder auch der Aggression, der Disziplinlosigkeit, ja sogar der Zerstörungswut.

Ein Lebensort für Schüler

Nun versuchen zwar die weitaus meisten Lehrer, ihren Unterricht von den genannten Einseitigkeiten freizuhalten. Aber die vorgegebenen organisatorischen und bürokratischen Rahmenbedingungen setzen ihnen dabei enge Grenzen. Demgegenüber eröffnen die vielen Situationen des Schullebens die Chance, ein Gegengewicht zu schaffen. Hier ist es eher möglich, den Bedürfnissen des Schülers z. B. nach Gemeinschaft, nach Selbstbestimmung oder nach lebenspraktischem Handeln gerecht zu werden. Von großer Bedeutung ist dabei auch, daß sich der Schüler hier an Aktivitäten beteiligen kann, ohne einer ständigen Leistungsbeurteilung ausgesetzt zu sein. In den vielfältigen Bereichen des Schullebens kann er vor allem Freude und Befriedigung erleben. Ein solcher Schüler wird sich eher mit seiner Schule identifizieren und sie als *seinen* Ort betrachten. Wenn der Schüler sich im Schulleben wohlfühlt, kann dies seine Einstellung zur Schule insgesamt verbessern und damit auch die Bereitschaft fördern, sich auf die Anforderungen des Unterrichts einzulassen. Schulleben kann sich auf diese Weise positiv auf das gesamte Klima der Schule auswirken.

Schulleben als Programm für die gesamte Schule

Eine Gefahr sollte man in diesem Zusammenhang beachten: Die intensive Pflege des Schullebens darf nicht zum Alibi werden – solche Aktivitäten sind kein *Ersatz* für Versuche, den Unterricht zu verbessern. Im Idealfall lassen sich die positiven Merkmale des Schullebens wie Lebensnähe, Betonung des sozialen Lernens usw. auf die Schule insgesamt, also auch auf den Unterricht übertragen. In diesem Fall wäre die gesamte Schule von ‚Leben‘ erfüllt, und die Gegenüberstellung von ‚Unterricht‘ und ‚Schulleben‘ würde sich erübrigen. Schulleben sollte also mehr sein als bloß ein Gegengewicht zu negativen Erscheinungen der Schule. Die Ziele des Schullebens gelten für alle Bereiche der Schule, also auch für den Unterricht.

Der folgende Text zeigt am Beispiel einer Reformschule der 30er Jahre, wie im Schulleben unterschiedliche Gruppierungen zusammenwirken können. Damit soll jedoch nicht gesagt werden, daß nicht auch einfachere Ansätze sinnvoll sein können.

Text 5/1

Ein Fest zum Schulbeginn

Das erste Fest des Schuljahres ist die Aufnahme der Schulneulinge einige Tage nach dem Schulbeginn zu Ostern. In den Tagen vorher wird in allen Gruppen dafür gearbeitet. Die Großen entwerfen und basteln Schultüten, stellen Fibeln für die Kleinen her, die Kleineren helfen beim Bemalen und Füllen von ausgeblasenen Eiern, formen Hasen aus Ton, bauen Nester; es werden Lieder, Spiele, Theaterstücke eingeübt. Die Kleinen werden in den Kreis aller Schulkameraden eingeführt und spüren gleich beim Empfang, wie sich alle auf sie gefreut (...) und wie sie versucht haben, mit dem Gabentisch und den Darbietungen ihnen ihren Eintritt in die Schule zu einem schönen frohen Erlebnis zu gestalten ...

(aus: Th. Dietrich, Die pädagogische Bedeutung des Schullebens. In: Westermanns Pädagogische Beiträge, 1977, Band 29, S. 311)

Der Autor des nächsten Textauszugs spricht sich zwar für die Pflege eines vielseitigen Schullebens aus, zweifelt aber an den Chancen, dies gegenwärtig zu verwirklichen.

Text 5/2

Wenig Raum für die Entwicklung der emotionalen Kräfte

In nüchterner Einschätzung der Gegebenheiten wird man wohl sagen müssen, daß Schulleben in der Gegenwart keine günstigen Entfaltungschancen hat. Es läßt sich schlecht mit der allgemein geforderten, unter Stoff- und Zeitdruck stehenden Leistungsschule vereinbaren. Ob wir es wahrhaben wollen oder nicht, wir erleben heute eine Neuauflage der (alten) Lernschule. Schule versteht sich vorrangig als Stätte der Wissensvermittlung, als „optimale Organisation von Lernprozessen" ..., die wenig Raum für die Entwicklung der emotionalen Kräfte sowie der sittlichen und sozialen Einstellung des Schülers läßt.

(aus: G. Steindorf, Einführung in die Schulpädagogik. Klinkhardt Verlag, Bad Heilbrunn 1972, S. 195)

5.2 Der Schüler im sozialen Feld der Klasse

Das erste Kapitel dieses Buches verwies auf die geringe Kinderzahl und die Situation des Einzelkindes als Merkmale der modernen Kleinfamilie. Ganz unabhängig von der genauen Zahl der Kinder gilt jedoch eine wichtige Beobachtung: Sobald das Kind oder der Jugendliche einer größeren Gruppe wie z. B. der Schulklasse angehört, treten ihm ganz andere soziale Erfahrungen und Anforderungen gegenüber als in der Familie. In der Klasse laufen für die Schüler Handlungen auf zwei Ebenen ab:

Unterricht und Gruppe: zwei Ebenen

— zum einen auf der Ebene des Unterrichts – also dort, wo gelernt wird, wo Fragen beantwortet, Tests geschrieben und Noten verteilt werden (formelle Ebene);
— zum anderen innerhalb der Gruppe von Gleichaltrigen (man bezeichnet sie mit einem englischen Fachwort als ‚Peer-Group'). Dort richtet sich die Aufmerksamkeit darauf, wer der Stärkste in der Klasse ist, wer schon ein Moped hat oder wer am besten bei Mädchen bzw. Jungen ankommt (informelle Ebene).

Zwischen beiden Bereichen bestehen Beziehungen, so daß die Stellung des Schülers in der Gruppe sich aus Ereignissen auf beiden Ebenen ergibt.

5.2.1 Schulleistung: soziale Bedingungen und Auswirkungen

Unterricht: Leistung entscheidet über das Ansehen

Die Unterrichtsebene ist an erster Stelle durch Leistungsgesichtspunkte gekennzeichnet. Der Philosoph Hegel (1770–1831) drückte diesen Sachverhalt in einer seiner Gymnasialreden sinngemäß so aus: „In der Schule gilt das Kind nicht wegen seiner Person, sondern wegen seiner Leistung."

Hier geht es nun darum genauer zu klären, was es mit dieser leistungsbezogenen Geltung auf sich hat. Dabei können Probleme der Leistungsbeurteilung und der Notengebung (vgl. Kapitel 2.4) außer acht gelassen werden. Statt dessen konzentriert sich die Darstellung darauf zu zeigen, welche *sozialen Auswirkungen* die Leistung für den Schüler hat: auf sein Selbstvertrauen, sein Ansehen bei den Mitschülern, sein Urteil über sich selbst. Da hier soziale (gruppenbezogene) und psychologische (auf das Innenleben des Schülers bezogene) Wirkungen zusammenkommen, spricht man von den sozial-psychologischen Folgen und Bedingungen der Schulleistung eines Kindes.

Aus einer Reihe von Untersuchungen ergab sich, daß die Stellung des Schülers und seine Selbsteinschätzung, sein Selbstwertgefühl sehr stark von seinem Leistungsstand im Unterricht mitbedingt sind. Voraussetzung hierfür ist allerdings, daß die Gruppe (die Schulklasse) Leistung als Wert anerkennt und Handlungsnormen etwa in folgender Art entwickelt hat:

Unterricht: Werte und Normen der Gruppe

- Auf eine Klassenarbeit bereitet man sich vor.
- Es ist vernünftig, auf gute Noten aus zu sein.
- Wer in den wichtigsten Fächern keine guten Noten hat, ist dumm.
- Klassenkameraden, die faul oder schwach im Unterricht sind, wünscht man sich nicht als Freunde.

Teufelskreis der Entmutigung

Wenn eine Gruppe Leistung in dieser Weise positiv bewertet, entsteht für leistungsschwache Schüler eine sozial-psychologisch schwierige Situation: Man könnte sie als ‚Teufelskreis der Entmutigung' bezeichnen. Auf eine Reihe schwacher Leistungen – welche Ursachen sie auch immer haben mögen – wird der Lehrer recht bald mißbilligend hinweisen: „Deine Arbeit ist wirklich nicht besonders." Vermutlich übernehmen die Mitschüler diese Einschätzung des Leistungsstandes im Laufe der Zeit: „Da hast du aber eine schwache Leistung gezeigt. Mehr bringst du wohl nicht." Für den betreffenden Schüler entsteht so bei den nächsten Arbeiten eine angespannte Erwartungshaltung: „Hoffentlich klappt die Arbeit diesmal besser." Dies kann unter Umständen zu Verkrampfung, Unsicherheit, Nervosität, Angstgefühlen führen. Sollte er die Arbeit wieder verhauen, kommt es zu den gleichen Reaktionen wie beim letzten Mal. Vermutlich äußern sich mittlerweile auch seine Eltern kritisch: „So miserable Leistungen müssen ja nun wirklich nicht sein."

Solche gehäuft vorgebrachten negativen Bemerkungen übernimmt der Schüler allmählich: „In dem Fach kann ich nichts." Er traut sich nichts mehr zu, versucht ähnlich belastende Situationen zu vermeiden, z. B. durch Kranksein, wenn Klassenarbeiten geschrieben werden. Schließlich kann sich die negative Selbsteinschätzung von diesem Fach auch auf andere übertragen: „Ich bin wohl überhaupt zu dumm." Dann hat sich der Teufelskreis der Entmutigung geschlossen.

In der Klasse kann die Entmutigung zur Isolation des Schülers führen. Er wird von den anderen Schülern abgelehnt oder gehänselt. Daraufhin vermeidet er Kontakte zu den Mitschülern, wird verschlossen, bricht manchmal in aggressives Verhalten aus, fehlt häufig in der Schule.

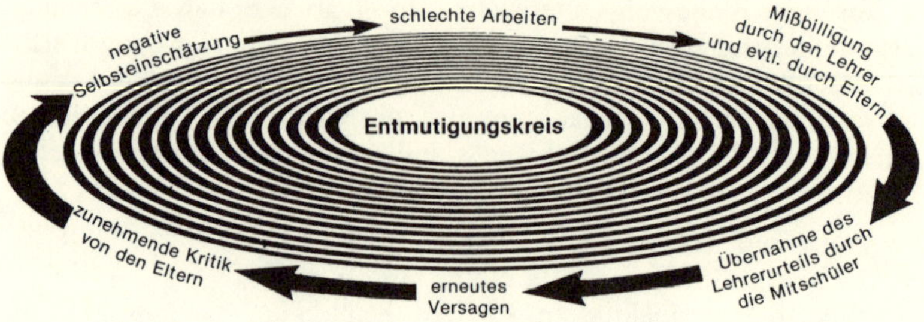

Abb. 25: Der Teufelskreis der Entmutigung

Wenn Sie als Eltern die Schilderung dieses Vorgangs gelesen haben, beachten Sie bitte: Ähnlich wie bei den Informationen zum schichtspezifischen Verhalten handelt es sich hier um ein *Erklärungsmodell* für bestimmte Erscheinungen. Das Modell darf nicht mit der Wirklichkeit verwechselt werden. Die Wirklichkeit einer Schulklasse ist niemals so ‚ereignisarm' wie der oben skizzierte Kreis. Solche Modelle sind Hilfsmittel, die Wissenschaftler entwickelt bzw. konstruiert haben, um wichtige Momente eines komplizierten Gesamtablaufs besonders hervorzuheben. Diese Überbetonung macht darüber hinaus allerdings auch eindringlich deutlich, wie leicht die einzelnen Phasen ineinander übergreifen und wie unbemerkt solche Prozesse ablaufen können.

Der Teufelskreis ist kein Naturgesetz

Man sollte nicht nur den Modellcharakter des ‚Teufelskreises' vor Augen haben, sondern auch bedenken, daß der ganze Prozeß bei gleichem Anlaß, sonst aber anderen Voraussetzungen sozial-psychologisch ganz anders verlaufen kann. Nicht in allen Schulklassen sind die Schüler der Meinung, Leistung sei ein positiver Wert. Denkbar ist auch das Gegenteil: Sie vertreten vielmehr die Ansicht, Lernen sei unsinnig, führe einen nur in jene ‚Tretmühle', in der sich ihrer Meinung nach die Eltern befinden. Viele Jugendliche haben ‚Null Bock' auf Schule, sprich: auf Leistung. In diesem Fall werden verhauene Klassenarbeiten oder schwache Leistungen insgesamt kaum zur Isolation des Schülers führen. Eher wird er – in Übereinstimmung mit den anerkannten Werten der Gruppe – voll in die Klasse integriert sein.

Weiter ist zu bedenken, daß der Kreislauf der Entmutigung nur dann in der geschilderten Weise funktioniert, wenn das Urteil des Lehrers einen entsprechend hohen Stellenwert besitzt. Gelten Lehrer jedoch als ‚doofe Pauker', dann hat ihr Urteil sozial-psychologisch kaum Folgen.

Ferner ist zu beachten: Das Modell des Teufelskreises geht auch davon aus, daß der leistungsschwache Schüler einer in sich geschlossenen Gruppe gegenüber steht. Häufig ist eine Schulklasse jedoch in Untergruppen (Cliquen) aufgeteilt. Dann sieht der einzelne Schüler nicht das Urteil der *Gesamt*klasse (falls es das hier überhaupt gibt), sondern nur das *seiner* Clique als bedeutsam an.

Die Rolle der Eltern

Vergessen Sie auch nicht Ihre eigene Rolle in diesem Prozeß. Tadel und Strafe müssen nicht zwangsläufig die Reaktion auf schlechte Leistungen Ihres Kindes sein. Denkbar – und in vielen Fällen sinnvoller – ist die Ermutigung oder ein ruhig geführtes Gespräch über Ursachen der Leistungsschwäche.

Die Haltung des Schülers

Schließlich muß auch die *Haltung des Schülers* selbst genauer betrachtet werden. Die Wissenschaft unterscheidet zwischen erfolgs- und mißerfolgsorientierten Schülern. Erfolgsorientiert sind Kinder und Jugendliche, die starkes Selbstvertrauen in die eigene Leistung haben und deshalb auch Fälle von Leistungsversagen gut verarbeiten. Wer mißerfolgsorientiert ist, traut sich dagegen von vornherein wenig zu, geht ängstlich und mit dem festen Bewußtsein an Aufgaben heran, sie schlecht oder gar nicht bewältigen zu können.

Der Erfolgsorientierte

Die Psychologie hat herausgefunden, daß für den erfolgsorientierten Typ ein teilweiser Mißerfolg sogar leistungsanregend ist. Eine schlechte Note spornt ihn eher zu größerer Anstrengung an.

Der Mißerfolgsorientierte

Der Mißerfolgsorientierte dagegen wird bei schlechter Benotung eher noch schlechtere Leistungen erbringen. Eine weitere Feststellung liegt nahe: Er wählt häufig leichte Aufgaben aus. Erstaunlich ist dagegen ein anderes Untersuchungsergebnis der Psychologen: Mißerfolgsorientierte suchen auch oft sehr schwere Aufgaben aus. Man kann diese Beobachtung unterschiedlich erklären: Angesichts der Schwierigkeit der Aufgabe braucht sich der Betreffende den Mißerfolg nicht unbedingt persönlich anzulasten: Eine so schwere Aufgabe hätten auch andere vermutlich nicht gelöst. – Denkbar ist aber auch eine Neigung zu unrealistischer Einschätzung der Gegebenheiten: Er überschätzt dann seine Fähigkeiten. Die Enttäuschung über das Mißlingen wird in diesem Fall besonders groß sein.

Fragen und Maßnahmen der Eltern

Trotz dieser einschränkenden Hinweise läßt sich nicht leugnen, daß das Modell vom ‚Teufelskreis der Entmutigung' Eltern wichtige Anregungen geben kann. Wenn das eigene Kind andauernd mit schlechten Noten nach Hause kommt, vor allem in Fächern, in denen es vorher gar nicht so schlecht stand, fühlen Eltern sich zunächst oft hilflos. Man weiß nicht, wo das Problem anzupacken ist. Das Modell des ‚Entmutigungskreises' gibt erste Hinweise dafür, wie die Situation faßbar wird. Sie können

— Ihr eigenes Verhalten als Eltern überdenken,
— mit dem Lehrer darüber sprechen, wie er sich zu Ihrem Kind verhält,
— vom Lehrer erfahren, welche Einstellung die Klassenkameraden im allgemeinen zu Leistungsversagen und im besonderen zu Ihrem Kind haben,
— herausfinden, in welchen Fächern das Leistungsversagen auf mangelnden Arbeitseinsatz zurückzuführen ist und in welchen Fächern es sich eher um ‚Entmutigungsversagen' handelt.

Gezielte Maßnahmen können dann helfen, Ansatzpunkte zur Verbesserung der Situation zu finden:

- Eltern sollten bewußt darauf achten, das Kind nicht durch andauernde Kritik zu entmutigen.
- Es ist sinnvoller, mit Einzelmaßnahmen in jenen Fächern zu beginnen, in denen Leistungsversagen weniger durch mangelndes Wissen als durch Entmutigung bedingt ist. Das Kind braucht rasch sichtbare erste Erfolge, die hier schneller zu erzielen sind.
- Fangen Sie in diesen Fächern mit leichten Übungsaufgaben an. Der Schüler kann selbständig gemachte, einfache Hausaufgaben im Unterricht vorlegen, Materialien für den Unterricht zusammenstellen, ein kurzes Referat zu einem selbstgewählten Thema anfertigen und vortragen. Auf diese Weise dürfte allmählich wieder das Gefühl entstehen, in dem betreffenden Fach doch einiges zu leisten. Dann läßt sich der *Ent*mutigungskreis auch aufbrechen, und ein *Er*mutigungsprozeß kann beginnen.

5.2.2 Der Schüler in der Gruppe der Gleichaltrigen

Außerschulische Normen

Das Gruppengeschehen in der Schulklasse läuft – wie schon erwähnt – nicht nur mit Blick auf die *Unterrichts*ebene ab. Schon dort läßt sich die Stellung des Schülers nicht ohne Wissen um die Normen der *Gruppe* (Klasse) bestimmen. Denn hier erhält der einzelne seine Position zugewiesen: etwa die des Führers, des Klassenclowns, des Mitläufers. Die Position und die ‚Rolle', die er auf der ‚Klassenbühne' spielt, hängen nicht nur von der Einstellung seiner Mitschüler zu Leistungserwartungen ab, sondern auch von ihren *außerschulischen Normen* – z. B. davon, wie Rauchen, Schminken, Besitz eines Mopeds oder Taschenrechners bewertet werden.

Wie bilden sich solche Verhaltensmuster in der Schulklasse heraus? Wie werden Kinder oder Jugendliche zum Führer, Störer oder zum Clown?

Auch hier arbeitet die Wissenschaft wieder mit Modellen (Konzepten). Dabei gibt es verständlicherweise mehrere Möglichkeiten, diesen Sachverhalt zu erklären, und zwar

a) das Nachahmungskonzept,
b) das Verstärkungskonzept und
c) den Zuschreibungsansatz.

Was vorhin zum Modell des Entmutigungskreises gesagt wurde, gilt auch hier. Diese Ansätze oder Konzepte sind ‚konstruierte' Modelle, die auf wichtige Gesichtspunkte aufmerksam machen und einzelne Handlungsabläufe recht gut in Beziehung zueinander setzen. Hinzu kommt hier, daß keines der Modelle *allein* die Wirklichkeit erklären kann. Man sollte Erkenntnisse aus allen Modellen heranziehen, wenn man die komplizierten und vielschichtigen Abläufe in der sozialen Wirklichkeit der Schulklasse wenigstens annäherungsweise erfassen will.

Aber nicht nur in der Wissenschaft, auch im Alltag hat jedermann solche Konzepte zur Erklärung von Sachverhalten bei der Hand. Wird beispielsweise ein Lehrer gefragt, warum der Schüler X anderen, meist ohne Widerspruch, sagen kann, sie sollten dies machen, jenes unterlassen, so wird der Lehrer vielleicht antworten: „Der X kann entsprechend auftreten: Er wirkt sehr entschlossen und hat immer schnell erfaßt, was in einer bestimmten Situation am günstigsten zu machen ist." Der Lehrer erklärt die Stellung und das Ansehen des Schülers durch dessen Eigenschaften: entschlossenes Auftreten, schnelle Auffassungsgabe, konsequent zum Ausdruck gebrachte Anweisungen.

Allerdings bereitet ein solches ‚Eigenschaftskonzept' gewisse Schwierigkeiten. Im Alltag neigen auch Eltern oder Lehrer dazu, einem Kind eine Eigenschaft als grundlegendes Persönlichkeitsmerkmal zuzuschreiben. Man nimmt an, jemand sei fleißig oder unehrlich oder aggressiv. In wissenschaftlichen Untersuchungen stellte sich jedoch heraus, daß der Mensch gleiche Eigenschaften allenfalls in ähnlichen Situationen zeigt: Wer im Unterricht eher still und scheu ist, muß es nicht unbedingt auch nachmittags beim Training in seinem Schwimmverein sein. Es kann daher eine falsche Verallgemeinerung sein, wenn man sagt: Dieser Schüler ist (grundsätzlich) still und scheu.

Schon deshalb kann es für Sie aufschlußreich sein zu erfahren, wie andere Personen – ein älterer Freund oder der Lehrer – Ihr Kind erleben. Der andere kennt es aus anderen Situationen als Sie. Er wird daher Eigenschaften bei Ihrem Kind anders sehen und bewerten. Gerade die im Vergleich feststellbaren Abweichungen bieten einen guten Ausgangspunkt für ein Gespräch über Ihr Kind. Sie, aber auch der Gesprächspartner, lernen, es stärker auf die jeweilige Situation und Umgebung bezogen zu sehen. Beide zusammen rücken Sie vielleicht auch davon ab, Ihr Kind *‚so und nicht anders‘* zu charakterisieren. Das ist auch wichtig, denn wie weiter unten bei Punkt c) ausgeführt wird, kann die Zuschreibung vermeintlich fester Eigenschaften dann unter Umständen tatsächlich zu einem entsprechenden Verhalten führen. Zumindest bei negativen Eigenschaften wäre dies ja keineswegs wünschenswert. – Die Möglichkeiten, das Verhalten eines Schülers nur aufgrund seiner Eigenschaften zu erklären, sind beschränkt. Andere Ansätze erweisen sich da als tragfähiger.

a) Das Nachahmungslernen

Mit dem Hinweis auf Eigenschaften kann man das Verhalten eines Schülers nur zum Teil verstehen. Nicht oder nur sehr unvollkommen läßt sich so erklären, warum ein Junge sich plötzlich einen Popperhaarschnitt zulegt oder das Leistungsdenken ablehnt, warum sich Mädchen von einem Tag auf den anderen ihr Gesicht schneeweiß schminken.

Beobachtung und Nachahmung

Bei diesen Beispielen spielt das *Nachahmungslernen* eine große Rolle. Ein Mensch eignet sich Verhaltensweisen an, die er bei anderen beobachtet hat. Man spricht daher auch von *Beobachtungslernen*. Allerdings übernimmt kaum jemand wahllos beobachtetes Verhalten, sondern orientiert sich in der Regel nur an jenen Personen, die ihm etwas bedeuten, die er – gleichgültig aus welchen Gründen – anerkennt. Das mag der Freund sein, der besonders gut Fußball spielt oder stark ist oder bei Mädchen gut ankommt. Das kann der Popstar sein, dessen Musik oder dessen ‚Botschaft‘ anerkannt wird.

Wenn ein Kind die Verhaltensweisen eines anderen übernimmt, will es auch Anteil an dessen sozialer Achtung erwerben. Zieht man sich genauso an, spricht man genauso lässig wie das Vorbild, dann werden einem die Gleichaltrigen auch einen Teil jener Anerkennung entgegenbringen, die sie dem Vorbild gegenüber äußern. Die Auswahl aus der Vielzahl möglicher Vorbilder wird für Jugendliche in sehr starkem Maß durch die Peer-Group, die Gruppe der Gleichaltrigen festgelegt. Sie bestimmt, wer als Vorbild ‚zulässig‘ ist, wem Anerkennung entgegengebracht wird: etwa Elton John und nicht Peter Alexander; Travolta und nicht Harald Juhnke; dem Vertreter der Grünen bei der Kommunalwahl eher als dem der etablierten Parteien.

b) Rollenverhalten und Verstärkung

Das Nachahmungsmodell kann nicht jedes Rollenverhalten eines Schülers in der Gruppe erklären. Denken Sie an den Klassenclown. Man kann weder sagen, daß der Betreffende eben Clowneigenschaften hat, denn häufig legen diese Kinder oder Jugendlichen außerhalb der Schulklasse kein Clownverhalten an den Tag. Noch trifft die Behauptung zu, er ahme Charly Rivel nach – vor allem dann nicht, wenn er ihn noch nie gesehen hat.

Warum wird man Clown der Klasse?

Gerade bei diesem Beispiel führt ein anderer Erklärungsansatz weiter, das Verhalten des Kindes in der Klassengruppe verständlich zu machen. Den Clown spielen häufig jene Kinder, die auf der formellen Ebene des Unterrichts, auf der Lernebene, keine besonderen Leistungen erbringen. Die Folge: Der Betreffende wird eher getadelt als gelobt; er sieht sich selbst als schwach, wo andere (leistungs-)stärker sind; er ist enttäuscht, wo andere sich freuen.

Die Ereignisse auf der Leistungsebene sind also in ihrer Gesamtheit nicht geeignet, diesem Schüler Anerkennung und Aufmerksamkeit durch seine Klassenkameraden zu garantieren. Allerdings kann er das auf einem ganz anderen Gebiet wettmachen: Wenn er im Unterricht plötzlich Pieptöne von sich gibt, lacht jeder – außer dem Lehrer. Wenn er auf eine Lehrerfrage eine ‚komische' Antwort gibt, lacht wieder die ganze Klasse. Dieses Lachen ist – sozial gesehen – eine eher bestätigende Reaktion der Klasse; Anerkennung für eine Störung des Unterrichts, die Abwechslung verschafft, vielleicht auch Anerkennung dafür, daß der Lehrer verunsichert oder ‚hochgenommen' wurde.

Die Klasse bestärkt den Clown

Der Schüler empfindet die Reaktion der Klasse als angenehm, als positiv und versteht sie zutreffend als Folge seines Clownverhaltens. Die Konsequenz: Er wird sich vermutlich bemühen, weitere Clownerien zu inszenieren, um sich so auch künftig soziale Anerkennung durch die Klasse zu sichern. Man kann den Sachverhalt auch anders ausdrücken und sagen: Das Clownverhalten des Schülers wird durch die positive Reaktion der Klasse *verstärkt*. Die Wahrscheinlichkeit steigt, daß der Schüler an der Clownrolle festhält und noch häufiger Proben seines ‚Könnens' im Unterricht zum besten gibt.

c) Die Zuschreibung von Rollen

Sie kennen sicherlich Bemerkungen über einen Menschen wie: „Ach, den meinen Sie. Der ist doch genau wie sein Vater. Der taugte überhaupt nichts. Und mit dem Sohn wird es nicht anders, die ganze Familie ist so."

Auch Lehrer sind nicht immer frei von einer solchen Haltung. Man kann schon hin und wieder beim Gespräch über einen Schüler im Lehrerzimmer hören: „Von der X hatten wir vor ein paar Jahren die ältere Schwester. Die brachte überhaupt nichts. Ich würde mich wundern, wenn es diesmal anders wäre."

Es geht hier darum zu klären, wie sich solche Einschätzungen auf das Verhalten des Betroffenen auswirken. In beiden Beispielen werden Schülern oder Jugendlichen die Eigenschaften anderer zugeschrieben – Eigenschaften von Personen oder auch Gruppen, mit denen sie in enger Beziehung stehen. Eigenschaften des Vaters, der Familie insgesamt, der älteren Schwester werden auf den Sohn bzw. die jüngere Schwester bezogen. Genauso schreibt man auch Gruppenmitgliedern, z. B. den Angehörigen einer Volksgruppe, Eigenschaften fest zu. Es handelt sich hier um stereotyp* verwendete Kennzeichnungen: Alle Rheinländer sind lustig, alle Deutschen ordentlich, alle Ausländer aggressiv. Wenn man erfährt, daß der andere Rheinländer, Deutscher oder Ausländer ist, erwartet man von ihm das entsprechende Verhalten. Man ‚drängt' solange mit Zuschreibungen, bis der andere sich auch wirklich so verhält.

Diese Zuschreibung erfolgt häufig schon, bevor man den Betreffenden näher kennt. Der andere wird von Anfang an so gesehen, als habe er tatsächlich die vermuteten Eigenschaften. Derjenige, der die Zuschreibung ungeprüft vornimmt, neigt dann häufig selbst zu einem Verhalten, das sich bereits als Reaktion bezeichnen läßt. Wer also seinem Gegenüber ohne weitere Prüfung unangenehme Eigenschaften wie Angebertum, Faulheit oder Dummheit unterstellt, zeigt sich dann selbst von vornherein eher ablehnend, geringschätzig oder spöttisch. Bei angenehmen Eigenschaften wird man sich entsprechend positiv verhalten.

Zuschreibungen legen andere vorschnell fest

Welche Folgen hat diese Situation für den davon Betroffenen? Wenn er Ablehnung erfährt, wird er seinerseits auch ablehnend und vielleicht aggressiv. Spürt z. B. ein neuer Schüler schon von Anfang an, daß der Lehrer im Grunde nur eine schlechte Leistung von ihm erwartet, besteht die Gefahr, daß er sie auch tatsächlich zeigt.

Man kann sich diesen Vorgang an einem Beispiel deutlich machen.

Wenn ein Lehrer denkt, der Schüler X sei dumm, wirkt sich diese Meinung unmerklich auf sein Verhalten aus: Er übersieht ihn, wenn es um die Beantwortung anspruchsvoller Fragen geht; er zieht ihn für Sonderaufgaben nicht in Erwägung; er ist eher geneigt, die Antworten des Schülers für schlecht zu halten; er spart mit Lob, zeigt ihm dagegen öfter seine Unzufriedenheit und Ungeduld.

Wenn Sie Anlaß haben zu vermuten, daß Ihr Kind Opfer eines solchen Vorgangs wird, sollten Sie unbedingt versuchen, ein Gespräch mit dem Lehrer zu führen. Dabei dürften Ihnen die Ausführungen in Kapitel 6.2 helfen.

5.3 Hausaufgaben und Familie

Eltern beklagen häufig, daß sich Hausaufgaben belastend auf das Familienleben auswirken. Sie führen dabei nicht nur den teilweise hohen Zeitaufwand ihrer Kinder bei der Erledigung von Hausaufgaben an, sondern berichten auch von Spannungen und Streit innerhalb der Familie.

Die beiden folgenden Beispiele geben bekannte Probleme wieder, die bei der Erledigung von Hausaufgaben auftauchen.

Im Deutschunterricht, 5. Schuljahr, werden Rechtschreibeübungen durchgeführt. Der Lehrer hat ein kurzes Stück aus dem Lesebuch diktiert. Als Hausaufgabe sollen die Schüler das Diktat zweimal abschreiben.

Die meisten Schüler erledigen diese Arbeit lustlos. Etliche müssen das Diktat auch dreimal und öfter schreiben, da die Eltern das Schriftbild zu unordentlich fanden. Ein Kind übt noch eine dreiviertel Stunde mit anderen Texten weiter, die ihm seine Mutter diktiert.

Ebenfalls in einer Deutschstunde (11. Klasse Gymnasium) wird die Herstellung von Texten in besonderen Situationen behandelt. Die Klasse erhält folgende Hausaufgabe: „Erstellen Sie eine Heiratsannonce. Geben Sie dann an, wie die Sprachverwendung begründet ist im Hinblick auf Sprecherintention, Adressatenbedingungen und Handlungsrahmen." Die Aufgabe wird in den letzten fünf Minuten der Unterrichtsstunde gestellt, nachdem man vorher die Sprachverwendung einzelner Werbeannoncen behandelt hatte. Der Lehrer fragt nach, ob etwas an der Hausaufgabe nicht verstanden sei. Es kommt keine Rückfrage, einzelne Schüler räumen ihre Tasche schon ein, um den Bus nicht zu verpassen, obwohl die Stunde noch nicht zu Ende ist.

Zu Hause herrscht dann Ratlosigkeit. Telefonanrufe bei Freunden aus der Klasse bringen auch keinen weiteren Aufschluß. „Ich schreib' sie morgen bei irgend jemand ab", meint ein Schüler. Eine Mutter, die die Telefonaktion mitbekommen hat, bringt ihren Sohn nach langer Diskussion dazu, die Aufgaben abends in der Familie zu machen. Aber auch das führt nicht weiter. „Seltsamer Deutschunterricht", meinte der Vater, „wir haben früher Aufsätze geschrieben und keine Annoncen. Aber das ginge ja noch. Mit ‚Sprecherintention' und ‚Adressatenbedingungen' kann ich nichts anfangen."

Beide Fälle spiegeln Probleme wider, die häufig zentraler Punkt der Kritik an Hausaufgaben sind:

Kritik an Hausaufgaben

- Hausaufgaben werden als sinnlos und langweilig empfunden, vor allem dann, wenn sie nur eine mechanische Ausführung verlangen.
- In der Familie brechen Konflikte nicht zuletzt deshalb aus, weil Eltern Hausaufgaben auch auf formale Punkte hin kontrollieren: Ordentlichkeit, Sauberkeit, schönes Schriftbild.
- Schüler sehen sich bei den Hausaufgaben auch mit dem Ehrgeiz der Eltern konfrontiert. Eltern fordern – zumindest bei Schülern unterer Klassen – nicht selten zusätzliche Übungen, weil sie meinen, ihr Kind dadurch besser auf Klassenarbeiten vorbereiten und allgemein sein Leistungsvermögen steigern zu können.
- Hausaufgabenprobleme entstehen als Folge undisziplinierten Schülerverhaltens: Unaufmerksamkeit, Lärm, vorzeitiges Zusammenpacken lassen Erklärungen des Lehrers untergehen.
- Neue Unterrichtsinhalte und Methoden haben gelegentlich zur Folge, daß die Hausaufgaben Eltern unverständlich sind. Ein bekanntes Beispiel dafür ist die Mengenlehre. Das kann dann einerseits zu Aggressionen gegen den Lehrer führen, der die Aufgabe gestellt hat. Es kann andererseits auch starke Spannungen in der Familie auslösen, wenn Eltern zugeben müssen, daß sie die Aufgabe nicht verstehen. Die Verunsicherung der Familie nimmt noch weiter zu, wenn Eltern zwar geholfen haben, die Aufgaben aber falsch gelöst sind.
- Hausaufgabenschwierigkeiten sind auch Folge einer falschen Lehrer-Praxis, wenn er nämlich die Aufgaben in den letzten Minuten der Unterrichtsstunde, manchmal sogar erst mit oder nach dem Klingelzeichen stellt.
- Weitere Klagen betreffen den zu großen Zeitaufwand, der zur Erledigung von Hausaufgaben nötig ist. Viele Kinder und Jugendliche arbeiten zwei bis drei und mehr Stunden am Nachmittag. Allerdings hängt der Zeitaufwand auch ab von der Schulstufe, dem individuellen Arbeitstempo des Kindes oder Jugendlichen, seiner Fähigkeit zur Konzentration bzw. seiner Bereitschaft, sich leicht ablenken zu lassen.
- Unter politischem Blickwinkel wird kritisiert, daß Hausaufgaben Chancengleichheit dann einschränken, wenn gebildete oder finanzstarke Eltern ihren Kindern gezielte Hilfe bei der Erledigung der Hausaufgaben zukommen lassen können. Besonders bevorzugt sind Kinder nicht berufstätiger Mütter. Mittlerweile ist nämlich Elternhilfe bei der Erledigung von Hausaufgaben so unverzichtbar, daß man vor allem Mütter als ‚Hilfslehrer der Nation' bezeichnet.

Inzwischen haben geschäftstüchtige ‚Unternehmen' Hausaufgabenhilfe als vielversprechenden Markt entdeckt. Nachhilfeorganisationen und Hausaufgabenhilfen bieten gegen Gebühr ihre Dienste an. Nicht immer wird dabei pädagogisch sinnvolle Hilfe geleistet. Nicht ausgebildete Kräfte, zu viele Schüler in einer Gruppe, ungenaue oder fehlende Informationen über den Fachunterricht an der jeweiligen Schule verhindern oft gezielte Förderung.

Sind Hausaufgaben sinnvoll?

Bei der Fülle von Problemen mit Hausaufgaben kann es nicht verwundern, daß einige Experten zweifeln, ob Hausaufgaben überhaupt in irgendeiner Hinsicht pädagogisch sinnvoll sind. Letzte Konsequenz aus dieser Skepsis ist die Forderung, Hausaufgaben abzuschaffen. Die Kritiker stützen sich dabei auch auf wissenschaftliche Untersuchungen über die Nützlichkeit von Hausaufgaben.

Um eine solche Frage zu prüfen, geht man in der Wissenschaft von einer Vermutung (Hypothese) aus. In diesem Fall geht es darum zu untersuchen, welchen Beitrag Hausaufgaben zum Lerngewinn des Schülers leisten. In einer älteren, aber in ihrem Aussagewert bis heute aufschlußreichen Studie stellte der Erziehungswissenschaftler B. WITTMANN 1958 die Hypothese auf: ‚Hausaufgaben bewirken keinen Zuwachs an Kenntnissen und Fertigkeiten bei den Schülern'. Durchgeführt hat er die Prüfung dieser Annahme in den Fächern Rechnen und Deutsch (Rechtschreiben) bei dritten und siebten Klassen an Volksschulen in Duisburg. Von je sechs Klassen erhielten immer drei Klassen ein Vierteljahr lang keine Hausaufgaben in Rechnen, die drei anderen Klassen keine Aufgaben in Rechtschreiben. Anschließend durchgeführte Tests ergaben, daß die Gruppen ohne Hausaufgaben im entsprechenden Fach nicht schlechter abschnitten als jene Klassen, die die ganze Zeit über Hausaufgaben in der üblichen Art gemacht haben. Wittmann schloß aus diesem Ergebnis, daß Hausaufgaben keinen Lernzuwachs bei den Schülern bewirken.

Wichtig ist noch der Hinweis: In der genannten Untersuchung handelte es sich um Hausaufgaben, die überwiegend Übungscharakter hatten, auf mechanische bzw. Gedächtnisleistungen der Schüler abzielten und zur Nachbereitung (Wiederholung) des Unterrichtsstoffes dienten.

In Diskussionen über Hausaufgaben hörte man danach häufig: „Es ist wissenschaftlich bewiesen, daß Hausaufgaben nutzlos sind." Hier wird wieder einmal der Fehler gemacht, ein Teilergebnis für die ganze Wahrheit auszugeben. Gegen eine so pauschale Aussage lassen sich jedoch folgende Einwände geltend machen:

– Wie berichtet, waren nicht *die* Hausaufgaben, sondern nur die in Rechtschreibung und Rechnen Gegenstand der Untersuchung.
– Es handelte sich vorwiegend um einen bestimmten Aufgabentyp, um *Übungs*aufgaben.
– Die Übungsaufgaben wurden nach einem besonderen Muster gestellt: *gleiche* Übungen für alle Schüler.

Wann können Hausaufgaben sinnvoll sein?

Anders sieht es aus, wenn Hausaufgaben *auf das Leistungsvermögen des einzelnen zugeschnitten* sind, wenn sie *erläuternde Hinweise zur Durchführung* enthalten, wenn sie *neuen Unterrichtsstoff vorbereiten* oder wenn sie als *Anwendung schon beherrschter Fähigkeiten* angelegt sind. In diesen Fällen zeigt sich schon eher eine positive Auswirkung auf die Schulleistung.

Unter solchen Gesichtspunkten erhält auch die Übung zu Hause einen anderen Stellenwert: Dem Schüler muß klar sein, was er wofür übt: ‚das' und ‚daß', um ihm den Regelunterschied zwischen Relativsatz und Finalsatz deutlich zu machen. Dazu müßte der Rechtschreibunterricht sich eng an den Grammatikunterricht anlehnen. Die Übung sollte mit erläuternden Anweisungen verbunden, der Umfang der Übungen an individueller Leistungsfähigkeit und Schnelligkeit des Verständnisses orientiert sein.

Im Gegensatz zu Wittmanns Ergebnissen ist auch zu bedenken, daß selbst mechanisches Üben zu Leistungssteigerung führen kann, wenn der Betreffende die Aufgabenstellung bejaht. Man denke nur an einen begeisterten Sportler, der unendlich oft den gleichen Bewegungsablauf wiederholt. In solchen Sonderfällen ist zusätzlich zu beachten, daß sich Übung positiv auf die Leistung auswirken kann, wenn sie bzw. der Übungserfolg belohnt wird: durch das Lob des Lehrers, durch einen bemerkbaren Leistungsfortschritt, durch zunehmend sichere Beherrschung einer Fertigkeit.

Wer angesichts der Probleme mit Hausaufgaben kurzerhand die Abschaffung der Hausaufgaben fordert, urteilt also vorschnell. Bei Berücksichtigung folgender Kriterien können Hausaufgaben durchaus einen Beitrag leisten zur Festigung des Könnens, zur Vorbereitung und Vertiefung des Unterrichtsstoffes, zum Erwerb von Formen selbständigen Handelns:

Prüfsteine für sinnvolle Hausaufgaben

- Hausaufgaben müssen sinnvolle Bestandteile des Unterrichts sein. Der Schüler sollte also eine Beziehung herstellen können zwischen Unterrichtsthema und Hausaufgaben. Das ist vor allem dann der Fall, wenn Hausaufgaben
  – zur Anwendung des Gelernten dienen,
  – zur Vorbereitung des weiteren Unterrichts beitragen,

- zur selbständigen Erarbeitung von Informationen zum Thema anregen.

- Dies schließt die Praxis mancher Lehrer aus, Hausaufgaben eilig in der letzten Unterrichtsminute zu stellen oder im Routineverfahren zu Beginn des Unterrichts zu konrollieren, ohne daß ihre Bedeutung für die Weiterführung des Unterrichts ersichtlich wird.
- Bei der Verteilung von Hausaufgaben sind Hinweise zur Ausführung hilfreich: Nicht nur der Inhalt, auch die Art und Weise der Erledigung sollten erklärt und gegebenenfalls an einem Beispiel verdeutlicht werden.
- Hausaufgaben sollten den individuellen Leistungsmöglichkeiten gerecht werden. Von daher ist es empfehlenswert, von ‚Einheitsaufgaben' abzurücken und unterschiedliche Aufgaben an die Schüler zu verteilen: z. B. Informationen sammeln, Bildmaterial zusammentragen, einen Bericht zusammenstellen, evtl. ein Referat vorbereiten. Die Chance, selbst den Aufgabenbereich auszuwählen, Übungsteile als freiwillige Arbeiten zu übernehmen, trägt ebenfalls zur Individualisierung bei. Eine solche Differenzierung hängt allerdings vom Inhalt ab (beim Vokabellernen beispielsweise kann nicht differenziert werden). Darüber hinaus darf die Differenzierung nicht das Scheitern des einen und den Erfolg des anderen schon vorher festlegen, etwa dadurch, daß sich nur einige Schüler gezielt auf Klassenarbeiten vorbereiten.

Hausaufgaben als Thema für den Elternabend

Zum besseren Verständnis zwischen Lehrer, Schülern und Eltern ist es sinnvoll, an einem Elternabend auf die Hausaufgabenpraxis und sich daraus ergebende Probleme einzugehen. Der Lehrer kann in einem solchen Gespräch seine Auffassung vom Stellenwert der Hausaufgaben verdeutlichen, er kann Hinweise zur Elternhilfe geben, zu ihrer Einsicht in das Unterrichtsgeschehen beitragen. Andererseits haben Eltern die Gelegenheit – vor allem bei zeitlicher Überlastung oder inhaltlicher Überforderung – die häuslichen Schwierigkeiten des Kindes zur Sprache zu bringen. Manche Probleme, insbesondere die zeitliche Überlastung, lassen sich durch Absprache der Lehrer untereinander abschwächen.

Grenzen für den Umfang von Hausaufgaben

Die Kultusministerien haben *Vorschriften zur zeitlichen Begrenzung* bei der Bewältigung von Hausaufgaben erlassen und die Lehrer dazu aufgefordert, sich über den Umfang der Hausaufgaben untereinander zu verständigen. Informieren Sie sich über die Regelungen in Ihrem Bundesland (jede Schule hat die Erlasse). Bei häufiger und deutlich feststellbarer Überschreitung der Zeitgrenzen könnten Sie einen Elternabend allein zur Behandlung dieses Problems vorsehen. Es gibt übrigens für die Fachlehrer ein ganz einfach einzuhaltendes Verfahren zur Koordinierung: Jeder Lehrer schreibt die Hausaufgabe an einen dafür reservierten Teil der Tafel. Die folgenden Lehrer können dann genau sehen, was schon aufgegeben ist. Diese Regelung sollten sie gemeinsam verabreden.

Über den Informationsaustausch hinaus können Eltern auch Möglichkeiten zur Unterstützung organisieren, z. B. *Schülerhilfen* (‚Schüler helfen Schülern') oder *Silentien* (silentium = latein.: die Ruhe): In der Schule wird nachmittags die Gelegenheit geboten, unter Aufsicht und störungsfrei die Hausaufgaben zu erledigen. Relativ einfach durchzuführen ist die *gemeinsame Erledigung von Hausaufgaben in einer kleinen Schülergruppe.* Einzelne Eltern(teile) können als Ansprechpartner zur Verfügung stehen, wobei auch eine Zuordnung nach fachlichen Kenntnissen und Fähigkeiten denkbar ist.

Wenn die Hausaufgabenpraxis den hier ausgeführten Bedingungen genügt, haben Hausaufgaben durchaus einen pädagogisch vertretbaren Stellenwert: Sie bieten die Möglichkeit zur Erprobung, zur Anwendung des Gelernten, eröffnen Chancen zur Selbsttätigkeit des Schülers und fordern von ihm ein gewisses Maß an Eigenverantwortung.

Die drei Diskussionstexte greifen Probleme der Hausaufgabenpraxis auf: Spannungen in der Familie und Hausaufgaben als Disziplinierungsmittel in der Schule. Einen Vorschlag zur Lösung dieser Probleme bietet der dritte Textauszug an: die Einführung von Ganztagsschulen.

Text 5/3

„Hausaufgaben sind Hausfriedensbruch"

(...) deutsche Väter und Mütter halten es entweder für normal oder haben sich damit abgefunden, daß sie die Hausaufgaben miterledigen – obwohl sie sich nicht nur zusätzliche Arbeit, sondern zunehmend auch Verdruß aufhalsen. Ein mittleres Familiendrama läßt sich mitunter schon durch die Frage auslösen: „Was habt ihr heute auf?"

Hausaufgaben machen die Familie „in vielen Fällen geradezu zu einem Kampfplatz", weiß die Stuttgarter Pädagogin und Mutter Ruth Martin aus eigener Erfahrung. „Da wird um bessere Noten gerungen, da wird um die Versetzung gekämpft, da wird unter Anwendung sämtlicher Strategien belohnt, erpreßt, bestraft, ausgehandelt, bedroht. Da wird auch – in der Hitze des Gefechts – verletzt." Im Düsseldorfer Kultusministerium regt sich jedenfalls kein Widerspruch gegen die Erkenntnis eines hohen Beamten: „Hausaufgaben sind Hausfriedensbruch."

(aus: der Spiegel 12/1982, S. 57)

Text 5/4

Was früher Strafarbeit hieß ...

Die Schulpraxis läßt ein voll entwickeltes System fein abgestufter Eskalation erkennen, wenn die Hausarbeiten nicht so ausfallen, wie es der Lehrer wünscht: Widerholung der Hausaufgabe, Verdoppelung der Hausaufgabe, Aufsatz über Sinn der Hausaufgaben, Klassenprotokoll führen, zu den Hausaufgaben drei Seiten aus einem Buch abschreiben, Verdreifachung der Hausaufgaben, Nachsitzen, Eintragung ins Klassenbuch, blauer Brief an die Eltern.

Außerdem: Was früher Strafarbeit hieß, wird heute häufig als Übungsarbeit kaschiert, frei nach dem Lehrermotto: „Was wir jetzt nicht schaffen, müßt ihr zu Hause machen." Wenn Schüler aufbegehren, so geschehen an einem Dortmunder Gymnasium, kann es passieren, daß das Quantum kurzerhand verdoppelt wird. Und wenn die Arbeit einiger zu wünschen übrigläßt, wird auch schon mal, so geschehen in Latein am Gymnasium in Winsen bei Hamburg, die ganze Klasse zur Neuauflage verdonnert.

(aus: Der Spiegel 12/1982, S. 63)

Text 5/5

Die Ganztagsschule einführen?

Auch mähliches Umdenken zeichnet sich nur in Ansätzen ab, und alle Schulpraktiker, Befürworter der Hausaufgaben wie deren Kritiker, sind sich im klaren darüber, daß sich das Problem vollends nur lösen ließe, wenn das ganze Schulsystem geändert würde: durch Einführung der Ganztagsschule, wie sie in Frankreich, Großbritannien oder Schweden weithin üblich ist.

Sie wäre der Ort, wo leistungsschwächere Schüler in Übungs- und Förderstunden unter Lehreraufsicht Unverstandenes erarbeiten und Ungeliebtes trainieren könnten, wo Lernerfolg der Kinder nicht länger von der Qualität der Elternhilfe abhängig ist. Und nach der Schule wäre für Schüler und Eltern wirklich frei.

Die Ganztagsschule könnte auch Benachteiligungen abbauen helfen, denen viele Kinder von Haus aus noch immer ausgeliefert sind. Denn in kinderreichen Familien oder in zu kleinen Mietwohnungen sind die Arbeitsvoraussetzungen für häusliche Schulaufgaben oft ungenügend. Arbeitsplätze am Küchentisch neben Abwasch und Essenkochen, im Kinderzimmer neben tollenden Geschwistern oder im Wohnzimmer neben flimmernden TV-Geräten sind kaum dazu angetan, daß Kinder sich die im Unterricht „vermittelten Kenntnisse weiter einprägen" oder erworbene „Fertigkeiten üben".

(aus: Der Spiegel 12/1982, S. 70)

5.4 Ausländerkinder in der Schule

Regionale Unterschiede

In einer besonders schwierigen Lage ist der Unterricht in der Grund- und in der Hauptschule angesichts des oft hohen Anteils von Kindern ausländischer Arbeitnehmer in der Bundesrepublik und Westberlin. Dieser Anteil bewegte sich 1982 an Grund- und Hauptschulen zwischen 7 % im Saarland (5000 ausländische Schüler bei 71 600 insgesamt) und 27,5 % in Berlin (31 700 ausländische Schüler von 115 000 insgesamt). Erhebliche Unterschiede gibt es hier nicht nur zwischen den einzelnen Bundesländern, sondern auch – und noch stärker – zwischen Großstädten (z. B. Berlin-Kreuzberg, Ludwigshafen, Mannheim) auf der einen und ländlichen Gebieten auf der anderen Seite. Im Nordschwarzwald etwa sind kaum Ausländerkinder anzutreffen.

5.4.1 Probleme der Ausländerkinder im Unterricht

Die Kinder der ausländischen Arbeitnehmer fallen wie die deutschen Kinder auch unter die allgemeine Schupflicht. Allerdings besuchten nach einer Statistik von 1979 tatsächlich nur ca. 72 % dieser Kinder allgemeinbildende und sogar nur 48 % berufsbildende Schulen.

Schlechte Schulchancen

Die Schulchancen dieser Kinder sind schlecht: So fallen z. B. die hohen Scheiterquoten (Verlassen der Hauptschule nur mit Abgangszeugnis), die relativ hohe Zahl der Überweisungen auf Sonderschulen und die geringen Anteile an Realschule und Gymnasium (ca. 2,8 %) auf. Die Ursachen hierfür sind begründet in der sozialen und wirtschaftlichen Situation der Familien in Deutschland, in ihrem ganz anderen kulturellen Hintergrund sowie in unzureichenden Fördermaßnahmen des deutschen Bildungswesens. Vor allem trifft dies für die Türken zu, weshalb sich die weiteren Ausführungen besonders auf diese Ausländergruppe konzentrieren.

Die Situation der Kinder wird hauptsächlich durch folgende Umstände erschwert:

Ausländische Schüler an allgemeinbildenden Schulen nach Schularten und Ländern in Tausend

Jahr Land	Ausländische Schüler						
	Insgesamt	davon					
		Grund- und Hauptschulen	Sonderschulen	Realschulen	Gymnasien	Gesamtschulen	Abendschulen und Kollegs
	Bundesgebiet						
1970	159,0	137,7	3,9	4,8	12,5	-	0,2
1971	214,1	186,7	5,2	6,0	14,3	1,6	0,3
1972	256,7	222,2	6,5	7,5	16,8	3,3	0,4
1973	304,7	263,9	8,2	9,3	19,9	2,9	0,6
1974	354,3	303,8	10,4	11,7	23,9	3,8	0,7
1975	386,9	329,0	12,6	13,8	26,1	4,6	0,8
1976	405,3	339,2	15,0	16,3	28,6	5,4	0,8
1977	435,4	361,7	18,1	18,4	30,5	5,8	0,8
1978	487,0	404,3	21,1	21,2	32,6	6,8	0,9
1979	551,6	458,2	23,9	24,5	35,8	8,3	1,0
1980	635,1	526,6	27,7	29,0	40,1	10,5	1,2
1981	695,1	569,7	31,9	34,4	44,5	13,3	1,3
1982	720,7	579,2	36,1	39,5	48,4	16,0	1,5
	Länder 1982						
BW	143,1	111,8	11,2	9,8	8,7	1,3	0,3
BA	94,0	77,5	3,1	4,0	9,0	0,3	0,1
HE	71,0	53,8	3,3	4,8	5,8	3,1	0,2
NS	45,6	37,3	2,5	2,4	2,4	1,0	0,0
NW	249,1	206,7	10,7	11,8	14,9	4,4	0,6
RP	23,6	20,4	0,8	1,0	1,3	0,1	0,0
SA	6,3	5,0	0,3	0,4	0,5	0,1	0,0
SH	13,1	10,1	0,9	1,1	0,9	0,1	0,0
BE	41,9	31,7	1,8	1,9	2,3	4,0	0,2
BR	9,6	7,5	0,4	0,9	0,6	0,2	0,0
HA	23,8	17,4	1,2	1,5	2,2	1,5	0,0

Abb. 26 (aus: Grund- und Strukturdaten 1983/84. Der Bundesminister für Bildung und Wissenschaft. Bonn 1983, S. 52)

Nachteile für Ausländerkinder

- Die Eltern sprechen kaum bzw. ein sehr schlechtes Deutsch, so daß die Kinder besonders auf sprachlichem Gebiet wenig Hilfe in der Familie erfahren und damit in der Schule benachteiligt sind.
- Häufig unternehmen die Eltern keine besonderen Anstrengungen zur Sprachförderung ihrer Kinder – u. a. deshalb, weil die Familien immer noch überwiegend von der Rückkehr in die Heimatländer ausgehen.

- Im Zusammenhang damit steht die relativ schlechte Wohnsituation vieler ausländischer Familien. In Deutschland soll schnell so viel verdient werden, daß man sich nach der Rückkehr in das Heimatland eine ökonomisch befriedigende Existenz aufbauen kann. Dafür nimmt man in Deutschland mit Unterkünften vorlieb, die billig, aber auch in entsprechend schlechtem Zustand und für die oft großen Familien zu eng sind. Diese Umstände wiederum erschweren den Kindern häusliches Lernen und Vorbereitung auf den Unterricht. Und dort, wo die Familie diese Situation ändern möchte, stößt sie häufig auf Diskriminierung durch deutsche Wohnungsvermieter.

- Auch die weitere Förderung der Kinder durch pädagogische Spiele, durch selbstverständlichen Umgang mit Malstiften, Knetmasse, Wandtafeln, Bilderbüchern kommt in den meisten der Familien zu kurz. Besonders wenn sie aus ländlichen Gegenden ihrer Heimatländer kommen, haben sie kaum einen Bezug zu dieser Art von ‚Spielwelt des Kindes'. Die bestand dort aus der unmittelbaren, anregenden Umgebung des Hauses, der Nachbarschaft, der Kinder- und Jugendlichengruppe, nicht jedoch aus lernpsychologisch* ausgeklügeltem Kinderspielzeug. Lernen und alltägliches Leben waren miteinander verbunden. Fehlt dieser natürliche Lernanstoß, entsteht ein Vakuum.

- Hinderlich für schulische Erfolge ist schließlich auch die Angst vieler Eltern, ihre Kinder könnten ihnen durch den Unterricht entfremdet werden. Dies mag dann in vielen Fällen in Mißtrauen gegen die deutsche Schule umschlagen – eine Haltung, die sicherlich nicht lernfördernd für das Kind ist.

Wie wirken sich diese Nachteile nun für die betreffenden Kinder und Jugendlichen aus?

Verlust der kulturellen Identität

Wohl am schwersten trifft sie die Erfahrung der Ablehnung (Diskriminierung) durch deutsche Mitschüler, aber auch das Gefühl, keine kulturelle Heimat zu haben. Sie fühlen sich in ihrer ursprünglichen Nationalität nicht mehr zu Hause, sind es aber in Deutschland auch noch nicht. Man nennt diese Erscheinung den ‚Verlust an kultureller Identität'.

Verschärft stellt sich dieses Problem für türkische Mädchen, die in Deutschland in zwei miteinander unvereinbaren Welten leben: in der Familie mit ihren strengen Verhaltensregeln speziell für die Frau und in der deutschen Schule bzw. Klassengruppe mit einer ganz anderen Auffassung von der Rolle des Mädchens bzw. der Frau.

Die extreme Belastung türkischer Mädchen

In der Türkei ist die Frau auf den häuslichen Bereich beschränkt, wobei sie jedoch in ländlichen Gebieten Aufgaben der Existenzsicherung außerhalb des Hauses übernimmt: Neben ihrer Rolle als Mutter, Ehefrau und Hausfrau ist sie Viehhüterin, Putzfrau, Landarbeiterin, Krankenpflegerin, Erntehilfsarbeiterin. Die Frauen des Dorfes bilden untereinander ein sehr starkes Zusammengehörigkeitsgefühl aus, so daß die Frauengruppe für das einzelne Mitglied einen Ort sozialer Geborgenheit darstellt. Dieses soziale Gefüge zerbrach z. T. schon in der Türkei, wenn die Familie vom Land in die städtischen Industriegebiete umzog. Vollends problematisch für die türkische Frau wurde dieses Rollenmuster in dem fremden kulturellen Umfeld der Bundesrepublik. Den Verlust an sozialer Geborgenheit und Orientierung versuchen viele Frauen und Mütter durch eine betonte Hinwendung zu ihren Familienaufgaben auszugleichen, was vor allem für die Erziehung der Mädchen gilt. Sie vertreten gegenüber ihren Töchtern teilweise unnachgiebig die traditionellen Werte der Jungfräulichkeit, des Gehorsams und später der Mütterlichkeit. Die Mädchen werden strenger bewacht, als es in der Türkei der Fall gewesen wäre. Sie erhalten selten Erlaubnis zum Umfang mit Freundinnen außerhalb der Schule und verfügen auch kaum über einen eigengestalteten Freizeitbereich. Auf der anderen Seite aber erleben sie, wie bei deutschen Schülerinnen, zu denen sie vielleicht freundschaftliche Kontakte haben, gegensätzliche Erziehungswerte gefördert werden: Selbständigkeit, Selbstbestimmung über Freundeskreis, Freizeit und Kleider, freier Umgang mit Jungen.

Es leuchtet wohl ein, daß diese zwiespältige Situation eine extreme Belastung für türkische Mädchen ist. Sie wissen im Grunde nicht, was sie sind: Türkinnen oder Deutsche. Ihnen wird die Bestimmung ihrer kulturellen Identität erschwert oder gar unmöglich gemacht.

Die folgenden Auszüge aus Aufsätzen (Text 5/6 und 5/7) schildern, wie türkische Kinder ihre Situation in der Bundesrepublik erleben. Die Spannungen innerhalb der türkischen Familie werden im Interview (Text 5/8) angesprochen.

Text 5/6

„Wenn Sie in einem Ausland leben würden …"

Aus meine meinung sind die Menschen, die aus Ausland kommen und in Deutschland auf vielen Schwierigkeiten Arbeiten, sind auch Menschen.

Wenn ein Ausländer in Deutschland etwas schlechtes tut, dann ist er ein Schwein, so denken die Deutschen. Aber das ist nicht so, genau wie alle Deutschen denken z. B. ein Ausländer kommt aus Ausland der war noch nie in Deutschland und versteht über Deutschen Gesetzen nicht. Es kommt aus Lebensstandarten an, daß die Ausländer in Deutschland schwierigkeiten haben. Im Arbeitsplätzen, in die Schulen, in den Verständnissen an auf allen plätzen, haben die Ausländer sehr viele Sprachschwierigkeiten.

Am Ende meines Schreibens möchte ich eine Frage stellen auf alle Deutschen: „Wenn sie in einem Ausland leben würden, würden sie vielleicht nichtkämpfen um zu überleben?“ *Tuncer Gelik*

(aus: Westermanns Pädagogische Beiträge, Heft 2/1980, S. 55)

Text 5/7

„Eine Straße ohne Ausgang“

Ausländer sind auch Menschen das weißt jeder. Sie sind nicht hier gekommen um unterdrückt zu werden, sondern um Geld zu verdienen. Für ihre Kinder bessere Zukunft zu schaffen. Wir waren sehr Arm in der Türkei. Mein Fater war Kutscher. Kutscher verdienen nicht so viel. Es gaben tage wo wir nicht zu Essen hatten. Da gingen wir zu unsere Verwandten, um etwas zu Essen. Wir konnten diese elendes Leben nicht mehr aushalten. Da entschließ sich meine Mutter nach Deutschland zu kommen. Wenn man die name Deutschland hört, dann denken alle Menschen, größte, reichste und Industrieland. Sie haben nicht gedacht, das Deutschland gemeinste Land ist. Wenn eine in der Meinung ist, das Ausländer nicht menschen sind. Da frage ich ihnen was sind denn die Ausländer? (...)

Eine Ausländer kommt in die Schule die Deutschen versuchen nicht eine Ausländische Schüler/in in ihre Kreise aufzunehmen. Da fühlt sich die jenige, allein, einsam und traurig in eine Straße wo es keine Ausgang gibt. Die Ausländerschüler werden in die Hauptschule gesteckt dadurch haben die Ausländer garkeine möglichkeiten eine Beruf zu finden. Ausländer sollen nicht wie die Deutschen beurteilt werden. Die Deutschen sollen überlegen, wie elendes Leben die Ausländer in ihre Heimat führen. Die Deutschen sollen versuchen die Ausländer wie eigene Landsleute behandeln. Bessere Chancen für die Ausländer. *Halice Boucuk Kuzen*

(aus: Westermanns Pädagogische Beiträge Heft 2/1980, S. 55)

Text 5/8

„Meine Mutter ist in der Türkei ganz anders“

F.: „Bei uns gibt es jeden Tag Krach mit meinen Eltern. Nach der Schule muß ich sofort nach Hause gehen, sonst schimpfen meine Eltern. Die anderen aus meiner Klasse treffen sich oft nachmittags und machen was zusammen, ich kann nie dabei sein. Deshalb kann ich auch keine Freundin haben. Ich bin immer zu Hause, das ist langweilig.“

Fikriye, 15 Jahre alt und türkische Hauptschülerin, lebt seit fast zehn Jahren in Berlin. Ich besuche sie an einem Novembernachmittag in ihrer Wohnung: eineinhalb Zimmer, Küche, Außentoilette, Ofenheizung.

G.: „Fikriye, wenn du mittags aus der Schule kommst, was machst du dann?"

F.: „Dann ist meine Mutter da. Ich esse und mache in der Küche meine Hausaufgaben. Wenn ich damit fertig bin, muß ich auf meinen kleinen Bruder aufpassen. Der ist erst 18 Monate. Ich spiele mit ihm, und wenn er schläft, spüle ich und mache die Wohnung sauber. Meine Mutter geht nachmittags putzen, kommt erst abends spät. Deshalb muß ich für meinen Vater Essen machen, wenn er von der Arbeit kommt."

G.: „Sag mal, du hast doch noch einen Bruder, Rifat, der ist doch auch schon dreizehn oder vierzehn Jahre alt. Hilft er dir nie im Haushalt?"

F.: „Nie. Der darf den ganzen Tag draußen sein, hat Freunde und trifft sich nach der Schule mit denen. Und wenn ich mal nach der Schule noch mit Mädchen aus meiner Klasse spreche und auf der Straße stehe, verrät er mich."
(. . .)

G.: „Möchten deine Eltern eigentlich in die Türkei zurück? Ich kann mir vorstellen, daß es da zwischen euch Meinungsverschiedenheiten gibt."

F.: „Ja, die wollen zurück. Ich aber nicht. Deshalb haben wir ja auch immer Krach. Ich soll hier leben wie in der Türkei. Vor allem meine Mutter will, daß wir bald zurückgehen. Und dann soll ich heiraten. Na ja, du weißt ja, wie das in der Türkei ist. Aber ich will in Berlin bleiben. Ich will einen Beruf lernen, will Sekretärin werden, Geld verdienen und eine schicke Wohnung haben und abends ausgehen können."

G.: „Und damit sind deine Eltern nicht einverstanden? Ich meine, was du sagst, ist doch nicht schlimm. Aber vielleicht haben deine Eltern Angst um dich. Kannst du dir vorstellen, wie es wäre, wenn du in der Türkei wärst? Wären deine Eltern dann auch so streng?"

F.: „Das glaub ich nicht: In der Türkei kann man als Mädchen zwar nicht tanzen gehen, in Discos gehen, das gibt es . . , man hat Freundinnen, mit denen trifft man sich. Das wissen die Eltern und haben keine Angst. Überhaupt, in der Türkei verstehen wir uns besser, meine Eltern und ich. Nur hier sind sie so streng. Vor allem meine Mutter ist in der Türkei ganz anders. Wenn sie sich da mit den anderen Frauen trifft, macht sie Spaß, lacht und ist gut zu mir."

(aus: Gabriele Mertens, Türkische Mädchen und Frauen. In: Westermanns Pädagogische Beiträge, Heft 2/1980, S. 62)

5.4.2 Fördermaßnahmen für ausländische Kinder

Inzwischen sind die unterschiedlichsten staatlichen und privaten Maßnahmen zur Förderung ausländischer Kinder speziell im Grund- und Hauptschulbereich eingeleitet worden – z. B.:

Verbesserung der Sprachkenntnisse

- *Förderunterricht* für ausländische Schüler in deutschen Regelklassen: Die ausländischen Kinder werden zur gezielten Verbesserung ihrer Deutschkenntnisse für zwei bis drei Stunden wöchentlich in einer besonderen Lerngruppe zusammengefaßt.
- *Vorbereitungsklassen:* Für Kinder ohne Deutschkenntnisse sind Einführungskurse, für solche mit schon vorhandenen Kenntnissen Liftkurse (jeweils ca. 10 Stunden wöchentlich) vorgesehen. Parallel dazu findet zum Zweck der Integration in den musischen und technischen Fächern sowie im Sport der Unterricht für deutsche und ausländische Kinder gemeinsam statt.
- Ein ganz anderer Integrationsversuch besteht darin, deutschen Schülern eine der Muttersprachen ihrer Mitschüler als Fremdsprache anzubieten.

Die Erfolge dieser Sprachförderungsmaßnahmen sind unterschiedlich zu beurteilen. Leider überwiegen schlechte Erfahrungen. Die Lernmaterialien und die Lernmethoden gehen zu wenig auf die Erfahrungen, Lern- und Arbeitsbedingungen der Schüler ein; die Lerngruppen wechseln zu häufig in ihrer Zusammensetzung; die Schüler finden außerhalb des Unterrichts weder im Elternhaus noch bei (deutschen) Freunden Gelegenheit zur Übung in der deutschen Sprache. Im übrigen sind die Lehrer für diesen Unterricht oft nicht genügend ausgebildet, und den Schulen fehlt der notwendige organisatorische Freiraum.

Unterricht in der Muttersprache

Aber nicht nur Sprachschwierigkeiten, sondern auch Identitätsprobleme erschweren die Situation der ausländischen Kinder. Um hier Abhilfe zu schaffen, wird *Zusatzunterricht in der jeweiligen Muttersprache* erteilt. Er findet neben dem Regelunterricht mit etwa vier bis sechs Stunden nachmittags statt. Das führt zu einer zusätzlichen hohen Arbeitsbelastung für die Schüler. Aber auch inhaltliche Spannungen und Widersprüche stellen sich ein, da Lerninhalte und vor allem Bildungsvorstellungen dieses Unterrichts häufig von denen des deutschen Schulwesens abweichen. Daher wäre es insgesamt eher angeraten, den Muttersprachunterricht in den Lehrplan der deutschen Schule aufzunehmen.

Muttersprachliche Klassen

Eine besonders komplizierte Situation stellt sich bei der Sprachförderung in *muttersprachlichen Klassen* ein. Einige Nationalitäten haben auf Elternwunsch hin Muttersprachklassen eingerichtet. Deutsch wird wie eine Fremdsprache ca. 5 bis 10 Stunden pro Woche unterrichtet. Hinter dieser Regelung steht unter anderem der Wunsch der Eltern, die kulturelle Bindung an die Heimat aufrechtzuerhalten und die Kinder in dieser Tradition erziehen zu lassen. Andererseits aber bietet diese Art des Unterrichts wohl die geringste Aussicht auf erfolgreiche deutsche Sprachförderung. Die Chance, in eine deutsche Regelklasse zu wechseln, ist gering. Sollte die Familie in Deutschland bleiben, sind damit auch die Berufs- und Lebenschancen dieser Kinder eingeschränkt.

Private Initiativen

Einen sicher ähnlich hohen Stellenwert wie die staatlichen Maßnahmen zur Sprachförderung haben die privaten Bemühungen, ausländische Schüler (und auch deren Eltern) in das Schulleben zu integrieren. Hier gibt es mittlerweile eine Anzahl von Initiativen, z. B. für *Hausaufgaben* oder zur *Einschulungshilfe.* Deutsche Lehrer und Schüler höherer Klassen bereiten mit ausländischen Kindern die Hausaufgaben vor, helfen beim Sprachlernen und führen mit ihnen projektorientierte Arbeiten durch.

Zur besseren Vorbereitung auf die Einschulung werden ausländische Kinder ein halbes Jahr vorher in Gruppen zusammengefaßt. Bei dieser Vorbereitung findet kein vorweggenommener Unterricht statt, sondern man spielt, malt und bastelt. Das gemeinsame Ziel: Kontakte zu ausländischen Eltern und Kindern herzustellen, mit den wichtigsten Arbeitsweisen der Grundschule vertraut zu machen und bei dem bürokratischen Akt der Einschulung behilflich zu sein.

Elternarbeit mit ausländischen Familien

Ein wichtiger Punkt bei allen Aktivitäten ist die Elternarbeit. Integration ausländischer Schüler in Unterricht und Schulleben erfordert auch den Einbezug ihrer Eltern. Hierbei hat sich eine pauschale Ansprache der Eltern mit Rundbrief als wenig erfolgreich erwiesen. Günstiger wirken sich gezielte Einzelmaßnahmen des Lehrers oder deutscher Elterngruppen aus. Bei solchen Versuchen sind die kulturellen und ökonomischen Bedingungen der ausländischen Familien zu berücksichtigen: In manchen Mittelmeerländern darf die Frau abends nicht mehr alleine aus dem Haus. Sie wird deshalb nach der ersten Einladung auch kaum zum Elternabend erscheinen, wenn ihr Mann verhindert ist. Oft sind beide Elternteile beschäftigt und deshalb zeitlich eingeschränkt. Dies gilt umso mehr, als Ausländer häufig Schichtarbeit leisten. Auf schriftliche Einladungen wird selten reagiert, eher auf Mundpropaganda oder auf ein direktes Gespräch. Mangelnde Sprachkenntnisse erschweren zusätzlich den Kontakt und die Mitarbeit.

Günstig zur Kontaktnahme und zum Einbeziehen ausländischer Eltern in das Schulleben erweisen sich schulische Veranstaltungen wie Feste oder Spielnachmittage. Aber auch gemeinsame Elternversammlungen sind – nach Überwindung der genannten Schwierigkeiten und bei guter Vorbereitung – durchaus möglich und auch sinnvoll. Unverzichtbar ist ein Dolmetscher, sei es ein sprachkundiger

Schüler oder ein Elternteil. Die Themen des Elternabends müssen auf jeden Fall Fragestellungen aufgreifen, die diese Eltern besonders betreffen: Unterrichtsmaterialien und Unterrichtsmethoden, Förderungsmaßnahmen, Schul- und Berufswege.

Der Lehrer kann die Elternarbeit durch Hausbesuche intensivieren. Erster Anlaß sollten jedoch auf keinen Fall Klagen über Leistungs- und Verhaltensmängel des Kindes sein. Eher bietet sich ein Informationsaustausch an, etwa indem der Lehrer Schulbücher erläutert oder eine Schülerarbeit mitnimmt, die besonders gut gelungen ist. Er selbst erhält direkt und anschaulich Aufschluß über die Lebens- und Wohnsituation der Familie, über ihre Einstellung zur Schule. Außerdem gewinnt er vielleicht Einblick in Erziehungsvorstellungen und Wünsche zum Berufsweg der Kinder.

6. Elternrecht und Elternmitwirkung

6.1 Welche Rechte und Mitwirkungsmöglichkeiten haben Eltern?

Nachdem ‚Sexualkunde' als verbindlicher Unterrichtsinhalt eingeführt worden war, klagten Eltern 1975 in Baden-Württemberg gegen diese Entscheidung des Kultusministeriums. Der Streit ging so weit, daß schließlich *verfassungsrechtlich* geklärt werden mußte, welche der beiden Parteien ihre Position durchsetzen konnte. Schwierigkeiten dieser Art hat es in den letzten Jahren mehrfach gegeben, so daß man nun nach den rechtlichen Hintergründen dieses Konfliktes fragen muß.

6.1.1 Elternrecht und staatliche Schulaufsicht

Erziehungsauftrag des Staates

Vom bestimmenden Einfluß staatlicher Stellen war bereits die Rede, als bürokratische Elemente von Schule vorgestellt und kritisiert wurden (Kap. 2.1). Daneben setzen die Kultusministerien (in Sonderfällen auch die Parlamente) mit ihren Richtlinien Inhalte und Zielsetzungen von Schule fest. Sie bestimmen Bildungswege, Übergangs- bzw. Eintrittsvoraussetzungen für bestimmte Schulformen, Klassengrößen, die Zahl der Lehrer, die Zulassung von Privatschulen.

Neben der Notwendigkeit, in all diesen Bereichen verbindliche, für ein Bundesland bzw. die ganze Bundesrepublik gültige Regelungen zu finden, besteht noch ein weiterer Grund für diese staatlichen Eingriffe: Schule leistet sowohl eine *Einführung in allgemeine politische Vorstellungen* als auch *in die besondere Ordnung des jeweiligen Staates.* Dem Staat muß daran gelegen sein, bei den zukünftigen Bürgern eine positive Einstellung zur staatlichen Ordnung und zum Umgang mit Herrschaft zu entwickeln. *Formal* berechtigt der Grundgesetzartikel 7 den Staat zu dieser Vorgehensweise. Artikel 7, Abs. 1 GG besagt, daß *das gesamte Schulwesen unter der Aufsicht des Staates* steht.

Erziehungsrecht der Eltern

Zu Schwierigkeiten zwischen Elternhaus und Schule kommt es in diesem Punkt immer dann, wenn Eltern sich in ihrem Recht auf Erziehung ihrer Kinder massiv eingeschränkt sehen. Schließlich können sie sich hierbei ebenfalls auf einen Grundgesetzartikel als Garant für ihre Position berufen: Artikel 6, Abs. 2, GG führt aus, daß *Pflege und Erziehung der Kinder das natürliche Recht der Eltern* sind. Hier stehen sich zwei – ähnlich schwer zu wichtende – Grundgesetzartikel spannungsvoll gegenüber. Im Konfliktfall werden beide Seiten nur jene Aussage in den Vordergrund stellen, die ihre Absicht am ehesten unterstützt. Dabei treten jeweils die Gruppierungen innerhalb der Elternschaft an, die etwa Erlasse, Richtlinien oder die Einführung neuer Schulformen vor dem Hintergrund ihrer ganz persönlichen und politischen Anschauungen und Interessen als nicht tragbar bewerten (s. auch Text 2/4, Kap. 2.3).

So sind im Beispiel des Einspruchs gegen den Sexualkundeunterricht diejenigen Teile der Elternschaft aktiv geworden, die großen Wert auf Abschirmung der Familie gegenüber der Öffentlichkeit legen, die stark religiös geprägt sind, ‚Haltung zur Keuschheit' (so in der Begründung des Einspruchs) bejahen.

Der Sachverhalt stellt einen Konflikt auf ‚höchster Ebene' dar: Eltern und Staat stimmen hier in Fragen grundlegender Zielsetzung von Schule nicht überein. Auch wenn Eltern – wie im Fall des Sexualkundeunterrichts – erfolglos klagen, muß allein schon die Möglichkeit zu einem solchen Schritt positiv gesehen werden: Die Richtlinienbefugnis des Staates ist keine Blankovollmacht. Eltern haben immerhin die Chance, Beschlüsse auf ihre Vereinbarkeit mit der Verfassung überprüfen zu lassen. Dabei muß das Gericht eine Abwägung beider Rechtsansprüche vornehmen.

6.1.2 Elternmitwirkung in der Schule

Gremien der Elternmitwirkung

Die Ziele von Eltern weichen aber nur selten derart grundsätzlich von denen der Schule ab, daß dafür grundgesetzlich garantierte Rechte bemüht und die höchsten Gerichte angerufen werden müssen. Die *tagtäglichen Mitsprache- und Mitwirkungsmöglichkeiten* der Eltern laufen in engeren Grenzen – oft direkt in der Schule Ihres Kindes – ab. Zumeist lassen sie sich in Gremien verwirklichen, die eigens dafür vorgesehen sind. Die Elternmitwirkung ist in entsprechenden Gesetzen festgeschrieben, ob sie nun ‚Schulmitwirkungsgesetz' (Nordrhein-Westfalen), ‚Landesgesetz über die Schulen' (Schulgesetz Rheinland-Pfalz), oder ‚Schulverfassungsgesetz' (Hamburg) heißen. Die *Mitwirkung der Eltern* erfolgt auf *unterschiedlichen Ebenen:* Die erste Ebene ist die der Schulklasse oder Jahrgangsstufe. Die Eltern arbeiten im Rahmen der ‚Klassenelternversammlung' oder ‚Klassenpflegschaft' mit. Für die nächste Ebene werden aus der Elternschaft der gesamten Schule Vertreter in die Schulelternversammlung oder Schulpflegschaft gewählt. Elternvertreter der einzelnen Schulen kommen in überregionalen Gremien zusammen, die von Land zu Land verschiedene Namen haben (etwa ‚Bezirkselternrat' in Rheinland-Pfalz), und schließlich sind sie auf Landesebene im Landeselternrat vertreten.

Die genannten Gremien bestehen nur aus Eltern. Sie sind daneben aber auch in ‚gemischten Mitbestimmungsorganen' tätig: etwa zusammen mit Lehrern und Schülervertretern in der Fachkonferenz, ferner in der Schulkonferenz (Nordrhein-Westfalen) oder dem Schulausschuß (Rheinland-Pfalz), auf der Landesebene im Landesschulbeirat (Hessen, Hamburg). Diesen zuletztgenannten Gremien gehören neben Eltern, Lehrern und Schülern auch Vertreter anderer Gruppen an (z. B. Repräsentanten der Kirchen, Gewerkschaften, Arbeitgeber, Universitäten).

Handlungsmöglichkeiten bieten sich den Eltern in dreierlei Hinsicht:

Information: Sie haben das Recht, über Vorhaben und Entscheidungen unterrichtet zu werden, und Sie können Ihrerseits Informationen zur Kenntnis geben.

Beteiligung: Hierzu zählen das Recht auf Anhörung, auf Beratung bei anstehenden Entscheidungen, weiter das Recht, Anregungen einzubringen und Vorschläge zu unterbreiten.

Mitentscheidung: Eltern haben das Recht, bei einer Beschlußfassung mit abzustimmen. Dies ist sozusagen die ‚höchste' Form der Mitwirkung. Hier kann man im vollen Sinn des Wortes von *Mitwirkungsrecht* sprechen.

Weitere ins Detail gehende Ausführungen zum Elternrecht geraten, wie viele andere Fragen des Schulwesens in der Bundesrepublik, wegen der Länderhoheit zum Verwirrspiel: *Uneinheitlich* ist die *Benennung* der Gremien, *abweichend* ihre *Zusammensetzung, verschieden* sind ihre *Aufgaben und Möglichkeiten* konkreter Mitwirkung. Statt nun elf verschiedene Mitwirkungsgesetze abzuhandeln, wählen wir einen anderen Weg.

- Das Schulmitwirkungsgesetz (SchMG) aus Nordrhein-Westfalen und das Landesgesetz über die Schulen (Schulgesetz – SchulG) aus Rheinland-Pfalz werden vorgestellt. Sie stehen stellvertretend für die oft stark voneinander abweichenden Regelungen und machen so die Bandbreite denkbarer oder erstrebenswerter Mitwirkungsmöglichkeiten deutlich.
- Als Orientierungshilfe sind anschließend Fragen aufgelistet, die Ihnen dazu verhelfen sollen, Ihr Landesgesetz übersichtlich und gegliedert zu lesen.

Die folgende Gegenüberstellung der Mitwirkungsgesetze in den beiden genannten Bundesländern hebt die wichtigsten Regelungen hervor. Die Gremien sind von der Klassenebene bis hin zur Schul- und Landesebene geordnet.

Schulmitwirkungsgesetz (SchMG) Nordrhein-Westfalen	**Schulgesetz (SchulG) Rheinland-Pfalz**
A) Gremien innerhalb der Schule	
Klassenpflegschaft/Jahrgangsstufenpflegschaft	*Klassenelternversammlung*
Beteiligung an der Bildungs- und Erziehungsarbeit in der Klasse. Sie *berät* über 1. Art und Umfang der Hausaufgaben, 2. Durchführung der Leistungsüberprüfungen, 3. Einrichtung freiwilliger Arbeitsgemeinschaften, 4. Schulveranstaltungen außerhalb der Schule, 5. Bewältigung von Erziehungsschwierigkeiten; regt zur Einführung von Lernmitteln an.	Sie *berät und unterstützt* in wesentlichen Fragen der Erziehung und des Unterrichts, die sich insbesondere aus der jeweiligen Arbeit in der Klasse ergeben.
Fachkonferenz	
Zwei Vertreter der Erziehungsberechtigten und der Schüler können ohne Stimmrecht an Fachkonferenzen *teilnehmen*.	(Bei *Fachkonferenzen* ist die Teilnahme von Eltern nicht vorgesehen.)
Schulpflegschaft	*Schulelternbeirat*
Sie vertritt die Interessen der Erziehungsberechtigten bei der Gestaltung der Bildungs-und Erziehungsarbeit und *fördert* den Bildungs- und Erziehungsauftrag in der Schule.	Er *berät* die Schule, gibt *Anregungen* und macht *Vorschläge*, insbesondere bei 1. der allgemeinen Regelung von Fragen des Schullebens, 2. der Aufrechterhaltung der Ordnung in der Schule, 3. der Einführung neuer Lern- und Arbeitsmittel,

4. Fragen des Schulwanderns, Fragen der Berufsberatung (Auszug)
Die Einbeziehung der Schule in Schulversuche und die Aufstellung der Hausordnung bedürfen des *Benehmens* mit dem Schulelternbeirat.

Schulkonferenz

In der Schulkonferenz sind Vertreter der Lehrer, der Eltern und Schüler in einem bestimmten Verhältnis je nach Schulgröße und Schulart vertreten. Sie *berät* über die Bildungs- und Erziehungsarbeit der einzelnen Schule, sie *empfiehlt* Grundsätze zur Ausgestaltung der Unterrichtsinhalte oder zur Unterrichtsverteilung und Einrichtung von Kursen. Sie **entscheidet** in folgenden Angelegenheiten der einzelnen Schule (Auszug):

— Festlegung von Grundsätzen zur Koordinierung von Hausaufgaben und Leistungsüberprüfung,
— Einrichtung zusätzlicher Lehrveranstaltungen,
— Gestaltung der Beratung in der Schule,
— Einführung von Lernmitteln an der Schule,
— Regelung für den Unterrichtsbesuch der Erziehungsberechtigten,
— Verwendung der der Schule zur Verfügung gestellten Haushaltsmittel

Schulausschuß

Er besteht aus Vertretern der Lehrer, Schüler und Eltern. Er ist vor wesentlichen Beschlüssen und Maßnahmen der Schule zu *hören,* z. B.

— vor Erweiterung, Einschränkung oder Aufhebung der Schule,
— vor Verleihung einer Bezeichnung oder Änderung der Bezeichnung der Schule,
— vor Einbeziehung der Schule in Schulversuche,
— vor Androhung des Ausschlusses oder dem Ausschluß eines Schülers.

Die Hausordnung der Schule ist im *Einvernehmen* mit dem Schulausschuß aufzustellen.

B) Gremien außerhalb der Schule

Bezirkselternbeirat

Er *unterstützt* und *koordiniert* die Arbeit der Schulelternbeiräte innerhalb eines Regierungsbezirks. Er *berät* die Schulbehörde in allgemeinen Fragen der Erziehung, des Unterrichts und der Schulorganisation.

Landeselternbeirat

Auf *Landesebene* wirken beim Kultusminister die für eine Schulform oder Schulstufe organisierten Verbände der Eltern mit.

Er *berät* den Kultusminister in grundsätzlichen Fragen des inneren und äußeren Aufbaus des Schulwesens.

Des *Benehmens* mit dem Landeselternbeirat bedürfen

- Richtlinien über den Inhalt des Unterrichts,
- Regelung über das Schuljahr und die Ferien,
- Regelungen über die Beteiligung eines Schulbuchausschusses bei der Einführung von Schulbüchern,
- Schul- und Prüfungsordnungen,
- allgemeine Regelungen über Fahrkostenfreiheit und Lernmittelfreiheit

---

C) Länderübergreifende Gremien

Bundeselternbeirat: Interessenverband der Eltern auf Bundesebene. Er

- arbeitet mit Landeselternvertretungen zusammen;
- hält Kontakt zu länderübergreifenden Behörden;
- bemüht sich, Frage- und Problemstellungen der Eltern in Bildungsforschung und -planung einzubringen.

Fragen zu ‚Ihrem' Mitwirkungsgesetz

Falls Sie diese Gliederung auf das Mitwirkungsgesetz Ihres Bundeslandes übertragen wollen, sind die folgenden Fragen als *Orientierungs- und Lesehilfe* vielleicht nützlich.

- Welche *Gremien* bestehen nur aus Elternvertretern? Z. B. Klassenelternversammlung
  In welchen sind *Eltern neben anderen Gruppen* zugelassen? Z. B. Schulkonferenz
- Welche *Art der Mitwirkung* – Information, Beteiligung, Entscheidung – ist für das jeweilige Organ vorgesehen? Z. B. Klassenpflegschaft: Beteiligung in Form der Beratung. Schulpflegschaft: . . .
- Auf welche *Inhalte* bezieht sich die Mitwirkungsmöglichkeit? Z. B. Schulelternbeirat: Beteiligung in Form von Beraten, Anregen, Vorschlagen hinsichtlich der Regelung des Schullebens und Fragen des Schulwanderns.

- Bei welchen Entscheidungen muß die *Zustimmung der Elternvertretung* eingeholt werden? Z. B. Zustimmung des Landeselternbeirats bei Richtlinien über den Inhalt des Unterrichts (SchulG Rheinland-Pfalz § 37).
  Wie wird verfahren, wenn die Elternvertretung diese Zustimmung verweigert?

Sie könnten eine solche ‚gegliederte Lesart' Ihres Landesgesetzes an einem Elternabend in Angriff nehmen und das Ergebnis auf der Tafel oder an Wandzeitungen festhalten. Die wichtigsten Gliederungsgesichtspunkte wären nach dem bisher Gesagten:

- *Gremien* (nur Elternvertreter – Elternvertreter und andere Gruppierungen)
- *Mitwirkungsformen* des jeweiligen Gremiums (Informieren, Beraten, Entscheiden)
- *Sachbereiche*, den jeweiligen Gremien und Mitwirkungsformen zugeordnet
- *Verfahrensregeln* bei Konfliktfällen, wiederum auf die verschiedenen Gremien bezogen.

6.1.3 Verfahrensmöglichkeiten außerhalb von Gremien

In der Schule fallen Entscheidungen, die für den Bildungsweg Ihres Kindes von Bedeutung sind. Hierüber sind Sie zeitig und in angemessener Form (durch schriftliche Mitteilung) zu unterrichten. Dazu gehören beispielsweise Informationen über den Leistungsstand Ihres Kindes oder über erzieherische Maßnahmen, die auf einer Konferenz beschlossen wurden.

Diese Verfahren sind Ausdruck von Schule als bürokratischer Institution und haben damit den Charakter eines Verwaltungsaktes. Dagegen können Sie, wie gegen andere Verwaltungsentscheidungen auch, mit einer Klage angehen. Vor diesem Schritt stehen Ihnen allerdings noch ‚informelle' Möglichkeiten offen, Ihren Standpunkt darzulegen (man spricht hier von ‚formlosen Rechtsbehelfen'). Dazu zählen die *Gegendarstellung* und *Dienstaufsichtsbeschwerde*. Der formelle Rechtsweg beginnt erst mit dem *Widerspruch*. Er gehört zum Vorverfahren einer beabsichtigten Klage beim Verwaltungsgericht. Der folgende Textauszug (Text 6/1) informiert Sie genauer über die verschiedenen Verfahren, wie Sie Ihren Standpunkt im Konfliktfall gegenüber einem Verwaltungsbescheid vertreten können.

Text 6/1

Einspruch gegen einen schulischen Verwaltungsakt: Etappen und Verfahren

Nun wird man nicht gleich mit den großen Geschützen auffahren, wenn eine solche Situation eintritt, daß von der Schule ergriffene Maßnahmen nicht gutgeheißen werden. Hier werden sogen. Rechtsbehelfe möglicherweise schon ausreichen, die Schule zu der gewünschten Korrektur oder sogar Zurücknahme von Maßnahmen zu veranlassen. In der formlosen Gegenvorstellung als der „niedrigsten" Stufe des Rechtsbehelfs macht der Betroffene gegenüber der jeweiligen Schule seinen Standpunkt klar und verlangt Überprüfung, Abänderung, Aufhebung. Beharrt die Schule aber bei ihrer Auffassung oder will der Betroffene nicht erst an sie, vielmehr sich gleich an die übergeordnete Stelle, hier die Schulbehörde, wenden, liegt eine Dienstaufsichtsbeschwerde vor. Die Schulbehörde wird – wie bei der Gegenvorstellung die Schule – den „Fall" überprüfen und dann ihre Entscheidung treffen, indem sie zuvor noch die Schule gehört hat. Weder die Schule noch die Schulbehörde sind aber verpflichtet, auf die Gegenvorstellung oder die Dienstaufsichtsbeschwerde, die hier vorgestellten beiden formlosen Rechtsbehelfe, einzugehen. Da diese auch keine rechtliche, z. B. aufschiebende Wirkung haben, wird man es sich – trotz des Vorteils, daß sie weder an eine Form noch an eine Frist gebunden sind – überlegen müssen, ob im jeweiligen Fall nicht das in Betracht kommende förmliche Rechtsmittel eingelegt werden sollte. Der Widerspruch ist zwar auch ein „Rechtsbehelf", aber die verfügende Behörde, bei der er grundsätzlich und innerhalb einer bestimmten Frist (z. B. binnen eines Monats) schriftlich oder mündlich zur Niederschrift eingelegt werden muß, hat über den Widerspruch einen Widerspruchsbescheid auszufertigen. (...)

Ähnliches gilt für die förmliche Beschwerde, die allerdings an die übergeordnete Behörde, hier wiederum die Schulbehörde, ebenfalls innerhalb einer bestimmten Frist usw. zu richten ist. (...)

Wird der Widerspruch, wird die förmliche Beschwerde abschlägig beschieden, kann der Betroffene Klage erheben. (...) Hier unterscheiden wir vor allem die Anfechtungsklage und die Verpflichtungsklage; durch letztere soll die Behörde zur Vornahme eines bestimmten Verwaltungsaktes verpflichtet werden. (...) Auch hier wieder ist die Frist von einem Monat zu beachten (nach Zustellung des Widerspruchsbescheides). Die Klage ist gegen die Behörde selbst, die den angefochtenen Verwaltungsakt erlassen oder den beantragten Verwaltungsakt unterlassen hat, wenn dies im Landesrecht so bestimmt ist, sonst gegen das Land zu erheben. Gegenstand der Anfechtungsklage ist in der Regel der ursprüngliche Verwaltungsakt in der Gestalt, die er durch den Widerspruchsbescheid gefunden hat. Übrigens haben Widerspruch und Anfechtungsklage aufschiebende Wirkung. Die Klage ist bei dem Verwaltungsgericht schriftlich oder zur Niederschrift des Urkundenbeamten der Geschäftsstelle bei dem Verwaltungsgericht zu erheben. Die Klage muß den Kläger, den Beklagten und den Streitgegenstand bezeichnen und soll einen bestimmten Antrag enthalten. Die zur Begründung dienenden Tatsachen und

Beweismittel sollen angegeben, der angefochtene Verwaltungsakt und der Widerspruchsbescheid sollen in Urschrift oder in Abschrift beigefügt werden. (...) Auf Antrag kann das Gericht, auch schon vor Klageerhebung, eine einstweilige Anordnung in bezug auf den Streitgegenstand treffen, da die Verwirklichung des Rechts des Antragstellers sonst wesentlich erschwert oder gar vereitelt werden könnte.

(aus: H. Hössel, Schulrecht und Schulverwaltung. Ein Leitfaden für die Praxis. Verlag Schwann, Düsseldorf 1981, S. 117–119)

6.2 Das Gespräch zwischen Eltern und Lehrer

So unerläßlich für Sie als Eltern die Kenntnis von Regelungen des Elternrechts ist, so wichtig ist es aber auch im Auge zu behalten, daß Sie nicht bei jeder Gelegenheit mit dem Gesetzestext unter dem Arm in die Schule laufen. Glücklicherweise wird ein großer Teil Ihrer Fragen und Kritik auf der Ebene des ‚rechtsfreien' Gesprächs mit dem Lehrer erörtert. Dabei wird man in einem ernsten Konfliktfall auch rechtliche Regelungen bedenken, aber die Mehrzahl der Eltern-Lehrer-Gespräche laufen in Form fast alltäglicher Diskussionen und Beratungen ab.

Häufige Mißverständnisse

Ein wichtiger Unterschied zu Alltagsgesprächen besteht allerdings in der Häufigkeit, mit der die Gesprächspartner – Lehrer und Eltern – sich mißverstehen oder mißverstanden fühlen. Oft bleibt einer der beiden Partner vom Gesprächs*ausgang* unbefriedigt, oder es entsteht Verärgerung über den Gesprächs*ablauf*. Was macht nun das Lehrer-Eltern-Gespräch so anfällig für Störungen und Mißverständnisse? Wo liegen mögliche Ursachen für Gesprächsprobleme?

Eine hilfreiche Beantwortung dieser Frage setzt wieder einmal die – recht schwierige – Einsicht in die Sachlage voraus. Erst dann lassen sich Ratschläge nachvollziehen, wird ihre Anwendung auf die konkrete (Einzel-)Situation möglich.

Ein Gespräch zwischen Menschen zeigt Parallelen zu einem Tennisspiel: Einer schlägt – der andere versucht, den Ball zu treffen und zurückzuschlagen. Beide wollen das Spiel in Gang halten, aber den anderen auch schon einmal austricksen. Im Gespräch sagt der eine etwas – der andere greift es auf, stimmt zu oder widerspricht. Jeder ist zunächst daran interessiert, das ‚Gesprächsspiel' weiterzuführen.

Dabei wird jedoch auch schon einmal ein ‚trickreiches' Wort hinübergespielt: eine ironische Bemerkung, ein Seitenhieb, ein argumentatives Schachmatt.

Zur Verdeutlichung der Sachzusammenhänge, die in Lehrer-Eltern-Gesprächen immer wieder zu beobachten sind, folgt ein Ausschnitt aus einem solchen Gespräch, das an manchen Stellen problematisch zu werden droht.

Text 6/2

Zur Situation: Die Eltern von Sabine, einer 13jährigen Schülerin in der 7. Klasse, möchten mit dem Klassenlehrer sprechen, der Deutsch und Geschichte unterrichtet. Die Tochter hat sich zu Hause schon mehrfach beklagt und behauptet, der Lehrer könne sie nicht leiden, er beachte sie nicht bzw. setze sie vor der Klasse herab. So habe er letzte Woche zu ihr gesagt, sie sei eine Zumutung für jeden Menschen.

Das Gespräch über Sabine (Ausschnitt)

Mutter: Guten Tag, Herr L. Wir möchten gerne mit Ihnen über unsere Tochter Sabine sprechen. Ich glaube, sie fühlt sich nicht ganz wohl in der Schule.

Vater: Unsere Tochter hat einen Horror; speziell vor Ihren Stunden!

Lehrer: (zur Mutter gewandt): Wie meinen Sie das, Frau E., wenn Sie sagen, Ihre Tochter fühle sich nicht wohl?

Vater: Da ist nicht viel zu meinen, sie fühlt sich von Ihnen massiv herabgesetzt.

Lehrer: Ich glaube, wir sollten die Angelegenheit wohl sachlich angehen.

Mutter: Sie wissen, wie Kinder sind. Wenn mal was nicht so läuft, wie sie sich das vorstellen, sind meist die anderen schuld. Sie kam vorige Woche ganz geknickt und mutlos nach Hause, weil Sie zu ihr gesagt hätten, sie sei eine Zumutung für jeden Menschen. Ich glaube, es ging da um die Deutscharbeit.

Vater: Ich muß sagen, ich finde so etwas sehr unpädagogisch. So kann man nicht mit einem Kind sprechen.

Lehrer: (verärgert): Herr E., ich glaube, ich weiß selbst recht gut, was pädagogisch ist und was nicht. Ich kann Ihnen versichern, ich stehe nicht zum ersten Mal vor einer Klasse.

Mutter: Hatte es was mit der Deutscharbeit zu tun?

Lehrer: Ja, ich glaube schon. Ich kann mich nicht mehr genau an den Wortlaut dessen erinnern, was ich gesagt habe. Oder warten Sie mal. Doch, ja, es ging um ihren Stil, um die Angewohnheit, schrecklich verschachtelte Sätze zu bauen. Und da sagte ich, ihr Stil sei eine Zumutung für jeden sprachempfindlichen Menschen. Wir haben dann gemeinsam in der Klasse einen Satz aus der Arbeit herausgegriffen und stilistisch an der Tafel umgewandelt. Damit sollte für sie, aber auch für etliche andere Schüler mit Formulierungsschwächen, der Stilunterschied deutlich und anschaulich werden.

Beim Versuch, erste Eindrücke von diesem Gespräch wiederzugeben, wird man sagen können:

— Die Mutter hat die Situation mehrmals gerettet.
— Der Vater brachte kräftige Störungen in den Gesprächsablauf.
— Der Lehrer zeigte ein uneinheitliches Verhalten.

Was beim Gespräch abläuft

In Gesprächen schickt man Wörter und Sätze ab, die an den anderen adressiert sind. Der empfängt und ‚öffnet' sie gleichsam wie ein Päckchen, um zu schauen, was sie enthalten. Aber ganz so einfach wie bei einem normalen Päckchen ist es mit den ‚Wort- und Satzpäckchen' im Gespräch nicht. Der Vater z. B. sagt zwar das Wort ‚unpädagogisch', und der Lehrer hört es auch, nimmt es auf. Aber der Vater meint mit dem Wort eine ungeschickte, ungeeignete Einzelmaßnahme, wogegen der Lehrer mit dem Wort eine umfassende, seine gesamte Berufsausübung kritisierende Wertung verbindet.

Wie man andere versteht: das Deutungsschema

Das Verständnis dieses Wortes – wie überhaupt aller Wörter, die man bei einem Gespräch austauscht – ist an das jeweilige ‚*Deutungsschema*' gebunden. Darunter versteht man umfassende Vorstellungen, die sich ein Mensch über die sozialen Gegebenheiten und Lebenszusammenhänge seiner Umwelt macht und in die er Ereignisse einordnet. So hat jeder Mensch bestimmte Vorstellungen etwa über Familie, Erziehung, Schule, über Freizeit und Freundschaft. All diese Vorstellungen eignet man sich durch Erziehung und eigene Erfahrung an. Und da jeder Mensch in einer individuellen Lebenslage steht und eine eigene Lebensgeschichte hat, weicht das jeweilige Deutungsschema zwischen einzelnen Menschen mehr oder weniger stark voneinander ab. Dadurch ist erklärbar, warum die Gesprächspartner häufig ganz unterschiedliche Vorstellungen mit einem Wort verbinden und entsprechend unterschiedlich reagieren, auch wenn sie das gleiche Wort verwenden und hören.

Selbstbild und Fremdbild

Aber nicht nur das Deutungsschema beeinflußt das Verständnis und damit die Unterredung. Wesentlich hängt ihr Verlauf auch davon ab, wie sich jeder der Gesprächspartner vom anderen beurteilt und anerkannt sieht, und davon, wie jeder sich selbst darstellen kann. Abstrakt ausgedrückt: Die Interaktion* wird beeinflußt vom *Selbst- und Fremdbild*, von der Wahrung und Darstellung der eigenen *Identität*. Jeder möchte sich bei einer Interaktion zunächst so darstellen, wie er sich selbst sieht und wie er will, daß andere ihn sehen sollen.

Im eben zitierten Beispiel sieht sich der Vater vermutlich als jemand, der zielstrebig und kompromißlos Probleme angeht, die Dinge beim Namen nennt; als jemand, der beansprucht, daß man sein Urteil akzeptiert, und der in erster

Linie die Interessen seiner Kinder vertritt. Und so spricht er auch: direkt, herausfordernd. Er bewertet die Handlungen anderer und erwartet, daß man seinem Urteil zustimmt.

Dieses Selbstbild und die Art, wie er sich im Gespräch darstellt, geraten allerdings in Konflikt mit der Identitätsdarstellung des Lehrers. Er hat selbstverständlich auch eine bestimmte Sicht von sich und will sie zur Geltung bringen.

Er versteht sich als jemand, der verantwortungsvoll handelt, der abwägt zwischen der Rücksicht auf die persönlichen Gefühle von Schülern und der Notwendigkeit, auch eine unangenehme pädagogische Maßnahme zu ergreifen; der selbst in der Lage ist, sein Handeln wertend einzuschätzen. Von daher wird er das Auftreten des Vaters als Zumutung, als ungerechtfertigten Übergriff in seinen Bereich empfinden. Er fühlt sich in seinem Selbstbild angegriffen, in seiner Identität bedroht und reagiert entsprechend ablehnend und scharf.

Verständnis der Situation

Neben Deutungsschema und Identität der Beteiligten ist das *Verständnis der Situation* ein weiteres wichtiges Bestimmungsmoment von Interaktion. Die Gesprächssituation wird von den Beteiligten doppelt berücksichtigt: im *allgemeinen* und im *besonderen* Sinne.

Überlegt man als Beteiligter, in welcher Einrichtung, an welchem Ort die Interaktion stattfindet, wer die anderen Beteiligten sind, mit welcher Rolle sie auftreten, welches die eigene Position dabei ist, dann versucht man die Situation allgemein zu bestimmen bzw. zu definieren. Den Vorgang selbst nennt man Situationsdefinition.

Im Beispiel des Lehrer-Eltern-Gesprächs heißt das: Die Eltern werden berücksichtigt haben, daß sie im Rahmen der Institution Schule, im Schulgebäude (und nicht in einer Gaststätte) mit dem Lehrer sprechen, daß sie allein mit dem Klassenlehrer zu tun haben, der als Lehrer (und nicht z. B. als Vereinskollege oder Nachbar) auftritt. Sie selbst sind Interaktionspartner, die einen allgemein formulierten Rechtsanspruch auf Beratung und Information haben, aber nur wenige konkret einlösbare Rechte für sich in Anspruch nehmen können. Von daher wird jeder von beiden sich selbst wahrnehmen als jemand, der eher um Ausgleich und Einverständnis als um Konflikt bemüht sein sollte. Unter diesem Blickwinkel hat die Mutter die Situation angemessener definiert.

Vor diesem Hintergrund sind Überlegungen zur Art und Weise des Auftretens zu sehen: so wenn man fragt, was korrekterweise anzuziehen ist, wie man den oder die anderen begrüßt, anredet, ob man widersprechen soll oder darf usw.

Über diese *allgemeinen* Überlegungen hinaus versucht man die Situation als *besondere* zu bestimmen (definieren), sobald man den ersten Kontakt mit dem Gegenüber – hier dem Lehrer – aufgenommen hat. Man ist daran interessiert, Klarheit zu gewinnen über die Fähigkeiten, den Charakter, die Persönlichkeit des anderen, über seine Absichten, über seine Haltung gegenüber der eigenen Person, dem eigenen Auftreten.

Der Lehrer im Beispiel wird vermutlich die besondere Situation im Hinblick auf den Vater als Angriff auf seine pädagogischen Fähigkeiten definieren, als Versuch, ihn in die Verteidigung zu drängen und ins Unrecht zu setzen. Aus dieser Definition der Situation heraus reagiert er selbst auch gereizt und ablehnend dem Vater gegenüber.

Anders ist seine Einschätzung der Situation im Hinblick auf die Mutter. Ihr Auftreten und ihre Äußerungen lassen sich eher bestimmen als Kooperationsbereitschaft und Bemühen, vor einem Urteil den Sachverhalt wirklich zu kennen. Entsprechend ruhig und offen verhält er sich ihr gegenüber.

Typisierung bei Gesprächsbeginn

Eine kritische Phase bei vielen Interaktionen ist ihr Anfang. Man ist darauf angewiesen, möglichst schnell zur Definition der besonderen Situation zu gelangen. Erst dann hat man das notwendige Maß an Sicherheit gewonnen, um seine Absichten verfolgen und sich gemäß seinem Selbstverständnis darzustellen zu können. Zu Beginn, zumal bei nur oberflächlicher oder kurzer Bekanntschaft mit seinem Gegenüber, sind noch keine hinreichend deutlichen Anhaltspunkte zur genauen Definition verfügbar. Deshalb behilft man sich mit Verallgemeinerungen, ordnet den anderen je nach Kleidung, Sprechweise, Haarschnitt, Make-up und Körperhaltung einem bestimmten *Typ* zu.

Stellen Sie sich einen Lehrer vor, der Ihnen in Jeans mit Baumwollhemd, Bart und langen Haaren gegenübertritt. Vermutlich werden Sie denken, das sei ein Linker oder einer von der Studentenrevolte oder ein ganz Lässiger. Sie setzen ihn aufgrund ihrer sozialen Erfahrungen mit Typen gleich, die ebenso aussehen und Ihnen besser bekannt sind.

Man nennt diesen Vorgang daher auch *Typisierung*. Die *spontane* Typisierung schwächt sich ab, wenn der Interaktionspartner allmählich vertrauter wird. Allerdings baut man, konkreter und enger auf diese Person bezogen, neue Typisierungen auf. Das zeigt sich dann, wenn man in bestimmten Situationen die Antwort des anderen schon vorher zu kennen glaubt und überrascht und verunsichert reagiert, wenn er sich ganz anders äußert.

Was bisher – verdeutlicht am Beispiel – allgemein zur Interaktion gesagt wurde, soll anschließend und mit Blick auf das Lehrer-Eltern-Gespräch vertiefend betrachtet werden. Im Vordergrund stehen die Fragen:

Was sollten Eltern beim Gespräch mit dem Lehrer beachten?
Wie kann man das Gespräch vorbereiten?
Wie kann man Schwierigkeiten begegnen?

6.2.1 Wie kann man das Gespräch mit dem Lehrer vorbereiten?

Angesichts der Schwierigkeiten, die Lehrer und Eltern beim Gespräch über die Klagen von Sabine hatten, werden drei wichtige Interaktionsmerkmale hier noch einmal hervorgehoben:

- Wörter und Sätze versteht man mit Hilfe seines eigenen Deutungsschemas.
- Die Gesprächspartner stellen die eigene Identität dar und schätzen die des anderen ein.
- Die Gesprächspartner bestimmen bzw. definieren die Situation im allgemeinen und im besonderen Sinne.

Bei einem Gespräch geht es immer um zweierlei: um das *Gesprächsklima* und um den eigentlichen *Sachanlaß*, um das *Thema*. Es ist daher sinnvoll, bei der Vorbereitung auf ein Gespräch mit dem Lehrer beide Gesichtspunkte zu bedenken.

a) Überlegungen zum Gesprächsklima

Gesprächsklima und Deutungsschema

Jeder Mensch hält zum Verständnis von Ereignissen ein bestimmtes Deutungsschema bereit. Durch diese ‚Brille' nimmt er soziales Geschehen wahr. Häufig führt die so festgelegte Sichtweise zu Problemen im Gespräch. Dies um so mehr, als man sich selbst kaum darüber klar ist, wie das eigene Deutungsschema im jeweiligen Fall aussieht, woraus es sich zusammensetzt. Die folgenden Vorschläge verfolgen das Ziel, Ihnen diese Voraussetzungen bei sich selbst bewußter zu machen. Ferner geht es um die Frage nach Ihrer eigenen Identität in diesem Gespräch und schließlich darum, wie Sie als Eltern die Situation ‚Schule' und ‚Gespräch mit dem Lehrer' bestimmen.

Zunächst also die Fragen zu Ihrem eigenen Deutungsschema:

Welche Vorstellungen verbinden Sie ganz allgemein mit Schule?
(Kreuzen Sie bitte die Aussage an, die Ihrer Meinung nach in erster Linie auf Schule zutrifft.)

Schule ist ein Ort,

☐ an dem Kinder Wissen erwerben,
☐ wo Zeugnisse verteilt werden,

- ☐ an dem über das spätere Berufsschicksal meines Kindes entschieden wird,
- ☐ an dem es selbständiges Denken und Urteilen lernt,
- ☐ an dem es in pädagogisch anregender Atmosphäre mit anderen zusammen ein Stück unbelasteter Kindheit und Jugend verbringt.

Nennen Sie fünf *Erziehungsziele*, die zu erreichen Schule sich bemühen sollte. (Ordnen Sie die Ziele bitte nach der Reihenfolge, in der Sie selbst sie für wichtig halten. Das wichtigste Ziel steht an erster Stelle.)

1 ______________________________

2 ______________________________

3 ______________________________

4 ______________________________

5 ______________________________

Vergleichen Sie Ihre Liste mit der Ihres Partners oder eines Bekannten oder mit anderen Teilnehmern z. B. eines Gesprächskreises.
Halten Sie dabei bitte fest:

— Welche Ziele sind von mehreren genannt?
— An welcher Stelle stehen diese Ziele?
— Welche Gründe führt jeder von Ihnen an, um die Bedeutung des betreffenden Ziels zu erklären?
— Welches Ziel steht jeweils auf dem ersten, welches auf dem letzten Platz?
— Auch hierfür sollten Sie jeweils die Begründung mitteilen.

Vergleichen Sie nun die Reihenfolge Ihrer Ziele mit der Aussage, die Sie anfangs zur Charakterisierung von Schule angekreuzt haben. Paßt Ihr erstes Ziel zu der entsprechenden Aussage?

Fragen nach Ihrer *eigenen Identität* (nach dem Selbstbild):
Wie soll der Lehrer Sie sehen?

Beispielsweise als jemand,

- ☐ der wie ein Löwe für sein Kind kämpft,
- ☐ der um Ausgleich bemüht ist,
- ☐ der die Autorität des Lehrers fraglos anerkennt,
- ☐ der dem Lehrer deutlich seine Grenzen zeigt.

Fragen nach der *Identität des anderen* (nach dem Fremdbild):

Sehen Sie den Lehrer, mit dem Sie sprechen wollen, eher als

- ☐ gefühllosen Notenverteiler,
- ☐ auf Absicherung bedachten Beamten,
- ☐ unbekümmerten Partner der Schüler,
- ☐ verständnisvollen Zuhörer und Berater.

Die voreilige Einordnung des andern verleitet dazu, ihn endgültig auf dieses Bild festzulegen. Man nimmt damit eine Typisierung vor. Sie verhindert, den andern so zu sehen, wie er wirklich ist.

Fragen nach Ihrem Verständnis der *konkreten Situation*, die in Ihren Augen an der Schule Ihres Kindes gegeben ist.

Ich verstehe die Schule meines Kindes eher als

- ☐ feindliches Gebiet, in das ich am liebsten nur mit Rückendeckung durch meinen Partner oder Freunde gehe.
- ☐ Gebäude, in dem es unangenehm nach Reinigungsmitteln und Schülerschweiß riecht und in dem ich mich selbst wieder als Schüler fühle.
- ☐ Ort, dessen Anforderungen ich früher als Schüler/in gelassen und mit nicht allzu viel Ernst bewältigt habe.
- ☐ Einrichtung, die Druck und Angst verkörpert. Ich fasse die Situation daher eher als eine Mutprobe auf, weniger als entspannte Klärung schulischer Fragen, die mein Kind betreffen.

Bedeutung des Gesprächsrahmens

Verstärkt wird eine negative Definition der Situation durch unangenehme Rahmenbedingungen beim Gespräch mit dem Lehrer oder beim Elternabend: Wenn Sie mit dem Lehrer in der 5-Minuten-Pause sprechen, führt das mit großer Wahrscheinlichkeit zu dieser Einschätzung. Der Lehrer ist unruhig, gehetzt, da diese Pause nur für den Klassenwechsel gedacht ist. Sie haben schnell das Gefühl, unaufmerksam behandelt zu werden. Sie fühlen sich wie auf einem anonymen Behördenflur.

Ähnlich negative Konsequenzen können sich bei unzumutbaren räumlichen Bedingungen ergeben. Wenn Ihr Gespräch mit dem Lehrer in einem ‚Elternsprechzimmer' stattfindet, das eigentlich der Raum für Erste Hilfe ist oder der gutbesuchte Kartenraum, wenn Sie am Elternabend in Bänken für Grundschulkinder sitzen, um sich unendlich lange Monologe anhören zu müssen, dann fördert das bei Ihnen nicht gerade eine günstige Situationsbestimmung. Bringen Sie die Kritik an diesen Rahmenbedingungen ruhig und sachlich zum Ausdruck, äußern Sie präzise Bitten um Abhilfe.

Abb. 27: Kein Musterbeispiel für den Elternabend (aus: betrifft: erziehung, Heft 3/1978, S. 72, © Marie Marcks, Heidelberg)

Wenn Sie auf die Fragen nach Deutungsschema, Identität und Situationsbestimmung – am besten im Gespräch mit anderen – eingegangen sind, werden Ihnen vermutlich einige Ihrer Vorstellungen und Verhaltensweisen deutlicher bewußt.

Natürlich können die Fragen nur als Anregung verstanden werden, sich einzelne Vorstellungsinhalte Ihres Deutungsschemas bewußt zu machen. Sie erheben nicht den Anspruch, dieses vielschichtige und schwierige Feld damit aufgearbeitet zu haben.

b) Überlegungen zum Gesprächsthema

Was genau ist der Anlaß des Gesprächs?

So wichtig das Gesprächs*klima* auch ist – konkrete Sachfragen sind der eigentliche Anlaß zur Unterredung mit dem Lehrer. Deshalb sollten Sie das Gespräch auch und gerade in dieser Hinsicht vorbereiten. Versuchen Sie sich über den *genauen* Anlaß klarzuwerden:

— Klagen über das Verhalten Ihres Kindes in der Klasse,
— Ihr Eindruck von zu umfangreichen Hausaufgaben,
— die Notensituation Ihres Kindes,
— die anstehende Entscheidung über eine bestimmte Schullaufbahn,
— Kritik an Methoden, Zielsetzungen, Verhaltensweisen des Lehrers, an organisatorischen Regelungen.

Überlegen Sie ruhig auch einmal, wie Sie Ihre Sorgen, Probleme und Kritik möglichst *präzise* formulieren können. Können Sie Beispiele zur Untermauerung Ihrer Kritik benennen? Pauschale Aussagen wie „Sabine hat Probleme bei Ihnen" oder „Ihr Unterricht gefällt mir irgendwie nicht" tragen wenig zu einem fruchtbaren Gespräch bei. Äußern Sie sich daher möglichst konkret zum Anlaß Ihres Besuches. Im Text 6/1 zu Anfang dieses Abschnitts macht die Mutter das recht gut. Sie sagt genau, was Anlaß des Elternbesuchs ist, was das Kind vermutet und warum. Sie macht dem Lehrer gegenüber deutlich, daß sie zum Zuhören bereit ist und ihn in dieser Angelegenheit nicht schon von vornherein als schuldig ansieht.

Was erwarten Sie vom Lehrer? Welches Ziel hat das Gespräch für Sie? Wollen Sie, daß der Lehrer

— Sie berät?
— bestimmte Konsequenzen zieht?
— eine Information, die Sie für wichtig halten, aufnimmt und berücksichtigt?

Notwendigkeit der Sachinformation

Und schließlich muß auch der Kernpunkt angesprochen werden: Eignen Sie sich wenigstens in groben Umrissen *Wissen zum Sachverhalt* an. Je früher Sie einsehen, daß nur das Gespräch über die *Sache* statt des Austauschs von Gemeinplätzen Sie weiterbringt, desto erfolgreicher können Sie Ihr Kind in dieser zentralen Phase seines Lebens unterstützen. Viele Eltern kennen das Gefühl, letztendlich mit einem Gespräch keinen Schritt weiter gekommen zu sein. Sie dürfen sicher sein, daß in der Mehrzahl aller Fälle ein ebenso ratloser Lehrer zurückbleibt. Ein Grund dafür kann sein, daß ‚Spitzen' ausgetauscht wurden, statt ein fundiertes, informatives Gespräch zu führen.

6.2.2 Was sollte man während des Gesprächs beachten? Wie kann man auftretenden Schwierigkeiten begegnen?

Sowohl im Gesprächsbeispiel als auch im anschließenden Informationstext wurde deutlich, daß Interaktionsprobleme auftreten, wenn sich einer der Partner in seiner Identität bedroht oder verletzt fühlt. Ersichtlich war das etwa an der Reaktion des Lehrers auf das forsche Auftreten des Vaters. Der Lehrer sah sich in seiner beruflichen Identität, in seinem Selbstbild als sachverständiger und verantwortungsvoller Pädagoge bedroht.

Drohgebärden: ein schlechter Anfang

Man kann diesen Gesichtspunkt durchaus als Leitlinie für Lehrer-Eltern-Gespräche verstehen: Sprechen und handeln Sie nicht so, daß sich der andere in seiner Identität angegriffen fühlt. Er wird dann zwangsläufig zu Abwehrmaßnahmen greifen, die dem eigentlichen Ziel nicht förderlich sind: Drohgebärden sind ein denkbar schlechter Gesprächsanfang.

Was kann als Angriff auf die Identität des anderen, des Lehrers verstanden werden? Worauf sollte man achten?

- Stellen Sie Bewertungen der Situation oder des Verhaltens als Ihre *Meinung*, nicht als unumstößliche Tatsache hin. Sie könnten z. B. sagen: „Ich habe das Gefühl, daß Sie in diesem Punkt Sabine nicht gerecht werden." Das ist für den Lehrer weniger bedrohlich als: „Sie werden Sabine nicht gerecht." Noch massiver wird seine Identität angegriffen, wenn Sie dem Lehrer ein von Ihnen beobachtetes Verhalten als Eigenschaft zuschreiben: „Sie *sind* ungerecht!" In diesem Fall verallgemeinern Sie unzulässigerweise eine Einzelbeobachtung. Sie charakterisieren den Lehrer dann in seiner Gesamtpersönlichkeit als ungerecht. Dagegen wird er sich zur Wahrung seiner Identität energisch zur Wehr setzen.
- Drücken Sie genau aus, worauf sich Ihr Urteil bzw. Ihre Behauptung bezieht. Das wird deutlich, wenn der Beispielsatz noch ein wenig verändert wird: „Ich habe den Eindruck, daß Sie Sabine in der Frage des Aufsatzstils nicht gerecht werden." Das klingt anders als: „Ich meine, Sie werden Sabine nicht gerecht."
- Versuchen Sie *allgemeine* negative Wertungen zu vermeiden, die der andere auf sich beziehen muß, selbst wenn Sie das nicht so gemeint haben. Eine solche Wertung enthält der Satz: „Kein vernünftiger Mensch macht so etwas." Der Lehrer muß daraus schließen, daß er für unvernünftig gehalten wird.
  „Jeder pädagogische Laie macht das besser." Daraus hört er, daß Sie ihn für einen Nichtskönner halten.

- Erklären Sie, soweit das möglich ist, ihre Stimmungslage, ihren Eindruck vom bisherigen Geschehen oder von der Situation, die Anlaß zu einem Gespräch gegeben hat. Zum Beispiel: „Ich bin besorgt, weil Sabine letztens sehr niedergeschlagen aus der Schule kam.“ Oder: „Ich bin beunruhigt, wie Sabine auf Ihre Aussage reagierte.“ Der Vater im Gesprächsbeispiel (Text 6/1) ist sicher auch beunruhigt, aber er sagt es nicht, sondern setzt es unmittelbar in ein Verhalten um, das der andere nur als Bedrohung verstehen kann.

Alle diese Hinweise gehen davon aus, daß Sie als Mutter oder Vater, als Eltern alleine auftreten. Sie sollten aber nicht aus den Augen verlieren, daß Sie – je nach Sachlage – auch ‚natürliche‘ Verbündete haben: die anderen Eltern der Kinder dieser Klasse oder sogar die Schulelternschaft. Wichtig ist jedoch die Einschränkung ‚je nach Sachlage‘. Wenn Ihr Kind eine besondere Abneigung gegen Geräteturnen hat, werden Sie kaum Mitstreiter für die zeitliche Einschränkung dieser Sportart finden. Ganz anders sieht es dagegen mit Problemen aus, die mehrere oder alle Schüler angehen: Überlastung durch Hausaufgaben; Schüler klagen, der Lehrer X könne nicht erklären; Unfallträchtigkeit des Schulhofs, Süßigkeitenverkauf durch den Hausmeister. In diesen Fällen bietet es sich an, gemeinsam mit anderen Eltern *und den Lehrern* der Schule die Schwierigkeiten zu beseitigen.

Eltern und Lehrer als Verbündete

Der letzte Satz wird von uns auch als Leitlinie für sinnvolle und erfolgreiche Elternarbeit verstanden. Auch wenn der Anschein oft dagegen spricht: *Lehrer und Eltern stehen nicht in feindlichen Lagern.* Sie sind Verbündete im Interesse des Kindes oder Jugendlichen. Wie Sie in Kapitel 2 sehen konnten, stehen jedoch gerade Lehrer häufig in einer schwierigen Situation: Sie sind einerseits Fachmann für Lernprozesse und helfen bei Lernschwierigkeiten, sie sind andererseits staatlich beauftragte Prüfer. Sie sind auf der einen Seite Erzieher, auf der anderen weisungsgebundene Beamte. Mit vielen guten Unterrichtsabsichten stoßen sie in dieser widersprüchlichen Situation oft auf Hindernisse. Ihre Hilfe, die Hilfe und Unterstützung von Eltern, die auch eine beachtenswerte politische Größe darstellt, kann hier viel bewirken.

Literaturhinweise (A. Groß/G. Grünweller)

Zum 1. Kapitel

b:e – Redaktion (Hrsg.), *Familienerziehung, Sozialschicht, Schulerfolg*. Beltz Verlag, Weinheim 1972

Eine eher wissenschaftliche Abhandlung über den Zusammenhang von Schichtzugehörigkeit und Persönlichkeitsentwicklung des Kindes im Hinblick auf Schulerfolg.

E. Hollmann/R. Oster-Hornung, *Kooperation Kindergarten – Grundschule*. Schroedel elementar, Praxishandbuch. Schroedel Verlag, Hannover 1980

Praktisches Handbuch zum Übergang vom Kindergarten zur Grundschule. Lehrer und Erzieher berichten über eigene Erfahrungen der Zusammenarbeit und stellen Projekte dar.

P. von Zahn, *2000 Jahre Kindheit*. Verlagsgesellschaft Schulfernsehen, Köln 1979

Eine bebilderte Darstellung über die Situation der Kinder in der Familie. Dabei wird auch auf den Wandel von Großfamilien zur Kleinfamilie eingegangen.

Zum 2. Kapitel

R. Messner u. a., *Kind, Schule, Unterricht*. Klett Verlag, Stuttgart 1975.

Theoretische Abhandlung zu Fragen der Didaktik, zum Lehrplan und zur Schultheorie. Die Autoren gehen auch auf die Strukturmerkmale von Schule ein, wie sie im 2. Kapitel des vorliegenden Buches behandelt werden. In erster Linie für Lehrer, aber auch für Erzieher geeignet; für Eltern nur sinnvoll, wenn Vorwissen in diesen Bereichen besteht.

Zum 3. Kapitel

K. P. Cremer (Hrsg.), *Lebendiger Schulalltag*. Beltz Verlag, Weinheim 1982

Erprobte Projekte zu Themen wie ‚Theater', ‚Erkundung', ‚Keksproduktion' usw. werden als Anregung für einen lebendigen Schulalltag vorgestellt. Mit vielen konkreten und verwertbaren Tips (Checklisten, Zeitplänen, Kostenkalkulationen, Literaturhinweisen).

T. Knauf (Hrsg.), *Handlungsorientiertes Lernen in der Grundschule*. Grundlagen und Beispiele. Päd. extra. Buchverlag, Bensheim 1979

Neue Möglichkeiten von Lehrerhandeln unter den Bedingungen des staatlichen Schulsystems werden aufgezeigt. In abgeschlossenen Beiträgen erörtern die Autoren Teilaspekte wie soziales Handeln, heimlicher Lehrplan, Lehrerhandeln. Theoretische Überlegungen, praktische Erfahrung und konkrete Anregungen werden miteinander verbunden.

Hamburger EMU-Projekt. Herausgegeben von der Behörde für Schule, Jugend und Berufsbildung. 2000 Hamburg 76, Hamburger Str. 31

Das Hamburger Modell (EMU = Abkürzung für: Elternmitarbeit im Unterricht) sieht eine aktive Elternmitarbeit vor, u. a. die Anleitung von Gruppen im Unterricht (z. B. Fördergruppen) durch die Eltern. Das Buch behandelt die Probleme und rechtlichen Bedingungen; es gibt Tips und Vorschläge für solche Projekte. Viele Anregungen sind auch auf andere Bundesländer übertragbar.

Zum 4. Kapitel

Arbeitsgruppe am Max-Planck-Institut für Bildungsforschung, *Das Bildungswesen in der Bundesrepublik Deutschland*. Rowohlt Verlag, Hamburg 1979

Eine empfehlenswerte Orientierungshilfe für alle, die sich genauer in der Bildungslandschaft der Bundesrepublik zurechtfinden wollen. In allgemeinverständlicher Sprache und Form wird die Gliederung des Schul- und Hochschulwesens dargestellt. Die Autoren gehen auch auf die unterschiedlichen Modelle von Orientierungsstufen, Gesamtschulen und reformierten Oberstufen in ihrer länderspezifischen Ausprägung ein. Ein Abriß der Geschichte des Bildungswesens nach 1945 und ein Ausblick auf mögliche Weiterentwicklungen ergänzen die Beiträge.

Ch. Führ, *Das Bildungswesen in der Bundesrepublik Deutschland*. Ein Überblick. Beltz Verlag, Weinheim 1979

Das Buch liefert einen kurzgehaltenen Überblick über die Entwicklung der Bildungsreformen in der Bundesrepublik Deutschland. Neben Bildungspolitik, Planung und Forschung beschäftigt sich das Buch in verständlicher Form mit dem Bildungswesen vom Elementarbereich bis zur Weiterbildung. In diesem Zusammenhang ist auch zu empfehlen:

H. Wollenweber (Hrsg.), *Das gegliederte Schulwesen in der Bundesrepublik Deutschland.* Schöningh Verlag, Paderborn 1980

Dieses Buch geht – allerdings in ausführlicher Form – ebenfalls auf die verschiedenen Schulformen in Westdeutschland ein.

Zum 5. Kapitel

Arbeitsgruppe Oberkircher Lehrmittel, *Handbuch zum Schulalltag.* Rowohlt Verlag, Hamburg 1980

Praktisches Handbuch zum Schulalltag. Von Lehrern für Eltern und Lehrer geschrieben mit Themen wie: Grundschüler renovieren ein Klassenzimmer, Klassenfest mit Eltern, Schüler helfen Schülern. Der Band enthält auch Tabellen und Checklisten zur Übersicht.

H. G. Homfeld/A. Kühn, *Klassenfahrt.* Juventa Verlag, München 1981

Am Beispiel eines Flensburger Hauptschulprojekts, das die Einbeziehung von Schülern in die Vorbereitung von Klassenfahrten zum Ziel hatte, werden Möglichkeiten gezeigt, den Schulalltag zu verbessern. Die Autoren gehen auch auf Probleme ein, die bei Klassenfahrten auftreten. Verwendbar auch zur Vorbereitung von Klassenfesten, Wandertagen usw.

H. Essinger/A. Hellmich/G. Hoff (Hrsg.), *Ausländerkinder im Konflikt.* Zur interkulturellen Arbeit in Schule und Gemeinwesen. Athenäum Verlag, Königstein 1981

Das Buch beschäftigt sich anschaulich und konkret mit Problemen von Ausländerkindern in deutschen Schulen, aber auch in der Familie, in Jugendclubs etc. Situationsbeschreibungen, Erfahrungsberichte, Selbstzeugnisse von Lehrern und Ausländerkindern verdeutlichen die Mängel im Bildungssystem der Bundesrepublik. Konkrete Möglichkeiten interkultureller Erziehung sind aufgezeigt. Das Buch geht ferner auf außerschulische Maßnahmen der Arbeit mit Ausländerkindern ein.

Zum 6. Kapitel

F. Harz/F. Zubke (Hrsg.), *Elternmitwirkung in der Schule.* Zum aktuellen Stand elterlicher Beteiligung in der Schule. Metzlersche Verlagsbuchhandlung, Stuttgart 1981

Die Herausgeber haben Beiträge von Vertretern der Institution Schule den Erfahrungsberichten unmittelbar Betroffener gegenübergestellt. Zusätzlich kommen Gruppen zu Wort, die auf Schule Einfluß nehmen (z. B. Philologenverband). Das Buch ist als Einführung in die Problematik wie als Diskussionshilfe gleichermaßen geeignet.

K. Schleicher (Hrsg.), *Elternmitsprache und Elternbildung*. Schwann Verlag, Düsseldorf 1973

Die Autoren stellen Probleme der Mitbestimmung im Elementar- und vorschulischen Bereich, auf Schul-, Kreis- und Bundesebene sowie rechtliche Perspektiven dar. In einem praktischen Teil werden Hindernisse und Möglichkeiten einer veränderten Eltern- und Lehrerbildung angesprochen, ferner Erfahrungsberichte der Schülerhilfe im Sekundarbereich vorgestellt.

S. Krichbaum (Hrsg.), *Elternrecht und Elternvertretung in der Bundesrepublik Deutschland*. Ein Ländervergleich. Neckar Verlag, Villingen-Schwenningen 1980

Worterläuterungen (A. Groß/G. Grünweller)

abstrakt: nicht anschaulich, nur gedanklich; von der erfahrbaren Wirklichkeit abgelöst

additiv: hinzukommend, hinzugefügt, aufeinander aufbauend

Adressatenbedingung: Merkmale, die die Situation, die Vorkenntnisse und die Leistungsfähigkeit des Empfängers kennzeichnen

Ämterhierachie: Über- und Unterordnung von Arbeits- und Machtbereichen in einer Organisation durch rechtlich festgelegte Bestimmungen

ästhetische Fähigkeit: Fähigkeit, das Schöne, die Harmonie der Natur und Kunst zu erkennen. Innerhalb der Erziehung trägt sie zur Entwicklung der Persönlichkeit bei.

analytisches Vermögen: Fähigkeit, komplizierte Sachverhalte in verständliche Einzelteile zu zerlegen

Apathie: psychische Störung, die sich durch Teilnahmslosigkeit, Gleichgültigkeit und Gefühlslosigkeit äußert

Aufklärung: Ende des 17. Jahrhunderts in Europa entstandene geistige Bewegung, die bis in die heutige Zeit ihren Einfluß nicht verloren hat. Kant war einer ihrer bedeutendsten Vertreter. Die Aufklärung erhob die menschliche Vernunft zur Richtschnur des Handelns und Wissens. Die Ideen dieser Bewegung wirkten sich auch auf Bildung und Erziehung aus. Vertreter der Aufklärung sprachen jedem Menschen, unabhängig von Herkunft und Religionszugehörigkeit, einen Anspruch auf Bildung und Mündigkeit zu.

autonom: selbstbestimmend, unabhängig

demokratische Bewegung/Demokratie: Der Grundgedanke der Demokratie besagt, daß alle Bürger gleichberechtigt sind und der Wille der Gesamtheit entscheidend ist.

Demotivierung: Lustlosigkeit, Entmutigung, Interessenlosigkeit, Antriebslosigkeit, fehlende Leistungsbereitschaft

Didaktik: Wissenschaft vom Lehren und Lernen; beschäftigt sich mit der Auswahl oder Anordnung von Bildungsinhalten und deren Vermittlung

didaktische Maßnahmen: zielen darauf ab, Lerninhalte in geeigneter Weise zu vermitteln.

Diskriminierung: Benachteiligung einzelner Menschen bzw. Gruppen; häufig auf Vorurteilen beruhend

dominant: vorherrschend, bestimmend, beherrschend

Emanzipation: im Hinblick auf Unterricht Mündigkeit und Befreiung aus fremdbestimmten Lernsituationen; spielt als Erziehungsziel eine wichtige Rolle

emotionale Wärme: Vermittlung des Gefühls von Geborgenheit, Sicherheit und positiver Zuwendung; unverzichtbare Bedingung in der Kindesentwicklung für den Aufbau einer gesunden Persönlichkeit

Erziehungsinstitution: Einrichtung, die von staatlichen, freien oder privaten Trägern unterhalten wird und gesetzlich befugt ist, Erziehungsaufgaben zu übernehmen (Beispiele: öffentliche Schulen; kirchliche Kindergärten)

Ethik/ethische Werte: Ethik ist Teil der Philosophie und befaßt sich mit der Bewertung menschlicher Einstellungen bzw. Handlungen. Ethische Werte sind Orientierungsmuster für angestrebte Verhaltensweisen (z. B. Wahrhaftigkeit)

fiktionale Texte: erdachte, erfundene Texte

formale Fähigkeit: Wissen und Lernstoff unabhängig vom speziellen Inhalt gliedern und gedanklich-logisch verarbeiten können

Frühsozialisten: Vorläufer des marxistischen Sozialismus. Frühsozialisten forderten absolute Gleichheit der Menschen in der Gesellschaftsordnung, soziale Gerechtigkeit und menschenwürdiges Leben für alle.

homogen/heterogen: gleichartig, gleich zusammengesetzt, einheitlich/ungleichartig, verschiedene Bestandteile enthaltend, gemischt

Ich-Identität: Bewußtsein, daß man in unterschiedlichen Situationen mit widersprüchlichen Erwartungen immer ein und dieselbe Person bleibt. Dieses Bewußtsein muß auch von der Umwelt bestätigt werden.

Identifikation/Identifizierung: (meist gefühlsbetonte) Übernahme der Perspektiven und Einstellungen eines anderen

Improvisation: Handeln in ungewohnten Situationen, die die vertrauten Verhaltenweisen nicht zulassen, sondern spontanes Handeln und Einfallsreichtum verlangen

Impuls: Anstoß, Antrieb, Anregung

Individualisierung: Betonung der speziellen Eigenschaften, Merkmale oder Fähigkeiten einer Person bzw. Ausrichtung darauf

Informatik: Wissenschaft, die sich mit der Aufnahme, Verarbeitung und Speicherung von Daten und Informationen beschäftigt

Integration: Einbindung, Einbeziehung, Zusammenfügung

Intelligenzquotient (IQ): ein von W. Stern eingeführtes Maß für die Höhe der allgemeinen Intelligenz eines Menschen, das durch Testverfahren ermittelt wird. Die Ergebnisse einer Einzelperson werden dabei mit der durchschnittlichen Leistung seiner Altersgruppe verglichen.

Intention: Absicht, auf ein bestimmtes Ziel gerichtet

Interaktion: wechselseitige Beziehungen zwischen Menschen in der Gesellschaft, in Gruppen oder auch nur zwischen zwei Menschen. Sie beruht auf dem Austausch von Zeichen (vor allem Sprache, aber auch Gestik, Mimik und Handlungen aller Art), die Einfluß auf das Handeln des Interaktionspartners haben.

kognitive Leistung: gedankliche, durch Erkenntnis gewonnene Leistung

kompensatorisches Lernen: ausgleichendes Lernen. Es dient dazu, Erziehung und Bildung von Kindern zu fördern, die aufgrund ihrer Schichtzugehörigkeit benachteiligt sind.

konkret: (im Gegensatz zu abstrakt) alles, was erfahrbar, anschaulich, gegenständlich ist

Lernpsychologie, lernpsychologisch: ein Teilgebiet der Psychologie, die sich mit dem Lernen des Menschen und seinen Bedingungen beschäftigt. Sie stellt dazu sogenannte Lerntheorien auf, die Lernprozesse von unterschiedlichen Ansätzen her zu erklären versuchen.

Mythos: sagenhafte Dichtung, phantastische Erzählung, die sich häufig auf Götter und Helden bezieht. Im übertragenen Sinne eine Geschichte, die unglaublich und unlogisch klingt.

Neuhumanismus: geistige Bewegung, die um 1750 begann und in der neben der antiken Sprache und Kultur auch deren Werte wieder hervorgehoben wurden: moralisches Handeln, Weisheit, Verantwortlichkeit im Staat, Achtung des Menschen

Neomarxismus: Form des Marxismus, die nach dem 2. Weltkrieg in hochindustrialisierten Demokratien Europas und Nordamerikas entstand und während der 60er und 70er Jahre in der Studentenbewegung aufgegriffen wurde. Vertreter dieser Theorie versuchten, Grundgedanken von Marx mit den zeitgenössischen sozialen Gegebenheiten in Einklang zu bringen.

Ökologie: eine Wissenschaft, die sich an den Methoden der Naturwissenschaft, aber auch der Sozial- und Humanwissenschaften orientiert; untersucht die Wechselbeziehung zwischen künstlich geschaffener und vorhandener Umwelt (bzw. Natur).

Philanthrop: Vertreter einer pädagogischen Bewegung Ende des 18 Jahrhunderts, die eine natur- und vernunftbezogene Erziehung anstrebte

Polytechnik: Der Begriff entstammt ursprünglich der marxistischen Pädagogik; er zielt auf eine umfassende naturwissenschaftliche und technische Ausbildung. Polytechnik dient heute in allen Industriestaaten als Vorbereitung für die Arbeitswelt.

Position: in der Soziologie ein Ort im Gefüge sozialer Beziehungen, an den gewisse Erwartungen von Seiten der Gesellschaft oder von Gruppen gestellt werden

Reflexion/Reflexionsfähigkeit: Fähigkeit, über etwas nachzudenken, Ursachen und Hintergründe zu analysieren

Reformpädagogik: Epoche der Pädagogik von 1900 bis zu den 30er Jahren, vor allem in Deutschland; legte Wert auf selbstbestimmte und demokratische Erziehung der Kinder, frei von Zwang

Ritual/ritualisiert: feierliche Sitte, Brauch; in der Soziologie auch erstarrtes Verhaltensmuster (z. B. Grüßen)

Rolle: die Erwartungen, die an das Mitglied einer Gruppe oder der Gesellschaft gestellt werden

Sanktion: in der Soziologie sind damit Maßnahmen gemeint, die ein Verhalten bestärken oder bestrafen, je nachdem ob es den Erwartungen entspricht oder nicht. Sanktionen unterscheiden sich in Ausmaß und Art (z. B. Ordensverleihung/Geldstrafe).

senso-motorische Beeinträchtigung: Behinderung sowohl der Sinnesorgane als auch des Bewegungsapparates

soziabel: Fähigkeit, sich in die Gemeinschaft einzufügen und wirkungsvoll mit anderen zusammenzuarbeiten

Sozialisation: Prozeß des Hineinwachsens in eine Gesellschaft. Durch den Kontakt mit vertrauten Personen (‚Sozialisationsagenten') übernimmt der Mensch bewußt oder unbewußt deren Normen und Werte. Aufgrund seiner Persönlichkeit legt jeder Mensch Normen und Werte aber anders aus.

Sozialpsychologie: Teilgebiet der Psychologie, das den sozialen Einfluß (z. B. von Gruppen) auf den einzelnen zur Untersuchung seines Erlebens und Verhaltens miteinbezieht

Soziologie: Wissenschaft, die sich mit Formen menschlichen Lebens in der Gesellschaft beschäftigt und dabei insbesondere auch das Verhalten des Menschen untersucht, soweit es von der sozialen Umwelt geprägt ist

stereotyp: starr, gleichförmig, schwer veränderbar

Stipendium: finanzielle Unterstützung für Studenten von Seiten des Staates, von Stiftungen oder Stadtkassen

Notiz zu den Autoren

Dr. Heinz Bach
Professor für Sonderpädagogik an der Erziehungswissenschaftlichen Hochschule Rheinland-Pfalz; Honorarprofessor an der Universität Mainz; Vorsitzender der Kommission „Anwalt des Kindes" (Rheinland-Pfalz). Er schrieb Kap. 4.6 (S. 158–164).

Dr. Arnim Kaiser
Professor für Pädagogik an der Universität Trier; Mitglied der Kommission „Anwalt des Kindes" (Rheinland-Pfalz); wissenschaftlicher Berater der ZDF-Serie „Elternsache"

Ruth Kaiser
Realschullehrerin; vier Jahre Fachleiterin für Sozialwissenschaften; Lehrbeauftragte an der Universität Trier

Dr. Helmut Peifer
Akademischer Direktor an der Abteilung Pädagogik der Universität Trier; Dipl.-Psychologe; vier Jahre Schulpraxis als Lehrer an einer Grund- und Hauptschule. Er schrieb Kap. 4.1 (S. 113–121), Kap. 4.7 (S. 164–175), Kap. 5.1 (S. 176–181).

Andreas Groß, Gudrun Grünweller
Studenten im Diplomstudiengang Pädagogik; studentische Hilfskräfte an der Universtät Trier. Sie erstellten die Worterläuterungen, das Stichwortverzeichnis und die Literaturhinweise.

Stichwortverzeichnis

Abitur 60–62, 67, 113, 136, 138, 142, 145–147, 158, 162, 166
Aggression 129, 131, 148, 159, 183, 187, 192
Aktivitätsecken 82, 85, 107, 108
allgemeinbildendes Schulwesen 20, 83, 113, 121, 129, 131, 134, 147, 198
Arbeiterkinder 153, 154
Arbeitslehre/Polytechnik 123, 124, 127, 128, 131, 150, 152
Arbeitsschule/-bewegung 105, 107, 110
Aufklärung, aufklär. Motiv 53, 55
Aufnahmeprüfung 112, 130
Ausländerkinder 82, 83, 129, 198, 199, 201–205
Autorität 27, 52, 58, 173, 174, 222

Begabung 64, 66, 114, 131, 140, 142, 148, 150, 152, 153, 156, 157, 159
Berufs(fach-)Schule 75, 123
Bestrafung/Sanktion 20, 33, 98, 185
Betriebspraktika 123, 127
Bildung 51–53, 55, 56, 58, 60, 121, 122, 124, 125, 128, 129, 142, 152, 154, 204
– sbegriff 51–57
– schancen 52, 58, 152, 198
Bürokratie, bürokratisch 24, 41–43, 45, 46, 78, 174, 180, 205

Chancengleichheit 52, 58, 63, 64, 67, 152, 154, 155, 192, 198, 205

Demokratie/demokrat. Bewegung 43, 52, 53, 57, 58, 151–153, 155
Deutungsschemata 219, 220, 222, 225
Didaktik, didaktisch 39, 51, 80, 82, 85, 90, 91, 104, 107, 108, 124, 127, 140, 169
Disziplinschwierigkeiten 69, 129, 130, 133, 192, 196

Einzelkinder 31, 35, 36, 81
Elternabende 9, 38, 54, 77, 82, 83, 88, 120, 168, 195, 196, 205, 222
Elternhaus 19, 35, 159, 160, 163, 204
Elternmitarbeit/mitwirkung 9, 11, 45, 56, 80–82, 208, 209
Elternrecht 205, 207, 208, 218
Elternsprechtage/stunde 77, 120, 168
emotional/emotionale Wärme 19, 21, 22, 25, 27, 31, 35, 36, 78, 114, 159, 160
Epochenunterricht/hefte 169, 171, 172

Fachschule/oberschule 60, 123, 135
fächerübergreifender Unterricht 85, 88
Fähigkeiten, soziale, formale 19, 66, 98
Förderstufe 111, 114
Förderstunden 83, 160
Förderung 22, 27, 33, 37, 47, 66, 82, 83, 112, 115, 117, 119, 123, 130, 148, 150, 155, 161, 164, 166, 167, 171, 172, 193, 197, 198, 200, 203, 204–206
Freie Schulen 164
Freinet-Pädagogik 107, 108
Fremdbild 217, 222
Funktionsverlust/wandel 18, 22, 35

Ganztagsschule/einrichtungen 40, 196, 197
Gesamtschule 46, 64, 65, 129, 130, 136, 148, 150–158, 166

Gleichaltrige (peer groups) 36, 182, 186, 188, 200
Großfamilie 13–19, 22, 23
Grundgesetz 60, 207, 208
Grundkurs 65, 142, 145, 150, 153
Grundschule 37, 38, 47, 62, 78, 80, 83, 90, 91, 98, 101, 108, 110–112, 114, 115, 119, 120
Gymnasium 26, 31, 60, 62, 64, 65, 90, 112–114, 117–119, 123–126, 129–130, 132–133, 135, 136, 138–140, 146–148, 153, 155, 156, 158, 191, 197, 198
Gesprächsklima/thema 220, 223

Handlungsorientierung, handlungsorient. Unterricht 51, 83, 101–104, 106, 127, 134, 154
Hauptschule 60, 62, 64, 90, 111, 118–127, 129–133, 136, 138, 139, 148, 153, 156, 166, 198, 203
Hausaufgaben 28, 81, 113, 186, 191–197, 203, 205, 224, 226
Hausbesuche 82, 83, 168, 206
Hochschulreife, allgemeine 142, 146, 171
Hof-Effekt 73, 75, 76
homogene/heterogene Gruppe 130, 144, 153
Human-Relation-Modell 42, 45

Identität/Ich– 13, 97, 98, 200, 201, 204, 217–218, 220–225
Individualisierung, individuell 19, 39, 41, 58, 66, 71, 75, 82, 135, 144–146, 153, 156, 160, 162, 165, 167, 172, 192, 195, 217
Isolation, soziale 131, 143, 145, 147, 183, 184
Integration, soziale 148, 153, 204, 205
Interaktion/smodell 20, 96–98, 217–219, 225

Kernunterricht 116–118, 136, 148, 150, 153
Kindergarten 35–40
Klasse 11, 135, 138, 139, 142, 145, 191
Klassenarbeiten, -lehrer, -prinzip, -verband 76, 81, 116, 117, 130, 140, 145, 148, 166–168, 173, 183, 184, 187, 189, 192, 195, 216, 218, 225
Kleinfamilie 13, 17–20, 22–24, 35, 47, 182
Kultusminister/konferenz 42, 54, 55, 59, 60, 114, 124, 127, 140, 143, 145, 148, 195, 196
Kurs 64, 65, 67, 117, 123, 136, 140–148, 150–153, 155, 156, 158

Lebenswelt (Welt) 10, 13, 17, 20, 22, 24, 36–38, 41, 47, 78, 80, 107, 111, 112, 124, 126, 153, 176, 180, 200
Legastheniker 110
Lehrplan (Curriculum) 45, 47–51, 53, 54, 60, 65, 118, 119, 121, 122, 124, 126, 136, 148, 154, 170, 204
Leistungskurs 116, 117, 119, 120, 135, 142, 143, 145, 146, 150, 151, 166
Leistungsmessung 71, 180
Leistungsmotivation 25, 26, 28, 30–32, 64, 84–86, 126, 130
Leistungsniveau 66, 119, 120, 131, 142, 153
Lernerfolg 71, 117, 197
Lernort 47, 51, 83, 84, 90, 176
Lernzielkontrolle 50, 93

Mitbestimmung 80, 81, 152, 155, 179
Mittelschicht/sprache/schule 26, 27, 31, 32, 34, 63, 64, 66, 155, 156
Mittelstufe 62, 139, 140
Mittlere Reife 61, 136
Motivation → Leistungsmotivation
muttersprachlicher Unterricht 204

Normalverteilung 7, 71
Noten, Benotung 9, 30, 35, 62, 65, 67, 69–76, 99, 111, 135, 140, 147, 150, 151, 152, 159, 166, 167, 173, 179, 180, 182, 185, 223, 225

Oberstufe, Realschul- 136
reformierte gymnasiale – 47, 54, 65, 131, 132, 135, 136, 140, 142, 145, 146
Offener Unterricht 80, 83–85
Orientierungsstufe 62, 104, 111–121, 129, 136, 138, 152, 166
schulformabhängige – 115, 116, 118, 119, 139
schulformunabhängige – 115–120, 123

Pflichtbereich 136, 140, 144, 150
Polytechnik → Arbeitslehre
Position 25, 186, 218
Privatschulen 75, 165
Projekt/unterricht 51, 57, 82, 83, 85–88, 90, 124, 126, 127, 130, 134, 143, 154, 171, 205

Realschule 25, 26, 60, 62, 64, 90, 112–114, 117–120, 122, 123, 125, 129, 130, 132–136, 138, 139, 148, 153, 155, 158, 166, 198
Recht auf Bildung/Erziehung 52, 64, 152, 154
Reformpädagogik 85, 104, 118, 181
Rolle 15, 21, 22, 34, 35, 96–100, 185, 186, 189, 200, 201, 218
Rollenspiel 98–100

Sanktion, Bestrafung 20, 33, 98, 185
Schonraum 163, 172
Schulangst 156, 159, 165, 166
– erfolg 9, 13, 25, 26, 34, 64, 66, 152, 155, 200
– landheim 176, 179
– laufbahn/empfehlung 115, 117, 119, 120, 122, 135, 136, 152, 224
– leben 168, 176–178, 181, 205
– (mitwirkungs-)gesetz 45, 60
– psychologischer Dienst 161
Selbstbild 114, 225
Sekundarstufe (I, II) 47, 60, 62, 65, 119, 121–124, 130, 132, 135, 139, 140, 142, 144, 146, 151, 166
Situationsdefinition 218–223
Sitzenbleiben → Versetzung
Sozialchancen 41, 60, 63, 64, 65
Sonderschule 158, 161–165, 198
soziale Schicht 25, 27, 31, 32, 37, 62–64, 66, 67, 119, 134, 135, 148, 153, 155, 184
soziales Lernen 35, 39, 51, 83, 87, 96–98, 177, 180
Sozialisation 15, 18–23, 125
Sprachförderung/verhalten/vermögen 25–27, 32, 33, 64, 76, 114, 204
Studienberechtigung 145, 146

Test 66, 72, 73, 104, 114, 182, 193
Typisierung, spontane 219, 222

Über-, Unterforderung 30, 36, 117, 118, 124, 130, 162, 195
Unterschicht/familien 26, 31, 32, 63, 65, 152, 155, 156
Urteilsfähigkeit 14, 41, 51, 53, 54, 56, 59, 125

Verhaltensstörung 81, 97, 98, 159, 161
Versagen/sängste 114, 119, 129, 130, 155, 156, 186
Versetzung, Sitzenbleiben 65, 67, 118, 130, 150, 152, 167, 168, 172
Verwissenschaftlichung 125
Volksschule/oberstufe 26, 61, 101, 122, 123

Wahlbereich 140, 144, 150
Wahlpflichtbereich 135, 136, 150
Waldorfschule 164–174
Wissenschaftsorientierung/wissenschaftsorient. Unterricht 51,

83, 90, 91, 94–96, 125–127, 140, 143, 172
Wissenschaftspropädeutik 54, 124, 134, 143
zehntes Schuljahr 122, 123, 131, 132, 140, 145
Zeugnis 41, 61, 65, 67, 69, 71, 74, 75, 111, 135, 167, 173, 220